运营管理9模块

企业持续进步的底层逻辑

袁亚兵◎著

9 MODULES OF OPERATION

M

MANAGEMENT

中国经济出版社
CHINA ECONOMIC PUBLISHING HOUSE
北京

图书在版编目（CIP）数据

运营管理9模块：企业持续进步的底层逻辑 / 袁亚兵著. -- 北京：中国经济出版社，2023. 6
ISBN 978-7-5136-7345-7

Ⅰ. ①运… Ⅱ. ①袁… Ⅲ. ①企业管理－运营管理 Ⅳ. ① F273

中国国家版本馆CIP数据核字（2023）第103993号

责任编辑　邓媛媛
责任印制　马小宾
封面设计　华子工作室

出版发行　中国经济出版社
印 刷 者　北京富泰印刷有限责任公司
经 销 者　各地新华书店
开　　本　710mm×1000mm　1/16
印　　张　20.75
字　　数　303千字
版　　次　2023年6月第1次
印　　次　2023年6月第1次
定　　价　88.00元

中国经济出版社 **网址** www.economyph.com **社址** 北京市东城区安定门外大街58号 **邮编** 100011
本版图书如存在印装质量问题，请与本社销售中心联系调换（联系电话：010-57512564）

金句集锦

前　言

◎ 运营管理，是发展型企业管理的核心内容，是保障企业持续进步的重要手段，在企业的管理体系中起着不可替代的作用。

第一章　关于企业运营管理

◎ 对运营管理要建立的第一个重要认识：运营管理虽然从属于企业经营管理范畴，但它又要对企业经营管理范围内所有系统的运行情况进行监控和管理。

◎ 对运营管理要建立的第二个重要认识：企业运营管理就是要提高企业生产效率。这也是运营管理的宗旨。

◎ 对运营管理要建立的第三个重要认识：运营管理部门是综合职能管理部门，它有 9 个模块的管控内容。

◎ 对运营管理要建立的第四个重要认识：职能部门都有两个基本属性，即服务属性和管控属性。

◎ 运营管理是站在企业或企业家的角度和高度去发现问题并解决问题的过程。

◎ 运营管理的总体目标就是提升企业市场竞争力。

◎ 运营管理人员需要的是管理能力和专业能力均衡的复合型人才。

◎ 服务是为了更好地管控，管控也是为了更好地服务。

第二章　战略管理模块

◎ 没有战略的企业，是没有希望和未来的。

◎ 在战略制定上，要将围绕及打造企业核心竞争力作为重要内容，这样才能让企业始终保持市场竞争优势。

◎ 企业战略是企业制定经营目标和经营计划的根源依据。

◎ 盲目扩张是企业战略发展的禁忌。

◎ 企业的战略决策，要避免“一言堂”。

◎ 目标制定既要知己又要知彼；既要脚踏实地，又要有所突破；既要扎根现实，又要有前瞻性的预判。

第三章　经营目标管理模块

◎ 经营思维的本质就是客户思维、市场思维和价值思维。

◎ 所谓要有经营思维，就是要有“如何活下去、怎么活得好”的思维。

◎ 不仅要关注局部利益，更要关注整体利益；不仅要关注过程利益，更要关注最终利益；不仅要关注小利益，更要关注大利益。

◎ 管理者的经营思维，是一名优秀管理者不可或缺的重要素质。

◎ 经营思维要求企业各部门的重点工作开展都充分结合客户需求和市场需求，并力求实现各项工作的价值最大化。

◎ 大道至简，将复杂的事情简单化，是一种理念，是一种能力，也是一种高级的经营思维。

◎ 行业的竞争，最终还是产品力的竞争。

◎ 运营管理的宗旨就是提高企业生产效率，用更简单的话来表述：运营管理就是让企业不断进步。

◎ 要进行行业对标，而不仅是内部对标，更需要对标的，还有决策者本身。

第四章　计划管理模块

◎ 一定要清楚计划需要什么样的资源来支持配合，清楚计划完成的思路和办法。这是计划的关键要素。

◎ 经济类指标反映的是企业现在，非经济类指标则决定了企业的未来。

◎ 计划的宣贯是企业强化目标、传导压力的一个过程。

◎ 计划的核心是承诺。失去了承诺，计划就失去了灵魂。

◎ 如果员工能将目标完成视为个人荣誉，那么就意味着计划目标已经完成了一半。

◎ 个人周台账是员工对自己工作的计划，是员工实现自我管理的必要手段，也是提升部门管理的有效工具。

◎ 企业的执行力，就是企业的生命力。

◎ 在用人问题上，当断不断必受其乱。

◎ 穷尽办法是潜力被激发出来后，个人能动性的极致发挥。

◎ 企业不能单方面要求员工奉献，只有把人才作为真正的核心资源，以人才为本，员工才能真正在企业发挥出主人翁精神。

◎ 计划就是因变化而生的，计划本身就是对变化的管理。

◎ 问题出现的最初阶段，往往也是解决问题的最佳时机。

◎ 企业是要结果的地方，不是讲理由的地方。

◎ 对后进没有鞭策，其实就是对先进的一种打击。

◎ 运营管理要有所为有所不为，要注重合理的管理分工。

第五章 组织绩效管理模块

◎ 部门的服务属性和管控属性，只有二者兼具，部门的工作内容才是完整的。

◎ 制定让员工信服的考核规则，考核要客观公正要得人心，考核结果的应用更是如此。

◎ 奖要奖得心动，罚要罚得心痛。

◎“吝于表扬，又担忧处罚”，这种心态是绩效考核的大敌。

◎ 只有做到了尊重员工，考核工作才会得到员工尊重。

◎ 对组织绩效进行分析，会让我们发掘出企业存在的深层次管理问题。

◎ 企业拿出钱激励团队，反而成了矛盾的爆发点，这是非常让人痛心的。

◎ 组织绩效考核要努力避免出现“做得多，错得多”的现象。

第六章 会议管理模块

◎ 如果没有真正地理解会议的要素和目的，我们甚至都无法判断自己到底是在开会还是在闲谈。

◎ 任何会议的目的都包含直接目的和间接目的两种。

◎ 对会议汇报材料的重视，最根源反映出来的，还是企业员工的责任心。

◎ 会前有规划，会中有控制，会后有跟进。

◎ 当我们看到企业的员工不是在忙着开会就是在忙着准备开会的时候，说明企业的管理已经出现了问题。

◎ 会议的决策能力往往取决于决策者的工作能力。

◎ 开大会不办事，开小会办大事。

◎ 让会议实现管理价值最大化。

◎ 在企业中，会议是最为有效的群体沟通方式。

第七章　授权、流程管理模块

◎ 人尽其用的前提是：管理者要了解人的价值在哪里，并授权让他的价值得以充分发挥。对人的授权如此，对部门的授权亦是同理。

◎ 企业越大，越需要授权。

◎“习惯了亲力亲为的企业家群体面对尚不够完善健全的职业经理人体系”，这种现状本身就预示着在企业授权机制面临着重重矛盾和阻力。

◎ 企业高薪聘请来的高层级职业经理人，其最大的价值就是其专业能力和决策能力，而不是其执行能力。而专业和决策能力，需要“授权”才能充分发挥价值。

◎ 授权就是用人。授权不充分，真正受到损失的是企业本身。

◎ 凡事如果还是公司老板一个人说了算，那么无疑，老板就会成为公司的天花板，这种情况下，老板的水平也代表了公司的最高水平。

◎ 掌权是一种欲望，放权是一种格局。

◎ 企业要发展，人才水平和薪酬水平要同步均衡发展。

◎ 授好权用好人，这是企业领导者最首要也是最重要的工作，几乎没有之一。

◎ 企业用人，要有使用和培养相结合的心态，要有一定的容错机制。对人才也不必奢求完美，注重扬长避短，用其所长才是明智之举。

◎ 从人性的角度看，越是被尊重被信任，人的创造力和工作能动性也会越高，达成目标的概率也会越大。对于授权来说，信任就是基础。

◎ 在企业管理中，要淡化企业家的个性，要注重结合人性去考虑问题。只有符合人性的管理理念，才是真正有生命力的。

◎ 企业不是王土，企业家也不是帝王，企业的事情远没有治国那么复杂。

◎ 只有在前线，才能听到炮火的声音。

第八章　制度、标准化管理模块

◎ 企业标准化管理实质上就是对由技术标准、管理标准、工作标准这三大标准体系所构成的企业标准化系统（或企业标准体系）的建立与贯彻执行。

◎ 战略是企业的大脑，制度流程是企业的血液，组织架构是企业的骨架。

◎ 在企业中，一个部门的“管理类制度”的制定水平，在一定程度上也决定了该部门工作的整体管理水平。

◎ 制度不是档案，不只是用来看的，而是要落地执行的。

◎ 借鉴没有问题，只是我们需要在借鉴中做到提炼和升华，做到结合企业实际的灵活运用，这才是借鉴的精髓所在！

◎ 有制度不执行，比没有制度危害更大。

◎ 制度执行的重点是各级“一把手”。

◎ 企业推行标准化管理的根本目的就是两个：第一，规范；第二，提效。

第九章　知识、数据管理模块

◎ 对知识和数据的管理，是企业自我学习和进步的重要手段。

◎ 在企业中知识积累最重要的渠道就是工作后评估，最直接最有效的方式是阶段性后评估。

◎ 讲道理不如讲案例，讲别人的案例不如讲自己的案例。

◎ 企业各个部门的关键数据就构成了企业运营的核心数据。

◎ 经验型数据是企业的宝贵财富。

第十章　风险管理模块

◎ 风险管理事关企业的生死存亡。

◎ 风险管理最重要的工作是了解风险并杜绝风险的发生。

◎ 风险管理只有和业务管理紧密结合，风险管理才真正有生命力。

第十一章　运营部门的组织管理手册

◎ 不同类型、不同规模的企业，其运营部门的组织机构设置会有所不同。这中间的取舍变化，需要管理者结合企业实际进行决策。

◎ 制定《运营管理部门组织管理手册》，可以让工作内容繁杂的运营管理部门工作分工更加清晰，工作重点更加明确，工作内容更加具体。

后 记

◎ 企业家对企业的期望，本质上就是对企业管理水平持续提升的期望。

◎ 所谓企业家的风格，更多的是体现在企业家对现代科学管理理念的理解和掌握程度，而不仅仅是指企业家的性格。

◎ 运营管理工作，不只是运营部门的事，而是所有部门共同的事。运营管理 9 个模块的工作内容，也不只是运营部门的工作内容，而是企业所有部门自己的工作内容。所以，对运营管理 9 个模块知识和技能的掌握，不仅是针对运营管理人员的要求，也是对企业所有管理人员的要求。这也是读者朋友需要对运营管理建立起来的第五个重要认识。

◎ 当企业所有的管理者都具备了运营思维、都掌握了运营管理的技能，并都应用到了工作实际中，那么，企业也就真正掌握了持续进步的底层逻辑。

前　言

随着企业规模的不断壮大，很多管理者发现，企业发展到一定阶段的时候，就仿佛遭遇到了发展瓶颈。原有的“业务为主、各司其职”管理模式显得力不从心；因工作量的增加，管理层和执行层之间的沟通障碍越来越大；大量的协同、统筹工作因缺乏主责部门而被搁置。这一阶段，企业的进步开始变得缓慢，整体运转效率明显降低，大家总是在疲于应付不断出现的错误和问题……

这种情况下，运营管理也逐渐被更多的企业所认识并引入管理实践中。

但究竟什么是运营管理？运营管理的内容和运行机制是什么？运营管理对企业又能发挥怎样的作用呢？

带着这些问题，我们来开启本书的旅程。

关于企业运营管理，因为在学术领域还缺乏比较全面和权威的论述，市场上也缺少成熟的、可借鉴的模式。所以，大多数企业都在按照自己的需求和理解来面对运营管理工作。有的企业成立了计划部，有的企业组建了总裁办，也有部分企业设立了自己的运营管理部门。但深入了解就会发现，这些部门的职责有类似之处却又内容各异。这种现象说明，企业在发展过程中意识到了运营管理的重要性，却还没有形成统一的管控标准。

没有标准，对运营管理理解自然也会存在差异，这也造成了企业运营管理在实践中所发挥作用的参差不齐。很多企业管理者和运营从业者都因此感到困惑：企业的运营管理工作究竟该如何系统、规范地开展？

从实践中来，到实践中去。任何理论都不能脱离实践，而所有问题的答案，其实都存在于实践之中。

在多年的运营管理工作中，笔者通过不断的学习、实践和总结，对运营管理有了较为深刻的理解和认识。

运营管理，是发展型企业管理的核心内容，是保障企业持续进步的重要手段，在企业的管理体系中起着不可替代的作用。

企业发展过程中，经常会出现一部分前期重视程度不足的管理工作，逐渐演变成为企业发展的掣肘，甚至变成了制约企业成长的短板。比如：企业的战略管理缺失带来的发展无序、企业的制度建设系统化不足导致的管理混乱、企业计划管理不力造成的目标管理失控等。这部分管理工作有一个共同的特征：它们是企业层面的管理需求，也需要上升到企业层面去主导才能更为有效地推动落实和执行。这种情况下，企业运营管理部门就应运而生。

可以说，运营管理部门是企业的管理抓手。不同于其他业务职能部门，运营管理部门代表着企业，对发展过程中的重要事项进行监控和管理，为企业管理目标的实现负责。

不论是什么类型的企业，管理的基本理念和原则都是相通的。运营管理作为管理学科中的一个分支，也应有其管理标准，并有其特定的管理内容和特有的工作机制。

结合管理学理论和笔者个人的管理实践，本书首次将企业运营管理内容归纳汇总为 9 个模块，这 9 个模块分别是：战略管理模块、经营目标管理模块、计划管理模块、组织绩效管理模块、会议管理模块、授权流程管理模块、制度标准化管理模块、知识数据管理模块、风险管理模块。书中分别对各个模块的概念、工作机制和工作目标进行了剖析和阐述。笔者希望能够通过本书，将实践所知和研习所得，通过朴素的语言展示给读者。让读者在阅读之后，能够快速了解企业运营管理的内容，熟悉运营管理的机制，也能够熟练掌握运营管理的技能。

同时希望本书：

- 为**企业家**了解企业运营管理的机制和企业持续进步的关系提供参考；

- 为**企业中、高级管理者**提升运营管理认识和自身管理能力提供帮助；
- 为**企业运营管理从业者**快速并全面掌握运营管理技能提供指导；
- 为**管理学领域的学子**了解企业管理的真实需求、更好更快地成长提供学习资料。

更希望通过本书能够给广大的读者朋友带来一些启发，引发管理同行对运营管理的一些思考和交流。

让我们来共同探究企业持续进步的秘密，共同为提高企业管理水平努力！

借此机会，感谢曾和我一起在运营战线奋斗过的领导和同事，你们给了我很多帮助！也要感谢我正在读大学的女儿，利用暑期校对书稿，并把每一章都整理绘制了思维导图。

学无止境，当奋进不息！

目　录
Contents

第一章
关于企业运营管理

- 对运营管理要建立的第一个重要认识：运营管理虽然从属于企业经营管理范畴，但它又要对企业经营管理范围内所有系统的运行情况进行监控和管理。
- 运营管理是站在企业或企业家的角度和高度去发现问题并解决问题的过程。

企业运营管理的思维导图如图 1-1 所示。

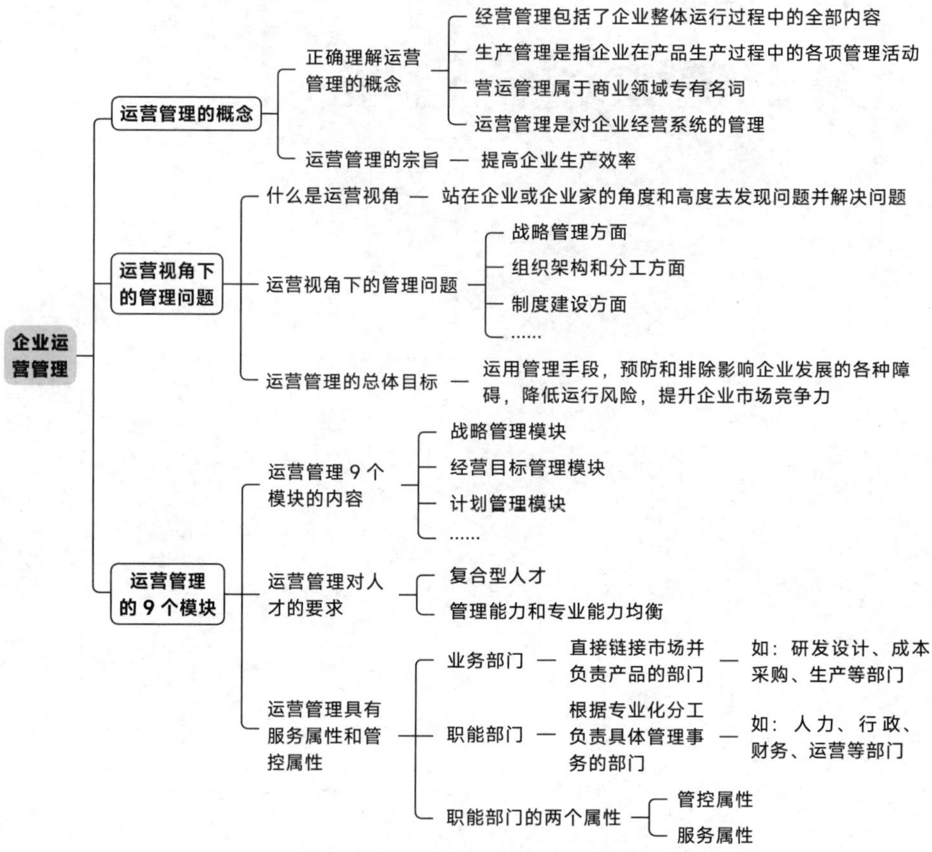

图 1-1　企业运营管理的思维导图

第一节　运营管理的概念

一、正确理解运营管理的概念

运营，来源于企业生产管理的实践。在开始本章的内容之前，我们先来对几个概念进行简要的解读。

经营管理：是对企业整个生产经营活动进行决策、计划、组织、控制、协调，并对企业成员进行激励，以实现其任务和目标的一系列工作的总称。包括了企业整体运行过程中的全部内容，比如人力、财务、行政、销售、生产、运营等。

生产管理：是指企业在产品生产过程中的各项管理活动，侧重的是产品生产过程管理。

营运管理：通常应用于商业领域，是零售管理术语，是指零售商透过一些硬指标及软指标对其门店的各项作业，进行培训、督导、考核、奖惩的一系列经营管理活动。

运营管理：主要是指对企业经营管理系统的设计、运行、评价和改进。从属于经营管理范畴。

之所以对这几个概念进行解读，是因为很多人经常将运营管理和经营管理、生产管理或营运管理概念相混淆。概念理解非常重要，只有概念清晰了，才能更正确地学习。

结合运营管理的概念，我们可以有一个初步的定义，即**运营管理是对企业经营管理系统的管理。**更准确的表述是：运营管理是对企业经营管理系统的规划（P）、执行（D）、检查（C）、改进（A）循环管理。

由此可见，**运营管理虽然从属于企业经营管理范畴，但它又要对企业经营管理范围内所有系统的运行情况进行监控和管理。**这是读者朋友需要对运营管理建立起来的第一个重要认识。

有人说，运营部门是企业的“发改委”和“发动机”。这个比喻非常形象、精准地概括了运营部门的职责内容。

我们通常用“3 定、3 统、3 研和 3 抓”来概括发改委的职能：

- 3 定：定战略、定方向、定指标；
- 3 统：统计划、统制度、统考核；
- 3 研：研政策、研市场、研经营；
- 3 抓：抓大事、抓协同、抓落实。

这 36 个字，也正是运营部门职责的核心内容。

发动机，顾名思义就是可以产生动力的机械。

如果一个运营部门能够在企业发挥出“发改委”的职能，并能像发动机一样产生动力，带动企业各部门高效地运转。毫无疑问，这样的运营管理也一定可以为企业的成长和进步发挥重要作用。

二、运营管理的宗旨

持续进步，不断提高管理水平，几乎是所有有志向、有梦想企业的共同追求。运营对企业经营管理系统的监控和管理，其目的就是不断完善和提升企业的经营管理能力。而经营管理能力提升，最直接的表现就是企业生产效率的提高。

由此，我们也很容易得出另一个重要的结论：**企业运营管理的宗旨是提高企业生产效率。**

宗旨是宗教的教义。指主要的思想或意图、主意，原则上是不能违背和偏离的，否则宗旨就失去了意义。也就是说，**提高企业生产效率**是企业运营管理工作最重要的一个管理原则，是运营从业者必须始终秉持的工作指导思想，也是我们判断运营工作方向是否正确的最基本的依据。可以肯定地说，偏离了宗旨的运营管理，就是无效的运营管理。

企业运营管理就是要提高企业生产效率。这是运营管理的宗旨，也是读者朋友要对运营管理建立起来的第二个重要认识。

宗旨可以理解为一个宏观导向性的要求。实际工作中，我们可以结合宗旨进行工作规划，将宗旨作为工作标准，围绕宗旨进行制度建设和工作任务的分解，以便更好地实现管理目标。

那运营管理的目标是什么？如何实施才能顺利达成运营管理目标呢？回答这个问题前，我们先来看看在运营管理的视角下，企业通常会出现哪些管理问题。

第二节　运营视角下的管理问题

一、什么是运营视角

作为运营管理从业者的你，必须时刻具备**运营视角**。

如果你能站在企业或者企业家的角度，对企业管理系统所涉及的内容进行评估并提出见解，你就开始具备运营视角了。

运营管理之所以重要，也正是因为运营部门有别于其他部门的这种独特视角，换个说法，运营视角就是管理者视角（或老板视角）。

运营管理也是站在企业或企业家的角度和高度，去发现问题并解决问题的过程。也正因此，有些企业将运营部门作为企业的第一部门，甚至确定运营管理人员职级时都会比其他平行部门高出半级。基于运营管理的工作性质及其重要性，这样的安排也有其合理性。

二、运营视角下的管理问题

企业管理系统是一套庞大、复杂的系统，系统内容丰富、涉及维度众多且彼此关联交错。如果我们认真地去审视每个维度的管理内容，就会发现其中存在着各种各样的问题。这些问题有大有小，有个性化的也有共性的，本书提取了一部分具备代表性的问题举例如下。

- **战略管理方面：** 企业战略不清晰，或者有战略也因为管理原因无法落地。经营策略也没根据市场形势变化做过调整，干到哪儿算哪儿。
- **组织架构及分工方面：** 企业组织架构不合理，造成工作边界不清。工作分工模糊，推诿扯皮现象严重。
- **制度建设方面：** 制度缺失或不合理情况较多，制度制定拿来主义，不满足企业需求；制度形同虚设，有制度不执行。
- **效率方面：** 整体工作效率不高。员工看似忙碌，实际上没有压力，并没有真正的紧迫感。

- **产品方面：**产品研发能力没有优势，缺乏市场竞争力；相比其他公司生产效率也不高，生产周期长；销售渠道狭窄，手段也比较单一，库存去化慢。
- **品牌方面：**企业市场口碑一般，没有明显品牌效应，公司在品牌宣传方面重视度不够；客户拓展力度较弱，客户服务跟不上，客户群体小、客户黏性差。
- **执行力方面：**团队执行力不强，距离"立即执行、高效执行、有效执行"的管理要求差距较大。
- **沟通协同方面：**大家各自为战，工作不交圈；上下级部门、平级部门沟通渠道不畅，没有形成合力；解决问题效率低下，问题长期搁置。
- **计划管理方面：**计划未充分发挥作用，存在只制定不执行现象；计划跟进不及时，预见性不足；计划形同虚设，完成率低。
- **标准化建设方面：**没有知识沉淀也没有标准化系统，经常重复错误；感觉不到企业进步。
- **信息化管理方面：**信息化管理水平低，没有企业 OA 办公系统或系统不满足企业要求；流程审批效率低，流程设计存在不少缺陷；流程的管理和更新不及时。
- **会议管理方面：**会议冗长效率低，一天到晚开会，具体工作都干不了；有些工作涉及不到也要去听；有些问题线下沟通就可以了，非要组个大型会议。
- **人力资源方面：**找不到合适人才，也留不住人才。
- **考核方面：**考核标准不公平也不合理，结果应用也不到位，做好做坏一个样；没有做到奖优罚劣，打击了大家的积极性。
- **思想意识方面：**官僚主义和本位主义严重，内耗大；负责人工作蜻蜓点水，员工工作应付了事。
- **风险管控方面：**没有风险意识，发生风险就去灭火；对经营风险没有管控和预防机制。

- **发展方面：**企业发展缓慢，员工流动性大。

……

这就是运营视角下企业在不同维度存在的一些管理问题。如果你在职场有过一定的工作经历，相信会对上述问题有不同程度的认识和体会。

这里需要读者朋友问自己一个问题：假设你是企业的负责人，这些问题都不同程度发生在你所在的企业，你将如何应对呢?

显然，这是一个有难度的问题。事实上这已经不仅是一个问题，而是一个课题。而如何来完成这个课题，需要进行系统全面的讲述。这也是本书要呈现给读者的主要内容。

当然，任何企业都不是完美的。企业发展的过程本身就是一个不断发现问题和解决问题的过程。所以有问题不可怕，可怕的是没有建立起问题防范和解决的机制，这才是企业在管理方面最大的隐患。

三、运营管理的总体目标

我们可以将优秀的企业比作一台性能优良的精密机器，工作时运行平稳、运转灵活、衔接紧凑、产能高效。既然是机器，其任何一个部件出了问题，都会导致整体的运转不畅，甚至停摆。上述运营视角下存在的管理问题，实际上就是机器（企业）的部件（管理）出现了故障。当部件无法保持正常的工作，企业这台“精密机器”也不可能实现稳定高效的运转。

那么，由谁来担负起这些管理问题的预防、发现和修复的责任，以保障企业这台“精密机器”的正常运转呢?显然，一般的部门是不具备这种职能的，因为它们都有各自独立和专业的分工。这就需要企业设立一个负责综合管理的职能部门，来帮助企业统筹起对整体经营系统管理的重任，运营管理部门也由此应运而生。

运营管理，就是要运用管理手段，预防和排除影响企业发展的各种障碍，降低运行风险，提升企业市场竞争力。这也是**运营管理的总体目标**。

但运营管理究竟要负责哪些内容？该如何设置运营管理部门的架构和职

责？运营部门和企业的其他业务、职能部门之间又应该是怎样的关系？……

带着上述问题，我们继续进行本书的内容。

第三节　运营管理的 9 个模块

理解运营管理的概念并建立起对运营管理的认识，是开始本书学习的基础。在后面的章节中，本书将结合这些概念和认识，逐一解读和分享每个模块的管理内容、运营管理运行机制和须达成的目标。希望通过深入浅出的讲解，让读者快速理解和掌握运营管理各个模块的精髓。

一、运营管理 9 个模块的内容

上节我们列举了运营视角下企业存在的各种问题。很显然，这些问题不是虚构的，它们或多或少地都真实存在于现实中。如果企业存在上述问题，却没有很好的机制去改善和解决，那就说明这个企业的运营管理没有发挥出应有的作用。

在本章第一节运营管理的概念中，我们提出运营管理主要是指对企业经营管理系统的规划、执行、检查和改进。要做到这一点，先要明确运营部门的职能。

以往，在不同的企业会听到一些对运营部门工作的不同评价：

“我们的运营部门就是老板的秘书部，只行使秘书职责。”

“我们的运营部门好像什么都管，但什么也没有管到位。”

“我们的运营部门就是计划部，天天加班做计划做报表。”

“我们的运营部门不太熟悉具体业务，难以发挥运营管理的作用。”

……

这类评价有些负面，但也有它的真实性。确实有部分企业并没有真正了解什么是运营管理，也不是很熟悉运营管理的工作内容和运行机制，所以其运营管理部门也无法完整地履行职责。运营管理是综合管理部门，其职能也不是单一职能，而每项职能也有其特有的工作机制。

结合多年的企业运营管理实践，笔者将运营管理的工作内容归纳总结为以下 9 个模块，分别是：

- 战略管理模块
- 经营目标管理模块
- 计划管理模块
- 组织绩效管理模块
- 会议管理模块
- 授权、流程管理模块
- 制度、标准化管理模块
- 知识、数据管理模块
- 风险管理模块

这 9 个模块的内容是企业在职能管理方面的核心内容。仅仅从字面理解，相信大家就可以感受到运营管理的内容之丰富和重要。

运营管理 9 个模块的内容，既反映了企业现在的经营状况，也决定了企业的未来发展方向。对这 9 个模块的管理，既是对企业稳健运行的保障，也是对企业未来成长的绸缪。运营管理是每一个成长型企业必须重视并切实落实的管理工作。

运营管理部门是综合职能管理部门，它有 9 个模块的管控内容。这是读者朋友要对运营管理建立起来的第三个重要认识。

二、运营管理对人才的要求

运营工作因其复杂性和重要性，对人才也提出了很高的要求。从事运营管理的人员，需要具备较强的综合素质：

- 具备综合知识和技能，既要懂管理还要懂专业；
- 逻辑思维能力强，既要能发现问题，还要有解决问题的思路和办法；
- 运营管理人员的见识要广、眼界要宽、格局要大；

- 运营管理人员要具备一定的组织、策划和统筹能力；
- 运营管理要求具备较强的文案能力；
- 具备很强的沟通能力；
- 具备较强的学习能力；

……

显然，**运营管理人员需要的是复合型人才。**当然市场中这样的人才是较为稀缺的，这也是很多企业运营管理工作并不尽如人意的原因之一。事实上，相当部分企业的运营主管领导都是 CEO 或常务副总，这也从另一个方面体现了运营管理对人才要求的全面性。从另一个角度理解，如果你成长为一名优秀的运营管理人员，你也具备了担任企业高管的基本能力。

也正因为人才的稀缺，所以企业除了要在市场上广纳贤士，更加要注重在企业内部建立人才梯队，制定人才培养机制，强化对内部的运营管理人才培养。

也有读者认为，专业管理和运营管理属于两个范畴，运营管理可以不懂专业，笔者认为这种认知是片面的。管理确实是一门独立的学科，但在企业实际管理过程中，特别是对专业性要求较高的企业，专业能力不足的运营管理往往会造成“外行指导内行”的情况发生；更为重要的是，还会导致发现问题和解决问题方面都无法做到准确和全面，这也会使得运营管理的效果大打折扣。

管理能力和专业能力不均衡，这是目前企业的运营管理人才队伍存在的较为普遍的问题。所以，从事管理的人员如何提升专业能力，而业务人员又如何提升管理水平，这是企业在员工培养方面的一个重点方向，也是员工自我成长的一种理想选择。

“千军易得一将难求”，从务实的角度来讲，运营部门不一定要求每一名成员都是高精尖的复合型人才，但企业的运营部门，对运营分管负责人个人的入职要求是不能降低的，这是确保运营团队保持高水准的基础。而在团队组成人员中，懂专业或懂管理的高素质业务骨干是必不可少的。总而言之，在运营队伍的人才选择中，人才要力求“精干”，队伍要保持“精练”。

三、运营管理具有服务属性和管控属性

企业的部门通常都分为**职能部门和业务部门**两类。

职能部门：根据专业化分工负责具体管理事务的部门，比如人力、财务、行政等部门。

业务部门：直接链接市场并负责产品的部门，比如设计研发、成本采购、生产、销售等部门。

运营部门和企业的财务、人力、行政等部门一样，都属于企业的职能部门，只是运营部门的综合性更强，站位更高，管辖范围也更广。

职能部门都有两个基本属性，即**服务属性和管控属性**；在实际工作中，任何职能部门的首要职责都是先做好服务，其次才是管控。要两手抓，两手都要硬。我们经常会遇到有些职能部门，一味地强调制度和原则，强调自己的管控职能而弱化或忽视自己的服务职能。这就会造成有些职能部门在工作中出现置其他部门的实际困难于不顾、置问题的拖而不决于不顾的本位主义现象。久而久之，会形成企业的沟通壁垒，也让企业无形中蒙受因降效导致的损失。这种做法就是对自身工作属性的不了解，是非常错误和片面的。

作为职能部门，管控和服务是两个相互依存相互促进的存在，**"服务是为了更好地管控，管控也是为了更好地服务"**。在运营管理所有管理模块的管理中，这两个属性也将贯穿始终。运营部门一定要首先具备服务意识，服务于企业、服务于部门、服务于员工、服务于整体效率的提升。其次才是做好管理和监督控制。

运营管理具备服务和管控两个属性，这是读者朋友要对运营管理建立起来的第四个重要认识。

在本章中，重点提到了读者朋友需要对运营管理建立起来的 4 个认识，为了强化理解，我们再次汇总如下：

第一个认识：运营管理虽然从属于企业经营管理范畴，但它又要对企业经营管理范围内所有系统的运行情况进行监控和管理；

第二个认识：企业运营管理的宗旨就是提高企业生产效率；

第三个认识：运营管理部门是综合职能管理部门，它有 9 个模块的管控内容；

第四个认识：运营管理具备服务和管控两个属性。

对于运营管理，还需要建立**第五个认识**，我把它放到了本书最后，姑且作为本书一个小小的彩蛋，希望读者朋友看到后能有所启发和收获。

第二章 战略管理模块

- 在战略制定上，要将围绕及打造企业核心竞争力作为重要内容，这样才能让企业始终保持市场竞争优势。
- 目标制定既要知己又要知彼；既要脚踏实地，又要有所突破；既要扎根现实，又要有前瞻性的预判。

战略管理模块的思维导图如图 2-1 所示。

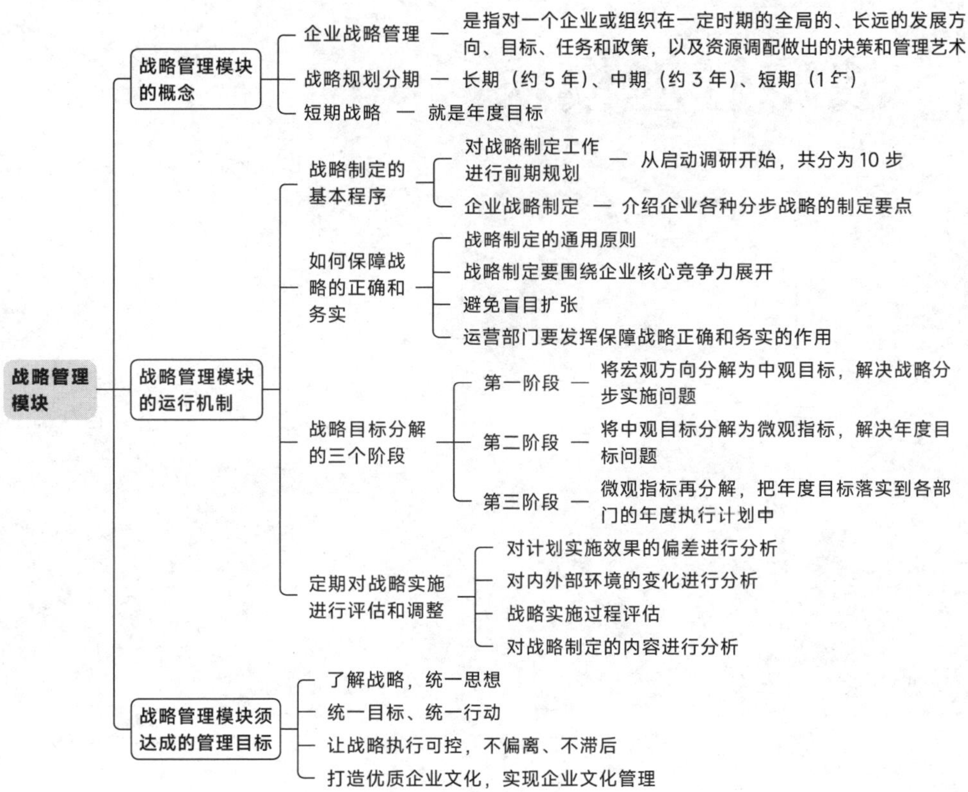

图 2-1　战略管理模块的思维导图

第一节　战略管理模块的概念

企业战略管理（Strategic Management）是指对一个企业或组织在一定时期的全局的、长远的发展方向、目标、任务和政策，以及资源调配做出的决策和管理艺术。企业战略管理是运营管理部门的重要职责。

企业的战略规划分为长期（约 5 年）、中期（约 3 年）、短期（1 年）。**长期战略重点是定宏观方向，中期战略重点是定具体目标，短期战略重点是定实施战术。**

战略制定的要求：长期战略要方向正确，中期战略要目标可量化，短期战略要具体可实施。

中期战略源于长期战略的需要，短期战略则是中期战略的分解。短期战略就是一年期目标，实际上就是我们常说的“年度目标”。

一个持续发展的企业，一定要有自己清晰的战略规划。而战略的研究、制定、分解、实施，则是运营管理部门在开展管理工作中的首要职能。明确了年度目标，各项经营计划才有了依据，企业的管理行为也就有了准则和纲领。

第二节　战略管理模块的运行机制

企业战略管理对企业有着举足轻重的作用。如何制定好、分解好、执行好战略，是运营部门战略管理人员的重要任务，也是运营部门发挥“发改委”职责的关键管理内容。

一、战略制定基本程序的介绍

企业战略制定需要特定的程序，也需要一定的专业性。战略制定不是一件高深莫测的事，但想制定一个符合企业特性并具备实际指导性的战略也绝非易事。通常情况下，出于专业性和战略制定经验欠缺的原因，企业会引入第三方专业机构进行战略的制定工作。如果能解决好战略制定和企业实际的结合问题，笔者认为选择专业的第三方，特别是相关行业经验丰富的第三方来协助企业制定战略，是正确的选择，可以避免少走很多弯路。

（一）对战略制定工作进行前期规划

战略制定是一项较为复杂的工作，为了确保工作能更专业更有序地开展，通常要先对战略制定工作进行整体的规划。战略制定工作前期规划，是一个厘清战略制定工作思路、明确重点工作内容和工作流程的过程。

下面以某企业战略制定的实际案例，对战略制定的前期规划进行解读，让读者更直观地进行了解。

示例：战略制定前期规划的内容和流程，参见表 2-1。

表 2-1 战略制定前期规划的内容和流程

1. 项目启动与调研	2. 对企业的内部分析	3. 对企业所处行业研究	4. 区域市场分析	5. 竞争对手分析
* 确定项目目标及侧重点 * 确定项目负责人和项目组成员 * 明确项目时间进度安排 * 确定项目分工以及行动计划 * 企业项目调研 * 内部访谈	* 企业使命、发展目标，以及核心竞争力分析 * 企业战略回顾 * 公司目前资源储备、项目组合、品牌营销、风险抵御能力	* 市场整体分析及细分市场分析，包括供需基本面分析、政策分析、趋势分析	* 进行 ×× 区域市场特性研究 * 提炼区域特点与发展趋势	* 利用竞争分析模型，分析区域内与企业有直接竞争与潜在竞争的公司，帮助企业清晰战略竞争图
6. 对可能进入的新业务领域分析	**7. 企业战略研究**	**8. 主营业务战略细化**	**9. 战略保障研究**	**10. 战略行动方案及对组织能力的要求**
* 进行新业务市场特性研究	* 确定企业主营业务与新业务发展的选择 * 推荐最适合企业的发展战略	* 对区域扩张、主营业务产品和价值链进行研究，研究主营业务发展战略	* 根据前述战略，编制企业的上市后的战略举措，如企业形象战略、治理结构研究及内控体系研究等	* 战略规划未来 3~5 年具体的行动规划

表 2-1 中，战略制定前期规划共分为 10 步，其中 1~6 步为研究阶段，即对行业的整体研究、区域市场、竞争对手及新业务研究；7~10 步为企业战略制定阶段，包括企业战略研究、主营业务战略细化、战略保障研究、战略行动方案及对组织能力的要求。研究阶段务求工作执行要细致、扎实和专业，要有足够的调研样板，并要确保数据的真实性，为战略制定阶段提供精准有力的支持。

战略规划制定完成并经过审议后，就可将每项工作进一步细化，明确责任主体和完成时间，这就形成了战略制定计划。有了计划，战略制定工作就可以按照计划有序展开。

（二）战略制定（长期战略）

战略制定的内容：通常分为企业战略蓝图、企业战略、业务战略、支撑战略及实施纲要几个部分，见图 2-2。

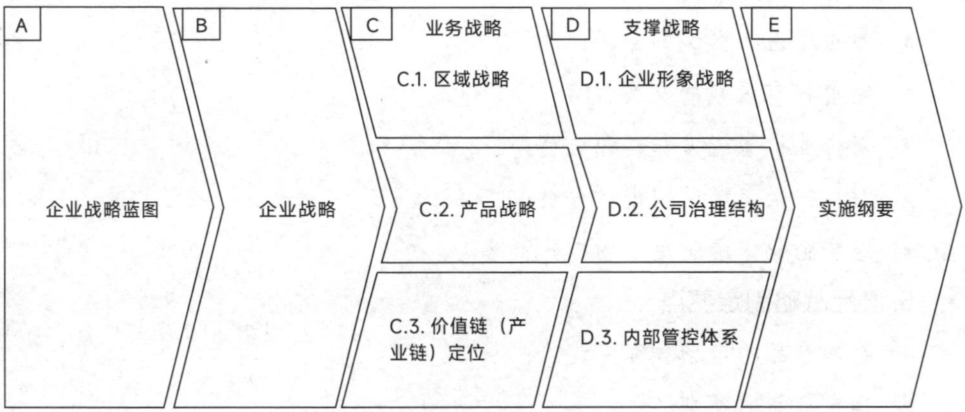

图 2-2　战略制定图

战略制定的每一项内容，都需要进行独立的分析和研究，可结合采用 SWOT 模型或 GE 模型等工具作为辅助。其中各项内容的制定要点提炼如下。

1. 企业战略蓝图制定要点

- 明确未来 3~8 年的分阶段具体战略目标；
- 实现战略目标的内部管控思路；
- 确定企业的产业方向；
- 确定企业的产品类别。

2. 企业战略制定要点

- 进行企业战略的分析和评估（采用 SWOT 或 GE 分析模型等工具辅助）；
- 选择企业适用的战略类型。战略类型包括：发展型战略、稳定型战略、收缩型战略、并购战略、成本领先战略、差异化战略和集中化战略等。

3. 业务战略制定要点

- 从区域、产品、价值链等维度，对企业业务进行深入的研究和分析；
- 从区域和产品两个维度看，列出企业业务发展的可能战略选择；
- 从价值链的维度看，明确企业如何整合自身资源，把握价值链核心，通过怎样的策略实现战略目标。

4. 区域战略制定要点

- 对市场占有区域的分析；
- 制定占有区域的发展策略；
- 对企业扩张能力和资源进行分析；
- 对拟扩张市场区域进行分析；
- 结合企业资源制定市场扩张策略。

5. 产品战略制定要点

- 明确产品的市场和客户定位；
- 确定产品的类别；
- 明确产品的市场竞争策略，确定企业的竞争优势；
- 明确企业的竞争对手，制定针对竞争对手的应对策略。

6. 价值链（产业链）定位制定要点

- 分析企业产品实现过程中，全产业价值链的构成；
- 分析企业在产业价值链中的现状和能力地位；
- 分析产业价值链中各环节对企业主业的影响程度、市场前景等；
- 明确企业价值链发展策略。

（三）支撑战略

1. 企业形象战略制定要点

- 分析行业先进企业的形象及与自身形象对比；
- 制定企业行业形象目标；
- 制定针对实现行业形象目标的应对策略，如MI：企业理念识别（Mind

Identity)、BI：企业行为识别（Behavior Identity）、VI：企业视觉识别（Visual Identity）系统的建立要求，企业社会活动参与，企业经营状况支撑等。

2. 公司治理结构制定要点

- 明确公司（法人）治理结构，明确对决策层的定位及如何对经理层进行有效激励和约束；
- 制定各层级的关键职能。

3. 内部管控体系制定要点

- 明确企业组织机构；
- 明确战略实施的内部管控模块的具体管控内容，如计划管控、预算管控、组织管控、人力资源管控流程管理、业绩管理等。

4. 战略实施行动纲要制定要点

- 战略制定期内，战略实施和能力构建的阶段性实施目标；
- 完成目标各内部管控模块需要完成的关键任务及完成时间。

上述企业战略规划的要点内容，具有一定的代表性和通用性，读者朋友在应用和制定企业战略时，可以借鉴并结合企业自身情况进行内容调整。受篇幅和内容重点所限，本章重点阐述运营部门对战略的管理，不对战略管理本身的知识进行更深入的探讨，有需要的读者朋友可以参考其他相关战略管理类的专业书籍。

二、如何保障战略的正确和务实

在战略制定的过程中，首先要做到两个保障：

- 要保障战略切合企业实际；
- 要保障战略方向的正确性。

有的企业因为盲目扩张，随意多元化而让自己身陷囹圄；也有些企业故步自封缺乏追求，逐步走向衰败；还有的企业对战略不重视，走一步看一步，企业战略常年停滞不变……这些因为战略管理缺失导致经营失败的案例，在我们的身边并不少见。所以，企业管理层对企业战略的管理工作要格外重视。作为战略制定部门，运营管理部门要熟练掌握战略制定的方法和原则。

那什么样的战略是正确和务实的，并能引导企业健康和持续发展呢？这个问题看似没有标准答案，实则也有其内在规律。

（一）战略制定的通用原则

1. 战略制定要充分民主，要有管理层的集体参与

俗话说：兼听则明。基于战略工作的重要性，其决策过程一定要动用集体智慧，要集思广益而不是“一言堂”地盲目拍板。

2. 战略不能是空中楼阁

战略制定要有充分的依据，每一个目标都必须有足够的条件支持，而且要对支持条件进行科学分析，认真判断支持条件是否具备可行性。这需要专业团队的反复论证。

3. 战略制定要完成“灵魂三问”

我是谁？我在哪儿？我要到哪里去？第一个是要做到知己，是战略制定的前提；第二个是要做到知彼，摸清楚面临的外部环境是战略制定的关键；第三个是选择正确的方向，保障战略目标的正确。

4. 深刻而全面的 SWOT 分析至关重要

战略制定中，SWOT 分析是必须采取的手段（分析清楚企业的优势、劣势、机会、威胁）。SWOT 分析不能走形式，深刻而全面的 SWOT 分析对于战略的制定至关重要。

5. 战略制定要关注四心

要能凝聚人心，要整合核心资源，要围绕核心业务，要培养核心竞争力。

6. 战略制定要扬长避短，切忌盲目扩张陌生领域

上述战略制定的原则有通用性，是战略制定者必须要遵循的，在制定过程中要经常对照反思并不断调整，确保每一项要求都落实到位，每一项具体工作都做到精益求精。

（二）战略制定要围绕企业核心竞争力展开

在企业的战略制定中，企业若做到知己，先是要了解自身的**竞争优势和核心竞争力**。竞争优势分很多方面，如产品类别、技术能力、资金实力、市场渠道、合作伙伴方面等，只要其中某项具备一定的能力优势，原则上该项能力就具备成为企业竞争优势的条件。

那什么是企业的核心竞争力，它和企业竞争优势有什么区别和联系呢？我们可以用一个简单的描述概括一下：如果企业的某方面竞争优势足够强大，强大到成为企业不可替代的标签，或者强大到成为企业发展的重要保障因素，那么这个优势就可以理解成为企业的核心竞争力。在管理方面、品牌方面、人才方面、创新方面以及技术方面甚至企业文化方面等，都可以发展成为企业的核心竞争力。

所以，战略制定先要做到知己。对自己的优势和劣势要有充分的认识，不断巩固和强化企业的核心竞争力，是企业制定战略最为明智的选择。

在战略制定上，我们要将围绕及打造企业核心竞争力作为重要内容，这样才能让企业始终保持市场竞争优势。

（三）战略制定要避免盲目扩张

很多企业都被困于盲目扩张，其中很重要的原因就是没有遵循战略制定的原则，盲目决策、草率进入陌生行业，最终导致深陷其中不能自拔。

造成这种情况的原因很多，其中最为突出的代表就是“投资冲动”。对投资信息缺乏科学和缜密的分析，头脑发热草率做出决策，往往会带来巨大的风险隐患，也可能会给企业造成无法挽回的损失。

盲目扩张是企业战略发展的禁忌。我们去分析那些能保持长盛不衰的企业，大多走的还是专注、专一的发展之路，即使扩张也是在相关多元化方面进行。如华为在高科技制造领域、海尔在家电领域、腾讯在互联网领域等，这些优秀的企业，都是首先扎根自身主业，在主业相关范围内做加法，而从不在陌生的行业盲目扩张。因为真正卓越的领导人，能做到始终保持对自己和市场的清醒认知，能充分利用自己的竞争优势去打造企业的核心竞争力。这才是让企业长久发展和立于不败的正道。

案 例

某企业的老板拥有极强的战略眼光和经营魄力，借助改革开放的东风，企业迎来了飞速的发展。企业的壮大也让老板的自信心更强，所有的重大决策，几乎都是一个人说了算，很少会采取集体决策的方式。企业虽然招募了很多行业精英做高管，但基本没有什么授权，高管对重大事项更没有决策权。

老板精力充沛，胆识过人，行事一言九鼎。在有了一定的资本积累之后，通过收、并购方式大举进军投资了多项产业。其间，虽然有人存在担忧和异议，但慑于老板的权威也只能服从执行。

后期，因为对新投资行业不熟悉及市场变化等原因，该企业所投资项目几乎全部铩羽而归，企业也因此出现严重的经营危机……

分析：从人性的角度分析，在取得成功之后的欲望膨胀和自信心增强，是人性的正常反应。但人不是机器，都可能犯错，今天的英明不代表永远都正确。所以科学的管理最重要的是强调法治、规避人治。上述案例有三个方面值得我们借鉴：

第一，企业决策要避免“一言堂”，降低个人犯错引发的风险；

第二，不要轻易投资陌生行业；

第三，企业要合理授权，合理授权可以调动集体智慧。

（四）运营部门要发挥保障战略正确和务实的作用

运营部门可以是战略制定的主体，也可以只是作为配合部门参与企业的战略制定。但不论是哪种形式，运营部门都必须先履行对战略制定进行监控的职责。参照上述“战略制定的通用原则”，运营部门须密切跟踪战略制定过程，监控每项工作的落实情况，发现问题要及时纠偏，确保战略的正确性和务实性。

一个优秀的运营部门，必须要充分、全面地了解企业的方方面面，做到真正的知己。特别是对企业的竞争优势和核心竞争力，运营部门必须要进行总结提炼并在战略制定中予以应用。在战略制定环节，要认真评估并确保战略制定围绕企业核心竞争力展开。战略要充分发挥企业优势，同时要能实现不断强化企业核心竞争力，这样才可以让企业在竞争中始终保持优势，立于不败之地。

在发展战略制定过程中，运营部门要始终保持清醒和理性，保持自己的独立性，做好企业管理者的“理性高参”。不要言听计从随意附和，对于违背原则和存在风险的决策，要有自己的见解，要敢于进谏、敢于说“不”。运营部门不能屈从于权威并失去自己的判断能力，“独立性”是运营部门的重要个性，没有自己判断能力的运营部门，是不合格的运营部门。

三、战略目标分解的三个阶段

战略的执行是分步的，要长、中、短期战略相结合。

- 长期战略：要解决方向问题；
- 中期战略：要解决分步实施的问题；
- 短期战略：要解决计划目标问题。

不论是长期战略还是短期战略，是否可以执行的标志之一就是该战略是否可分解并可量化。战略分解分为三个阶段。

- 第一个阶段是将长期战略的宏观方向分解为中观目标。
- 第二个阶段是将中观目标进一步分解为企业年度的经营指标。也是大家都熟悉的企业年度目标的产生阶段。年度目标是指把企业制定的与战略期相一致的战略计划目标通过分解形成的战略期内各年度的战略目标。
- 第三个阶段是明确企业各事业部或各部门经营目标的阶段。

案 例

某企业目前产值行业排名在30位左右，其长期战略规划为：未来五年产值排名进入行业前十。显然，这个战略规划是一个宏观的方向性目标。那么在它的中期战略中，就要明确第一年到第四年分步实施的中观目标，如第二年、第三年、第四年的产值分别要进入行业多少名，以确保第五年排名能进入行业前十（战略分解第一个阶段）；在短期战略中，则须明确企业的年度具体可实现的重要指标，如年度销售额和市场占有率等，需要具体可量化的数字来明确（战略分解第二个阶段）。

这种战略分解看起来很简单，但如何更科学更合理地确定每个目标，关系到企业资源配置等方方面面，既要知己又要知彼；目标既要脚踏实地，又要有所突破；既要扎根现实，又要有前瞻性的预判。

战略的制定和分解，是运营管理在战略实施层面最重要的工作之一，也是非常考验企业管理层功力的一项工作。管理层要对自己的企业有深刻的了解，对资源的调配能力有清醒的认识，对各板块的业务能力有准确的评估。同时，还要对市场发展趋势做出正确的判断。如果企业的管理层在这方面无法做出科学和准确的决策，这项工作也可以委托战略制定第三方或专业咨询机构给出建议。战略的分解工作务必要有科学和严谨的态度，切忌拍脑袋决策。

战略分解的第二个阶段，是制定企业年度目标的过程，这是运营部门年度重点工作之一。在这个阶段，运营部门要发挥主导作用。重点是结合企业资源，对年度目标进行分析，同时，制定合理年度目标并下达执行：

第一，企业年度目标来源于企业的战略规划。年度目标只有做到围绕企业长期、中期战略不偏移，才能保障企业战略的最终可实现。

第二，年度目标的制定既要遵循战略，但同时又要保证其科学可实施。在年度目标制定之前，需要运营部门了解企业的需求、厘清企业的现状，并对资源和能力有科学的探讨分析：

一要和企业主要负责人沟通。企业的发展需要符合战略要求同时也要符合企业老板的要求，这无疑是制定年度目标最为重要的环节。

二要厘清现状。运营部门需要和制定年度目标的关键岗位进行充分沟通。重点是和企业财务负责人、销售负责人以及各部门分管领导的沟通。了解企业的资金情况、销售预期以及各部门的资源现状，这对于制定合理年度目标至关重要。

三要分析历史数据。结合企业的历年数据，并结合数据对企业的资源匹配情况进行分析，重点是对市场去化能力、人员工效、后勤保障能力等方面进行合理评估。对年度目标完成的预期，要做到有理有据并心中有数。有了这样的合理评估，才能保障企业年度目标的制定合理和可控。

四要提出资源优化建议。厘清企业的现状并结合对历年数据的分析，可以分析出企业年度目标和资源配置之间存在的矛盾。这种矛盾可能存在于多个环节，如人力资源的不匹配、资金供给的不足、供应商无法满足需求或者制度标准化体系建设落后等。运营部门需要对这一类问题进行认真梳理和记录，并逐项提出针对性的优化建议。

五要运营部门牵头，召开年度目标分析会。召集相关部门负责人，对企业年度目标初稿和资源优化建议进行讨论，达成初步一致。

六要和企业主要负责人再次沟通。结合上述分析和沟通的初步结论，就年度目标的沟通结果对企业老板进行汇报沟通，这个过程可能需要反复二至三次，直至达成一致并获得批准。

七要制定正式年度目标，并予以应用。

通过以上讲解我们了解到，企业战略分解的前两个阶段分别解决了战略分步实施和确定企业年度目标的问题。在年度目标和最终的执行落地之间，是战略最为重要和务实的部分，也就是战略分解的第三个阶段：将微观指标再分解，把年度目标落实到各事业部或各业务、职能部门的年度经营目标中。

这就关系到企业各部门，如产品研发部门、生产部门、采购部门、营销部门、人力资源部门、财务部门等，在企业年度目标实现过程中，明确各自需要承担怎样的具体责任、完成什么样的量化指标，如：

- 产品研发部门需要完成多少种新产品的研发？
- 营销部门需要完成多少销售额？
- 生产部门的产能如何保障？
- 人力资源部门该做出怎样的人力补充和优化？
- 财务部门完成多少融资等。

如果把这类问题全部分类、细化并量化，就是企业各部门制定年度经营目标的重要依据了。分解并确定了具体的指标之后，还需要有一系列配套的保障措施。战略实施的保障措施，在一定程度上也决定了目标能否按照预期实现，这部分内容同样也是战略制定要重点关注的内容。有了以上的分析、目标以及措施保障，接下来只有真正执行和落实，才可以做到真正的全员参与和有的放矢。

关于经营目标部分的内容，我们在后续章节中将会进一步探讨。

运营部门通过以上管理行为，按照企业总体战略—战略分步实施目标—企业年度目标—部门年度目标这样的逻辑，可以有效打通企业战略制定和实施的路径，也为战略实现提供了基础保障。

四、定期对战略实施进行评估和调整

即使有非常周全精密的部署，战略在实施过程中依然会因市场、政策、国内外经济形势等原因产生偏差。这就需要运营部门及时对战略的实施进行评估，并做出科学调整，以避免战略管控失效。

战略评估是战略控制的基础，目的是更好地实现预期战略目标。战略评估也是企业对战略进行系统性管理的基本要求，主要是对战略实施的效果、战略实施的过程进行评估，在此基础上，也反向对企业战略制定进行评价和纠正。

战略评估，原则上是对以下几个方面的评价分析。

（一）对计划实施效果的偏差进行分析

一般来说，企业的战略目标是一个目标体系，大致包括战略经营目标（业务结构、产品结构等）、市场或行业地位目标（行业排名、市场份额等）、经营目标（营收、利润、合同额等）、管理目标（人才、技术、质量、安全、风控、文化等）等。战略实施效果评估，就是分析战略目标与战略结果的差异，并寻找差异产生的原因。

（二）对内外部环境的变化进行分析

外部环境是指政策环境、市场环境、竞争环境等发生了哪些没有预料到的变化。这些变化，包括国际形势、国内政策等大环境的变化，也包括原材料或市场等小环境变化。外部环境的变化等通常会让战略实施发生重大改变。内部环境是指，企业的资源和能力是否进行了及时调整并有效支撑目标的实现。

（三）战略实施过程评估，主要对照战略实施举措进行分析评估

战略实施举措是企业战略制定时实现战略目标的手段、措施、方法等，战略实施过程评估，一是逐条评价最初的战略实施举措是否得到有效贯彻实施，二是实施后的效果如何，三是分析实施偏差的原因。这个原因分析应更多地着眼于企业内部，比如企业的管理体系、组织架构、资源配置、激励导向与力度、干部能力与特点、企业文化氛围等与战略是否匹配，存在哪些问题或障碍。

（四）对战略制定的内容进行评价分析

战略制定评价，主要是评价最初的战略制定，具体包括战略体系是否完整、战略体系是否和谐一致、最初的战略研究分析预测是否准确合理等。并提出调整建议，提报企业高层讨论、决策并修订。

评估的时机，我们可以选择进行事中评估，也可以选择进行事后评估。事中评估是在战略的执行过程中进行，是对战略执行情况与战略目标差异的及时获取和及时处理，是一种动态评估；事后评估，也就是依据绩效进行评估，它是对战略目标完成情况的整体分析、评价和预测，是一种综合评估。

战略实施的评估，是一个闭环管理的过程，需要运营部门进行牵头，按照以下流程执行：

步骤一：制定评估计划，明确评估时间、对象、责任人等。

步骤二：实施评估。按照计划组织实施评估工作，按照战略目标，逐项分别评估并形成评估工作报告。

步骤三：组织讨论评估结果。牵头组织相关部门进行会议讨论，对目标执行情况偏差和偏差原因进行分析论证。找原因、定对策，明确解决思路和办法。

步骤四：总结和调整。这个环节是对整个战略实施的总结和重新明确。也是反思差距或重建共识的过程。这个过程，需要对战略目标进行合理的调整，以更好地适应环境的变化，始终保障战略的可控性和可实施性。

小结及阅读目标

小结

本节讲述了运营管理中关于战略模块的管理机制。“没有战略的企业，没有希望和未来”，战略对于企业的重要性不言而喻。企业所有目标的制定和经营管理的规划，都要围绕战略规划展开。

运营管理人员要了解战略制定的基本流程，并要熟悉重点内容的制定要点。企业的战略制定要围绕企业核心竞争力进行，要遵循战略制定的原则以保障战略的正确和务实。战略制定务必做到知己知彼、依据充分，并一定要避免战略决策“一言堂”。快速发展的企业，特别要避免对陌生行业的冲动投资、盲目扩张。

企业的发展方向、年度目标以及部门的年度计划，都根源于企业的战略。运营部门要科学地进行战略分解，并将确定的年度目标合理地分配到企业的日常管理当中，实现企业总体战略—战略分步实施目标—企业年度目标—与部门年度计划的一致性。

企业战略不是一成不变的，要结合环境变化适时地对战略进行评估和调整，以确保战略的可控性和可实施性。

阅读目标

1. 了解战略制定的基本程序、内容要点和要求；

2. 掌握保障企业战略正确和务实的基本原则；

3. 了解战略和企业年度目标以及部门年度计划的关系，了解如何合理地进行战略分解；

4. 了解战略评估和调整的要素。

第三节　战略管理模块须达成的管理目标

一、了解战略，统一思想

企业的战略不仅是面向企业管理者或者高管团队的，更应是面向全员的。战略从制定到执行再到评估、调整都应该调动全员参与。让每一名员工都了解战略，有利于企业团队形成共识和凝聚力。

只有全员都了解并认识到战略的重要性，才能做到真正地统一思想，才能在企业全局性问题上形成一致的认识和看法。统一思想，也是企业所有组织在团队建设中必须实现的首要目标，思想统一了，行动才能一致，团队才能形成合力。

最优秀的企业管理是文化管理，而形成企业文化的必要前提之一就是思想统一。让团队达到统一思想的目标，是每个层级管理者的必修课，我们应对其有基本的了解：

- 统一思想的工作不是一蹴而就的，而是需要一个坚持不懈的过程，也是需要不断宣讲和不断加强认识的过程。

- 统一思想不是讲大道理，而是要让团队每个人都清楚企业的发展方向，都清楚每个人应该发挥什么样的作用。
- 统一思想，要注重上行下效。领导的带头作用是团队统一思想形成凝聚力的重要前提。
- 统一思想，要将企业战略、发展宗旨和社会主义核心价值观等重要理念融入各部门的管理实际中，将统一的管理要求融入日常工作要求中，在工作实践中不断强化。
- 统一思想的工作，要有制度和考核做配套支持。

制度制定和绩效考核要融入管理思想、管理要求。有助于让企业核心价值理念成为全员共同的价值理念。

在管理实践中，部分管理者通常会忽视“统一思想”这一重要的管理要求，会认为统一思想的说法是“教条”或者虚无的，其实这个观点是非常错误的。统一思想，是非常务实和非常有效的管理要求，是团队执行力的重要保障条件。员工在企业发展问题上的认识和看法都趋于一致了，企业的战斗力就会得到明显提升。

所以，企业要充分利用“战略宣贯”这一有利时机，进一步地统一全员的思想，实现员工的同心同德，有效提升企业的凝聚力。

二、统一目标、统一行动

战略管理的另一个重要作用就是统一目标。

思想统一，价值理念统一，目标如果再得以统一，团队就有了明确的方向和存在的意义，工作绩效也有了具体的衡量标尺。统一了团队目标，作为团队员工也就清楚了自己的定位和分工。在实现统一目标的任务中，自己的价值和作用也会变得清晰。

目标就意味着价值。没有目标的存在，不论是企业还是个人，就没有了价值和灵魂。在价值实现的过程中，行动是检验团队协作能力的基础。行动是否统一，决定了企业的协同配合能力和沟通补位能力的强弱，也决定了价值实现的效率。

如果思想和目标不统一，行动也很难做到统一。企业中所发生的内卷、内耗现象，是影响企业快速良性发展的重要原因，也是较为普遍存在的“企业病”。我们平时常见的工作推诿、不作为、重复犯错、工效低等问题的根源，其实都是源于思想、目标的不统一和行动的不一致。

所以在企业战略分解确定了目标之后，运营管理部门同样要利用管理工具和管理手段，宣贯目标，实现全员目标的统一，如：

- 在年度总结大会上，采用“目标责任书”的形式正式下达年度目标。
- 在组织绩效考核内容中，将年度目标列为 KPI 指标项。
- 利用运营管理工具，定期通报或提示预警年度目标的达成情况。
- 要求各部门对目标完成工作进行规范、系统化管理，并定期上报管理成果等。

当全员都能朝着共同目标前进，行动就可以有效统一。这是运营管理要努力推动和实现的目标。

三、让战略执行可控，不偏离、不滞后

制定战略就要保障战略执行的可控。运营管理部门要全程参与战略执行，并采取有效管理手段来确保战略的落地：

- 科学地进行战略制定和战略分解，准确制定目标，周密制定计划。
- 协助人力资源建立完善科学的组织架构，为战略实施提供组织支持。
- 做好资源配置的预算和资源整合，保障战略实施的各项资源需求。
- 做好信息交互和上下及平行部门协同一致性，确保信息通畅沟通协调有序。
- 解决“跨部门协同”这个企业沟通灰色地带问题，提高工作推进效率。
- 做好过程监控。及时发现战略执行问题，及时预警及时解决。
- 做好绩效考核和结果评估。严肃应对考核，形成重视考核敬畏计划的企业文化。

及时评估和调整战略。受环境变化影响，战略执行出现偏差，要及时进行调整，否则将会导致战略管理失控。

关于对战略执行管控的具体办法，我们会在之后的章节中陆续展开讨论。

四、打造优质企业文化，实现企业文化管理

企业在关注战略目标实现的同时，要同步关注影响企业发展的另一个重要因素：打造企业文化。事实上，战略管理另一个重要的管理目标，就是实现企业的文化管理。

管理的最高境界就是“无为而治”。所谓的无为，当然不是什么都不作为，而是实现企业的文化管理。让企业文化成为员工的思想、语言和行为的指导，让文化激发员工的自我管理意识，激发员工的创造力和主观能动性。能够达到这个管理层次的企业，无疑一定是行业中的佼佼者。在中国，比较有代表性的优秀企业如华为、华润、中海等，都因其出色的企业文化受到行业的尊重和各界人才的追捧。这些企业也通过其实践向世人证明，管理出效益所言非虚，企业文化具有强大的生命力。

人都是有创造力的，也都是有惰性的，二者之间呈现跷跷板关系。按照治理水平的高低，企业大致可分为三个层级。

- 一流企业文化管理：员工可以做到不用扬鞭自奋蹄，企业充满活力和创造力，员工归属感很强；
- 二流企业制度管理：员工行为规矩但效率不高，执行起来循规蹈矩，员工缺乏激情，对企业认同感一般；
- 三流企业靠人管理：采用人盯人方式，领导层朝令夕改、执行层疲于应付，员工苦不堪言，对企业缺乏认同感。

想要达到一流的管理水平，需要企业管理者拥有高超的管理智慧和管理技巧，此外，还需要通过长期的积累和沉淀。

运营部门在对战略模块的管理中，要始终把文化建设放在重要位置。

首先，要总结提炼企业的优质文化元素，并写入战略管理规划中；其次，

要在企业规章制度或年度任务目标要求中，将企业文化的核心要求融入其中；同时，要切实投入精力和资源对文化元素进行持续的宣讲和推广，让文化理念深入人心，特别是要在管理层中形成高度共识；最后，要结合绩效考核等管理工具，树立典型惩戒落后，不断强化企业文化理念的管理要求。当企业的文化理念逐步成为企业的标志和企业“名片”的时候，文化就开始发挥管理作用了。

比如万达的“执行力”文化、中海的“传帮带”文化、中建八局的“铁军”文化、华为的“狼性”文化、华润的“价值引领”文化等，都是企业文化管理的优秀代表。

第三章
经营目标管理模块

- 经营思维要求企业各部门的重点工作开展都充分结合客户需求和市场需求，并力求实现各项工作的价值最大化。
- 大道至简，将复杂的事情简单化，是一种理念，是一种能力，也是一种高级的经营思维。

经营目标管理模块的思维导图如图 3-1 所示。

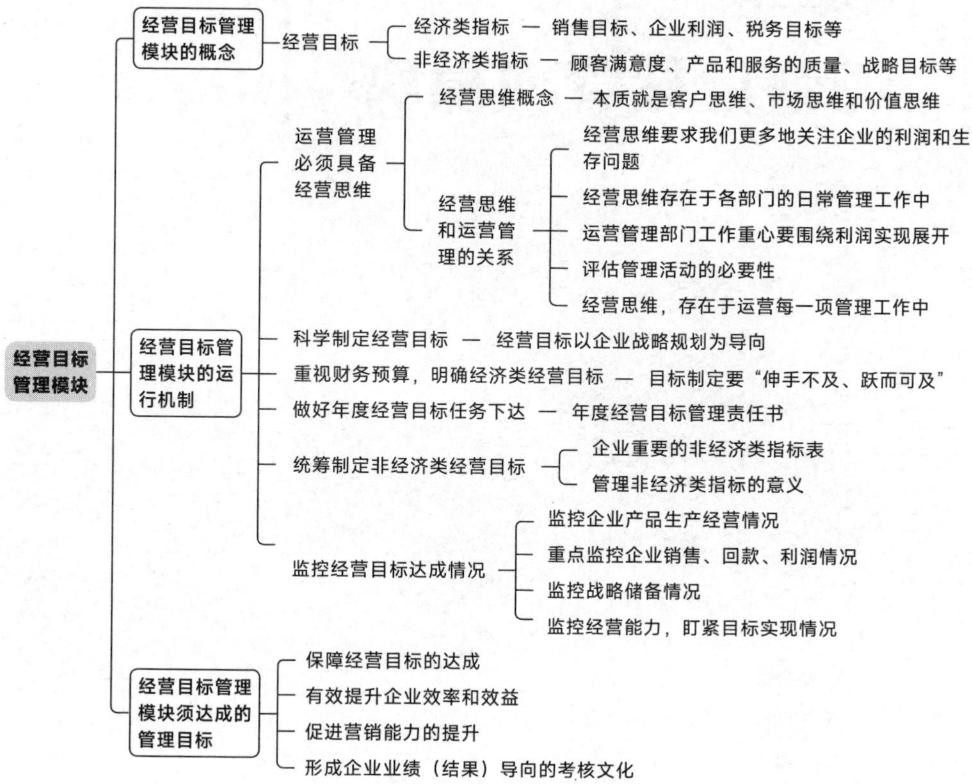

图 3-1 经营目标管理模块的思维导图

第一节 经营目标管理模块的概念

企业经营目标：是在一定时期企业生产经营活动预期要达到的成果，是企业生产经营活动目的性的反映，是战略实施的直接体现。

企业经营目标指标分为经济类指标和非经济类指标两类。

经济类指标：通常就是我们的销售目标、企业利润、税务目标等和财务数据相关的指标。

非经济类指标：也叫非财务指标，是指无法用财务数据进行计算的目标。主要体现在经营、客户和员工三方面。通常的非经济类指标包含七项内容，包括①顾客满意度；②产品和服务的质量；③战略目标；④公司潜在发展能力（如员工满意度、员工培训、团队精神以及管理有效性或公共责任等）；⑤创新能力（如研发投资及结果、新产品开发能力）；⑥技术目标；⑦市场份额。此外，企业各业务部门的管理目标、产品发展的目标、行业竞争目标、社会贡献目标等，也都属于非经济类指标。

优秀的企业不会将经济类指标作为唯一的经营目标，更不会把利润最大化作为企业的主要追求。传统的产品导向经营思维早已被客户导向的经营思维所替代。优秀企业更注重**客户的忠诚度、行业地位、员工归属感和企业稳健持续的增长**。这种思路下的企业管理过程，实际上就是一个企业品牌的建立过程。

所以，企业经营的目标，应该站在企业品牌建设的高度上去制定；经营目标的制定要求管理者要具备大格局和恒心；经营目标的制定要全面，要包含经济类目标和非经济类目标，且要把两者放在同等重要的位置上看待；执行要循序渐进稳扎稳打，追求高效但不可急功近利。

保障企业经营目标的实现，是对企业经营的基本要求，也是运营管理部门需要重点关注的工作内容。

第二节　经营目标管理模块的运行机制

任何企业，能得以持续发展的基本保障就是实现盈利，获取利润是企业生存的根本。从这个意义上讲，经营目标无疑是企业所有管理目标中最为重要的目标。运营管理更应将经营目标作为一个导向性指标，指导所有管理工作围绕经营目标展开，确保企业的正常经营和发展。

运营管理人员要做好经营目标的管理工作，首先要具备**经营思维**。

一、运营管理必须具备经营思维

案 例

笔者在某地产集团的运营从业经历中，有一次经历至今记忆深刻。老板临时计划召开集团项目梳理会，要求运营部门准备材料。虽然有基础资料，但团队还是在我的要求下，经过了两天不眠不休紧张忙碌的补充和完善。我在审核后认为格式工整图表清晰，数据也很翔实，较之前的资料有了很大进步。当我带着这些资料自信满满地上会后，没想到遭到老板的严厉批评。原因就是被指出缺乏经营思维、材料内容空洞缺乏高度。说实话当时是有些委屈和不理解，在此之前，我并不觉得经营和我分管的运营有什么关系，而且，我也确实不了解什么是经营思维。

在经过老板的批评和指导之后，我也豁然开朗。原来，在我们整理的各项目材料中，没有任何关于项目的定位情况、客户和市场的判断、定价策略、销售的思路和经营思路方面等经营相关内容，单纯的就是对结果的收集和展示，实际上这只是文员的工作，相较于老板的要求，这份材料确实太肤浅了。

随着后续工作的不断深入，我越来越感受到经营和运营关系的密切，也越来越认识到运营人员具备经营思维的重要性。

（一）什么是经营思维

经营思维的本质就是客户思维、市场思维和价值思维。经营思维要求我们放弃管理复杂化的企图，让管理回归本源：把企业的一切活动聚焦到为客户服务、让客户满意上，聚焦到产品创新和营销上，聚焦到品牌建设和利润创造上。

通俗地说，所谓要有**经营思维，就是要有“如何活下去、怎么活得好”的思维。**

具备经营思维，可以有效地规避企业管理复杂化的问题。**管理复杂化**是一种企业管理“通病”，即：管理不考虑经营、不考虑后果、为了管理而管理，这种情况在很多企业都不同程度存在。管理越来越复杂，效率和效益却越来越低，这就是典型的管理复杂化的表现。比如，为了达到所谓的管理目的，制度和标准越来越细，各类会议越来越多，但效率却反而降低；各种耗费大量人力、财力的管理行为层出不穷，却不贴合市场不贴合价值，企业的经营效果也没有有效的改善，这都属于管理复杂化的表现。

“管理复杂化”，是缺乏经营思维造成的一种“企业病”，如果情况严重，这个“企业病”可能会危及企业的生存。大家都知道的著名企业柯达、诺基亚的衰亡，其根本原因就是管理缺乏经营思维，而是着重于管控思维，导致企业故步自封、缺乏创新，最终让自己的主导产品失去了竞争力、失去了客户和市场，企业也就走到了尽头。在中小规模公司中，由于类似原因导致的经营危机案例在现实中也并不罕见。

（二）经营思维和运营管理的关系

经营思维和运营管理的关系非常密切。在日常工作中，运营人员不仅要具备经营思维，而且要应用到企业运营管理实际当中。

1. 经营思维要求我们更多地关注企业的利润和生存问题

关注利润和生存，看起来有功利主义倾向，其实不然。经营思维要求的是一种大格局的思维，这里所说的关注利润和生存，其本质是要求我们在工作中**不仅要关注局部利益，更要关注整体利益；不仅要关注过程利益，更要关注最终利益；不仅要关注小利益，更要关注大利益；在兼顾局部和整体利益、过程和最终利益、小和大利益的同时，一旦两者发生矛盾，前者要给后者让路，要懂得算大账，要有大局观。**

2. 经营思维存在于各部门的日常管理工作中

企业各个业务、职能部门的管理者，必须要具备经营思维。大多数企业在中高层管理干部的遴选中，往往会忽视这一重要的要求而只是重点关注其业务能力。事实上，**管理者的经营思维，是一名优秀管理者不可或缺的重要素质。**甚至可以说，不具备经营思维的管理者，是不合格的管理者。

在企业的日常管理中，具备经营思维的管理者，可以带领团队创造更多的价值，对企业的进步也会发挥非常积极的作用。比如：

财务部门除了做好日常财务管理和报表外，能关注企业资金使用和税务管理方面的成本情况并制定有效优化措施，将会对企业利润产生积极、重大的影响；

人力部门除了满足企业基本的人力资源需求外，能具备经营意识，不断提高招聘人员的素质，用心促进企业员工的快速成长，提升整体工效，这对企业无疑是功德无量的事情；

设计研发部门在执行设计任务时，能具备市场思维、客户思维和价值思维，在产品至上方面更多地考虑市场和客户需求，在价值实现上能平衡好成本和售价的关系，这种指导思路下的产品设计，一定会更具备生命力；

成本采购部门在成本控制方面，既要做到降本，还要考虑增效；既要控制好成本，还能兼顾产品实现的顺利和品质保障；

生产部门在完成生产任务的同时，要具备高品质的市场思维，让产品因品质产生溢价；

营销部门在做好推广营销的同时，要做到营销费用使用的效益最大化，同时做好企业品牌的打造和推广……

这都需要管理层具备经营思维，并在此基础上，不断挖掘潜力，不断创新，为企业创造更多的价值。

经营思维要求企业各部门的重点工作开展都充分结合客户需求和市场需求，并力求实现各项工作的价值最大化。要求管理人员具备发掘项目或产品价值的意识和能力，在项目运作全周期和产品交付客户全过程中，全方位地发掘项目价值点，全方位地实现价值最大化。要能结合市场，做好产品定位和定价分析；提升产品创新能力，实现产品溢价；通过高水平的营销策略获取销售收益的同时，收获品牌价值。

3. 运营管理部门工作重心要围绕利润实现展开

运营管理部门要将经营目标中的利润目标、现金流目标和货值管理作为管控的核心，工作重心要围绕利润实现铺排。

任正非先生说过：利润是法宝，也是命门。保障利润实现，是企业所有部门和员工共同的任务。对于运营管理部门来说，要做好关键事项的监管和跟踪，为利润实现增加保障。在企业中，保障利润实现相关的重点工作有：

- 关注预算管理工作的执行情况，关注目标成本的制定和执行，确保成本不超支；关注各项费用的使用情况，杜绝浪费；
- 关注销售状况，采取有效措施保障或超越年度销售目标的实现；
- 关注企业资金使用成本的变化情况；
- 关注企业人均利润变化情况；
- 关注企业有关工效提升的工作。

针对以上重点工作，运营部门须建立机制进行重点专项管理。要及时掌握动态，及时采取措施，保障企业利润的实现。

4. 评估管理活动的必要性

具备经营思维，要求运营部门在推行管理活动之前，一定要考虑其必要性。比如各类的检查、评比，各种的总结、汇报或制度标准化建设方面的要求等，都要先进行**管理活动必要性评估**，如：

- 管理活动是否符合企业现状？
- 是否会给企业带来真正的效益？
- 是否会给员工带来绩效或成长帮助？
- 对客户有什么实质性价值？
- 该管理活动的成本投入情况如何，是否可以省略或者简化？
- 员工初步调研的反馈是否正向？

如果上述答案大多都是模糊或否定的，那就要果断终止这项工作的推进。在企业中，有些“运动式”管理活动经常被诟病，就是管理活动本身只是为了迎合少数人的喜好，花了大量时间精力搞“形式”却没有实际意义。这实际上就是没有进行管理活动的必要性评估，进行了无效管理造成了无谓损失。

5. 经营思维，存在于运营每一项管理工作中

经营思维和运营管理工作息息相关。在运营管理的各模块中，如组织架构设置、制度标准化管理、授权流程管理、会议管理模块等，运营人员都要秉持经营思维，把**节俭、高效、精练**的要求落实到各项工作细节中。同时，具备经营思维，还要求运营管理部门始终将工作围绕"提高企业效率"进行，也是经营思维在日常运营工作中的具体体现。

大道至简，将复杂的事情简单化，是一种理念，是一种能力，也是一种高级的经营思维。任何事情能做到这一点，就已经成功了一半。运营管理人员只有具备了经营思维，才能更好地理解企业的经营目标并展开有效管理；企业的管理层具备了经营思维，企业的经营目标实现也必然会更加有保障。

但在经营目标的实现过程中，除了需要具备经营思维外，企业如何确定自己的经营目标？经营目标的来源有哪些？对经营目标如何进行管理？这也是本章节要重点阐述的内容。

二、科学制定经营目标

经营目标是以战略规划为导向的。企业年度经营目标的制定必须从企业的战略出发，要能反映出战略管理的意图。在第二章中，我们对战略分解的三个阶段有过描述，其中第三个阶段：将微观指标再分解，把年度目标落实到企业各事业部或各业务职能部门的年度经营目标中。这个阶段也就是明确**部门**经营目标的阶段。

经营目标虽然来源于企业总体战略的分解，但**制定经营目标**却不是简单地分解一个数字那么简单。要掌握科学的方法：

- 制定经营目标前，先要对历史数据进行复盘。将对过往业绩和资源配置的分析，作为经营目标制定的依据。
- 要对企业管理能力进行匹配度分析。对各部门进行管理能力评估，分析经营目标执行是否存在不足和风险。

- 经营目标须包含经济类指标和非经济类指标，对于企业来说，两者的意义同样重要。
- 经营目标制定要和资源配置同步。原则上，目标任务增加，对应的资源配置也应相应增加。包括人力、物力、财力的保障措施，要同步进行调整。
- 经营目标的制定不宜过高也不宜过低。目标遥不可及，员工会失去信心。目标太低，又会造成资源浪费影响企业发展。**目标制定应本着“伸手不及，跃而可及”的标准去制定。**

经营目标的制定过程，要进行缜密的调研分析，要力求目标合理可实现，既要合理但也要保持一定的增长性。经营目标要能适宜地传导工作压力，始终让员工保持一定的紧迫感，保持一定的工作饱和度和必要的工作效率，所谓的“跃而可及”就是这个道理。经营目标的制定，也是企业管理水平的体现，需要企业具备较为丰富的数据积累和管理经验。

三、重视财务预算，明确经济类经营目标

财务预算是集中反映未来一定期间（预算年度）现金收支、经营成果和财务状况的预算。

财务预算的内容中，和经营目标关系最密切的是“现金预算表”“预计利润表”和“预计资产负债表”。其中：

现金预算表：反映企业在预算期内的财务费用预算和由于生产经营和投资活动所引起的现金收入、现金支出和现金余缺情况。

预计利润表：反映企业在预算期内的经营业绩，即销售收入、变动成本、固定成本和税后净收益等构成情况。

预计资产负债表：反映企业在预算期末的财务状况，即资金来源和资金占用以及它们各自的构成情况。

财务预算是企业财务系统的年度重点工作，因为财务预算关系到企业经营目标中**经济类经营目标**的确定，比如**销售收入、管理费用支出、年度利润目**

标、现金流目标等，这些数据是企业核心的经济类经营目标，与企业的生存和发展关系密切，所以，运营部门应充分参与并跟进财务预算工作的进展，确保各项指标制定科学合理：

- 监督财务预算各项指标编制过程的严肃性和合理性。避免成本取费过高或过低的情况，导致指标失真。
- 财务预算制定完毕后，统筹组织相关部门进行充分讨论，确保没有遗漏，没有大的偏差和分歧。
- 运营对各项重点预算指标的合理性以及和战略的相关性进行分析，保障目标制定**有挑战、可执行、不偏离**。
- 组织集团预算管理委员会进行决策。

在经济类经营目标中，还有一项非常重要但又容易被忽视的指标——**人均利润（或产值）指标。**这个指标的概念容易理解，它能真实地反映企业的组织运作效率，也是企业经营管理能力的一个数据体现。一个企业，如果它的利润（或产值）数值高，但它的机构臃肿、员工队伍庞大，人均指标较同行均值低，这样的企业仍然属于问题企业。

案　例

地产行业的优秀代表某江集团，其 2021 年人均产值可以高达 1.55 亿元 / 人，而行业均值仅为约 3000 万元 / 人。这种惊人的工效背后，一定是该企业高水平的管理能力在做支撑。

每个企业都应该制定自身人均利润目标的标准，对标行业先进水平并进行分析，找出差距和不足，制定改善策略，为不断提高企业的管理效率发挥参考作用。

企业一年一度的财务预算制定过程，也是企业年度经济类经营目标的明确过程，这个过程对企业至关重要，运营要做好过程跟进、目标审核和统筹配合工作，要确保经营目标的合理性和可实现性。

四、做好年度经营目标任务下达

运营部门应对决策批准的各项目标进行分解落地，并将任务下达到各业务、职能部门。任务下达通常是以年度经营目标管理责任书的形式，明确年度工作要求和具体指标，在年底工作会议中，由企业负责人和各部门负责人签署。

以下是 ×× 集团营销管理中心的年度经营目标管理责任书示例，供大家参考。

×× 集团营销管理中心

××年经营目标管理责任书

甲方：×× 集团　　　　甲方负责人或授权人：×××

乙方：营销管理中心　　　　乙方负责人：×××

乙方为甲方下设的经营管理组织 / 公司，乙方负责人为乙方组织 / 公司的第一负责人，对乙方的经营管理目标承担全部责任。本着以结果为导向的原则，为确保乙方的责任主体清晰、奖罚分明，全面激发员工拼搏精神，促进甲方下达的年度经营管理目标的顺利实现。现经甲、乙双方充分沟通，就乙方的年度经营管理目标达成一致，签订本责任书。

一、目的

为明确甲方对乙方经营管理责任的考核，以加强甲方对乙方的有效监控，增强乙方负责人的责任意识，及时问责，充分调动员工的积极性，提高公司管理能力。

二、责任人（被考核人）

乙方及乙方负责人

三、考核期间

××年 1 月 1 日至 ××年 12 月 31 日

四、甲方的权利和义务

1. 甲方有权对乙方的经营管理活动进行评价、考核，将考核结果在公司内部管理中实施应用。

2. 甲方应在每年年初制定对乙方的考核目标与规则，明确乙方的年度经营管理目标，按时开展过程考核工作。

3. 甲方有权对乙方的经营管理活动过程进行检查和监督，并提出改进意见，乙方应按照甲方的意见及时改进。

4. 本责任书履行过程中，若乙方负责人职务被调整或撤销时，由继任者直接承接本责任书的权利义务，本责任书对继任者具有法律约束力，继任者的考核指标自其到任之日起重新制订，并由继任者确认后作为本责任书附件。

五、乙方的权利和义务

1. 乙方有义务接受甲方相关职能管理组织 / 公司的管理、监督和考核，并积极支持、配合甲方相关职能管理组织 / 公司及甲方指定的外部机构的调研、审计和管理分析工作。

2. 乙方有义务配合甲方开展相关考核审核工作，并保证所提供考核数据的准确、真实，接受、认可甲方绩效考核小组的考核结果。

3. 乙方应根据实际项目开发 / 经营管理计划完成情况及各项工作进度，按甲方要求报送（提交）与管理活动有关的各项文件和资料，各项文件资料提交的具体时间按照相关文件要求，逾期未提交，将在相应考核指标内扣分。

六、考核指标制订和考核结果计算

1. 年度经营管理目标：甲方根据公司整体的经营管理目标和开发进度、重点工作安排，确定乙方的年度经营管理目标，并以此确定乙方的各项考核指标的权重及分值。乙方的各项考核指标详见附件，该考核指标是经甲、乙双方充分沟通后确定，乙方确认无异议。

2. 乙方组织绩效考核成绩即为乙方负责人绩效考核成绩；乙方组织内全体成员的绩效考核平均分不得超过乙方的绩效考核得分。

3. 考核数据由甲方相关职能管理组织 / 公司提供。

4. 乙方的考核得分最终以甲方绩效考核小组的考核结果为准，乙方接受、认可甲方绩效考核小组的考核结果。若乙方对考核结果有异议的，可按规定提出申诉，申诉结果即为最终考核结果。有关考核的具体程序按照甲方绩效管理制度及其他相关规定执行。

七、考核结果的应用

1. 考核结果与绩效奖金、岗位评价、问责直接挂钩：

（1）考核结果与绩效奖金直接挂钩：组织绩效奖金的分配与乙方组织绩效考核得分直接挂钩，具体依据甲方制定的考核激励制度执行。

（2）考核结果与岗位评价、奖惩直接挂钩：考核结果直接决定乙方负责人的岗位胜任力评估，并直接影响其晋升、调薪。根据乙方考核结果，甲方认为乙方负责人不胜任岗位需求的，甲方有权无条件调整乙方负责人工作岗位。

（3）考核与问责直接挂钩：考核过程中，甲方有权依据考核结果（包括且不限于相关职能管理组织 / 公司专项巡检所发现的问题），按照公司问责制度，启动问责。

（4）否决事项：若乙方所管理项目出现 1 个及 1 个以上关键节点延误（甲方要求调整除外）；或乙方的经营目标完成率低，考核得分（季度或年度）低于 70 分（含本数）的；或出现收受贿赂被查实的；或当年造成致人死亡 2 人或 2 人以上的；或经营管理不力给公司造成重大损失等情形的，即视为乙方负责人工作严重失职。甲方有权全额扣除其当年绩效奖金，并有权立即解除和乙方的劳动合同。

2. 绩效修正系数：

甲方有权根据乙方管理难度及甲方管理需求，由绩效考核小组结合实情，在基准绩效的基础上按照修正系数于年终进行调整，具体修正系数以绩效考核小组制定的修正系数为准。

八、其他

1. 如乙方或乙方负责人工作职责范围不涉及本责任书中提到的部分指标的，则该部分指标对乙方或乙方负责人不适用。本责任书中的部分指标可根据管理要求和情况的变化进行相应调整，并经甲、乙双方签字确认后生效。

2. 本责任书为乙方负责人劳动合同的组成部分，与劳动合同具有同等法律效力。本责任书未涉及部分，按照甲方的规章制度执行。

3. 本责任书一式两份，甲、乙双方各持一份，自双方签署之日起生效。

九、附件（见表 3–1）

表 3–1×× 集团营销管理中心 ×× 年度经营目标考核表

甲方：×× 集团　　　　　　乙方：营销管理中心

负责人或授权人：＿＿＿＿＿＿　　责任人：＿＿＿＿＿＿

签字日期：＿＿年＿月＿日　　　签字日期：＿＿年＿月＿日

附件

表 3-1　××集团营销管理中心××年度经营目标考核表

序号	类别	节点 / 指标	目标值	权重	指标定义及考核规则	数据提供	数据审核	数据确认
1	KPI 指标	**签约完成情况**	×× 亿元	35%	1. 签约完成率 = 实际签约额 / 目标签约额 ×100%。 2. 评分标准：分数 = 签约完成率 ×100 分 × 权重，最高分为权重得分。 注：目标签约额 = 公司审批通过的 ×× 年签约目标	营销管理中心	计划财务中心分管领导	绩效考核小组
2		**回款完成情况**	往年未回款的回款完成率：100%； 当年签约的回款完成率:1—9月回款完成率≥80%； 10—12 月回款完成率≥40%	25%	**往年未回款的回款完成率：分项权重占比为“累计往年签约未回款额 /（累计往年签约未回款额 + 当年回款目标值）×100%”** 往年签约未回款在当年要求 100% 回款，当往年未回款的回款完成率小于 100% 时，往年未回款的回款完成率分项得分为 0。 注：存在法律诉讼纠纷的往年签约未回款除外 **当年签约的回款完成率：分项权重占比为“1– 累计往年签约未回款额 /（累计往年签约未回款额 + 当年回款目标值）×100%”** 当年回款目标值（K)= 当年 1—9 月实际签约额 ×80%+10—12 月实际签约额 ×40% 回款完成率（×)= 当年签约实际回款额 / 当年回款目标值（K）×100%; 当年签约实际回款额≥回款目标值（K）时，分数 =100 分 × 权重 × 分项权重 当年签约实际回款额≤回款目标值（K）时，分数 =100 分 × 权重 × 分项权重 -（100%- ×）÷1%×1，扣完为止。 注：当年 12 月下旬开盘销售的不在考核范围内，考核截止时间为 12 月 31 日 **得分 = 往年未回款的回款完成率得分 + 当年签约的回款完成率得分**	计划财务中心	计划财务中心分管领导	绩效考核小组

续表

序号	类别	节点 / 指标	目标值	权重	指标定义及考核规则	数据提供	数据审核	数据确认
3	KPI 指标	**营销费用**	按公司下达指标	10%	1. 达标率 = 实际费用 ÷ 预算费用 ×100%; 2. 达标率≤ 100%，分数 =100 分 × 权重; 3. 达标率 >100%，达标率每超过 1% 扣 0.5 分，分数 =100 分 × 权重 +（100%- 达标率）÷1%×0.5 分; 4. 封顶值：达标率 <100%，分数 =100 分 × 权重。 5. 费效比 = 营销费用 / 签约金额，当"实际费效比 / 预算费效比 >2"时，此项得 0 分。 注：营销费用采用权责发生制口径，即以签订合同时间为费用发生时间	营销管理中心	计划财务中心分管领导	绩效考核小组
4		**专业条线检查考核及工作支持配合**	及时有效实施，满意度评分 90 分	15%	**一、条线管控分项权重占比 40%:** 实施专业条线考核评分机制，至少以季度为单位进行考核，对专业条线内控业务进行检查评比和考核排名，根据运营管理中心对检查评比和考核排名公布信息的监控，如考核周期内未能实施以上条线管控工作，本项不得分。 **二、工作支持配合分项权重占比 60%:** 1. 以满意度调研问卷形式，考核该中心对各城市公司 / 项目、二级公司、总部平行中心的工作支持满意度，由运营中心设置评价问卷，由以上组织及运营中心对被考核中心的工作支持满意度进行评分。 2. 问卷设置为百分制，问题设置遵从以下分类，权重依被调研对象类别不同分类设置：（1）业务支持；（2）服务指导；（3）管控监督。 3. 评分标准：目标得分为 90 分，当评分≥ 90 分时，本项得分 =100 分 × 权重；当 70 分≤评分＜ 90 分时，较 90 分每降低 1 分扣 0.45 分；当评分＜ 70 分时，本分项得分为 0。	运营管理中心	绩效考核小组	绩效考核小组

续表

序号	类别	节点 / 指标	目标值	权重	指标定义及考核规则	数据提供	数据审核	数据确认
	KPI 指标				注：评价问卷的设置会在下发前与被考核中心进行沟通确认，各参与评分的组织需确保问卷回收完整有效			
5	KPI 指标	人员流失率	20%	5%	1. 人员流失率（×）= 年度员工离职数 /(年末员工在岗数 + 年度员工离职数)×100%； 2. 当 × ≤ 20% 时，分数 =100 分 × 权重； 3. 当 × > 20% 时，人员流失率每超过 1%，扣 1 分，扣完即止。 注：1. 离职人数不含试用期离职人数、保安及被动离职人员（包含赔偿及试用期转正考核不通过人员）、因公司战略及业务调整造成的流失人员；2. 年末在岗数不含试用期人员	人力资源中心	人力资源中心分管领导	绩效考核小组
6	管理提升指标	产品设计标准化配合工作《不同业态产品档次划分定性及定位描述》	按时完成	5%	按照公司审批的产品设计标准化计划安排，及时配合公司产品设计标准化相关工作的开展，根据签批的计划时间进行考核，完成公司产品线标准化梳理，经运营管理中心审核通过，本项得分，未按时完成不得分	营销管理中心	运营、营销管理中心分管领导	绩效考核小组
7	管理提升指标	营销作业流程标准化	按时完成	5%	营销管理中心于 ×× 年 6 月 30 日前，完成公司营销作业流程总控、营销关键报告的模板及成果标准化，并落地推广实施，未按时完成不得分	营销管理中心	运营、营销管理中心分管领导	绩效考核小组
	合计			100%				

续表

序号	类别	节点 / 指标	目标值	权重	指标定义及考核规则	数据提供	数据审核	数据确认
1	专项任务			不占权重	公司领导指派的专项任务，本项考核规则为：专项任务开始前须提前在运营管理中心报备，在总得分基础上进行加分或扣分，分值1~10 分，分值由绩效小组确定	营销管理中心	绩效考核小组	绩效考核小组
2	加分项			不占权重	在正常职责范围之外，额外为公司做出特殊贡献事件的。由被考核组织上报，单项加分分值 1~5 分，由绩效管理小组报公司审批确定	被考核部门	绩效考核小组	绩效考核小组
3	附加扣分项				**1. 流程报文质量及审批效率：**根据运营管理中心每月发布的《OA 流程分析报告》，出现连续两次排名倒数第 1 的，组织绩效扣 1 分，扣分封顶值为 5 分。 **2. 行政问责：**在考核周期内，若发生管理警示、管理通报、管理问责事件的（含因发生资产安全事件、信息安全事件、危机公关事件、严重违法违纪事件、管理问题、隐瞒不报行为、有效投诉等，触发的行政性处罚），经公司认定对组织进行追责的，根据公司颁布的《公司行政问责管理条例》对组织进行具体扣分	营销管理中心	运营管理中心、绩效考核小组	绩效考核小组
4	配合计划				1. 目标分解时，及时（以邮件、通知时间为准）提供中心、城市公司的认购、签约、回款目标和营销成本预算； 2. 绩效考核时，及时（以邮件、通知时间为准）提供中心、城市公司的认购、签约、回款完成情况和营销成本发生额； 3. 绩效考核时，及时（以邮件、通知时间为准）提供对应的逾期认购未签约、签约未回款考核数据； 4. 如有去库存专项任务，需提供去库存的成果数据； 5. 其他与考核相关要求需提供的数据	营销管理中心	营销管理中心分管领导	绩效考核小组
责任人签名：			**董事长 / 授权人签名：**					

五、统筹制定非经济类经营目标

在本章第一节，我们讲述了非经济类指标的概念和其包含的内容。在企业中，非经济类的指标分布很广，种类也很多。可以说除了经济类指标之外的管理指标都归属于非经济类指标。但在运营管理中，只有**重要非经济类指标**才是管理的重点。所以，为了做到让管理更聚焦，我们要学会辨识哪些属于重要的非经济类指标。

严格地讲，只有和企业经济类指标关系密切，与企业生存和发展紧密相关的非经济类指标，才是重要非经济类指标。表 3-2 是笔者结合工作实践总结出的部分重要非经济类指标表，供读者参考。

表 3-2　经营目标——企业重要的非经济类指标示例

序号	责任部门	非经济类指标名称	指标描述
1	企业类	行业竞争力指标	是一个综合性指标，反映企业在行业中竞争能力的指标，如市场占有率、资产、年产值、专利数、增长率、员工素质等指标的综合评估
2		社会贡献目标	社会贡献包括工资、社保、利息支出，各项税费、行政收费和净利润等，也包括各类经费和公益性捐赠等，社会贡献目标是指企业为国家或社会创造或支付的价值目标
3		客户满意度指标	是反映客户期望值与客户体验的匹配程度，通常通过客户调查获取
4		产品规划目标	是指企业通过调查研究，在研究市场、探寻客户需求、分析竞争对手、衡量外在机会与风险的基础上，根据公司自身的情况和发展方向，制定出可以把握市场机会，满足消费者需要的产品的目标。 产品规划的内容包括产品各类别定位规划、产品系列化规划、产品生命周期规划等
5	各部门通用类	计划管理目标	对部门计划完成率及围绕计划推行的各项管理工作的目标
6		制度建设目标	制度制定和修订目标

续表

序号	责任部门	非经济类指标名称	指标描述
7	各部门通用类	团队建设目标	为统一团队目标、增强团队的凝聚力和执行力，加强部门的沟通协同，提升员工技能、增加员工的归属感、激发员工的创造力而进行的管理工作目标
8		标准化管理目标	根据企业标准化建设要求制定的标准化管理目标
9		培训、考察管理目标	年度培训和考察计划目标
10	销售部门	市场拓展 / 占有率目标	产品新的市场拓展目标及计划对各市场占有率的预计目标
11		客户满意度目标	对客户的满意度调查需要达到的指标
12		客户服务目标	客户服务工作方面要实现的管理目标
13		创新营销目标	在营销手段创新方面的工作目标
14		品牌管理目标	在产品品牌和企业品牌方面的管理目标
15	设计研发部门	质量管理目标	对产品研发结果的质量控制目标
16		产品研发能力目标	在产品研发方面的人才、设备、资金投入的目标以及在同行业的竞争目标
17		产品创新开发目标	对产品创新方面的规划目标
18	成本采购部门	成本控制目标	将成本控制在预算范围内的各项管理工作目标
19		采购管理目标	采购业务过程组织、实施与控制的管理目标，包括对采购价格、质量、服务或流程等的管理目标
20		供应商管理目标	对供应商的行业竞争能力、业务能力、供应商数量、配合度等的管理目标
21	生产部门	质量管理目标	对产品质量管理的目标，如合格率、优质率等
22		安全管理目标	对产品生产过程中的安全管理的目标，如对事故数量的控制目标
23	人力资源部门	人力资源管理目标	对企业人才引进、流失率、人员素质结构调整等管理目标

续表

序号	责任部门	非经济类指标名称	指标描述
24	人力资源部门	薪酬管理目标	在实现薪酬管理的公平性和激励性方面的工作目标
25		员工满意度目标	是指员工对企业的评价，体现员工需要在企业被满足的程度
26	行政部门	员工服务目标	对企业员工行政服务方面要实现的目标
27		企业宣传目标	对企业的宣传要达到的目标
28		会议及接待管理目标	对企业会议管理和接待要实现的管理目标
29		管理费用控制目标	整体行政费用控制的目标
30	财务部门	预算管理目标	对财务预算管理的具体目标，如费用控制，收支等
31		资金成本控制目标	年度资金使用成本控制的目标，对资金成本进行控制
32	投资外联部门	项目投资拓展目标	投资拓展的区域，项目数量，资金使用等目标

读者可以参考表3-2，对企业重要非经济类指标进行梳理、统计和确定，制定合理且适合企业实情的非经济类经营目标。

对非经济类经营目标的管理，对企业管理进步所发挥的作用主要体现在以下几个方面：

- 非经济类指标是对经营目标的有效完善和补充，能实现企业管理的全面性；
- 对非经济类指标的管理，能有效预防企业经营存在的各项风险，能更准确地发掘出企业存在的问题并明确改进方向；
- 能更有针对性地强化部门或企业的管理重点，让管理工作更具体；
- 对非经济类指标的管理可以提升企业品牌建设能力和市场竞争力，有效提升企业的综合管理能力和发展潜力；

- 促进客户黏性和员工的归属感。

从企业长期发展角度来看，非经济类指标对企业的发展意义和经济类指标同样重要。非经济类指标制定要贴合企业特征，重点是要做到兼顾两头：巩固做得好的，补足做得差的。例如，如果企业处于行业领导地位，那就要在市场引领能力方面持续增加资源投入；如果企业在技术方面存在不足，就要在技术引进或产品研发方面进行重点扶持等。

在非经济类指标的选择和管理方面，企业既要重点突出也要注重均衡发展，不能厚此薄彼，要综合考量，全面提升企业管理水平。

六、监控经营目标达成情况

经营目标确定之后，不论是经济类还是非经济类经营目标，都需要运营部门的监控和管理。这个过程，需要对各项相关工作指标的动态做到及时的掌握，对实现经营目标的能力及时进行评估，并采取措施预警和纠偏。这个过程，既是对实现经营目标的保障，又是一个提升企业经营管理能力的过程。运营管理部门要理解这项工作的重要性及其核心价值，要站在更高的高度去看待这项工作，而不仅仅是盯着指标本身。

（一）监控企业产品生产经营情况

运营部门要通过计划管理、绩效管理等工具，结合日报、周报及各类报表，及时掌握各业务部门的重点工作情况。及时监控、及时预警并及时纠偏。这是运营部门的重要日常工作，我们会在后面的章节中，进一步细化讲解这项工作。

（二）重点监控企业销售、回款、利润情况

销售和回款关系到企业的生存，是企业现金流和利润创造的主要手段。而利润则是企业生存的基础，没有利润的企业无从谈发展。运营管理部门必须对销售回款及利润实现环节进行实时跟踪和监控，并对存在的问题及时预警及制定解决方案。

1. 通过有效管控，让营销能力成为企业的核心能力

鉴于销售对企业的重要性，企业的营销能力无疑也是任何企业都须重点打造的核心能力。运营部门除了要关注销售数据的完成情况，也应对企业的营销能力进行定期评估。比如客户满意度、品牌影响力、市场占有率、费效比等。把这些数据和同行同类型先进企业进行对比，就可以发现企业营销能力方面是否存在不足。

很多企业往往会忽略对自身营销能力的评估，销售如果出了问题更多的是从产品不足或者市场方面找原因，而对自身的营销能力缺乏反省。如：产品定位是否贴合需求、营销策略是否有创新、宣传推广是否达到效果、销售手段是否打动客户、渠道和资源利用是否合理等。

一支优秀的销售团队，需要具备开阔的眼界和敏锐的市场嗅觉，需要有强大品牌建设能力、精准的产品定位能力、强有力的产品把控能力和创新的营销策划能力，此外还要具备丰富的行业资源和灵活多变的市场拓展能力。在业绩实现上，不论市场环境的好与差，都能始终保持领先优势。

企业在管理过程中，要始终关注营销能力的提升管理，运营部门要做好配合辅助工作，通过对数据的分析、对销售过程的跟踪以及和同行的对标，对企业的营销管理进行科学的评估和客观评价，并提出合理化的建议，让企业的营销能力始终保持领先。

2. 及时对销售和回款情况进行跟踪分析

监控企业的销售和回款情况，是运营管理工作的重中之重。当然，这种管理不仅仅是对数据的统计和告知，而是运营部门代表企业在营销管理部门的配合下，对营销工作执行情况进行阶段性的分析和点评，对下一阶段营销工作提出要求。

这项工作可结合月度运营会进行。该会议要求企业负责人及高管、分管领导及各销售团队或者区域公司的班子成员参加。管理会议由运营部门汇总材料和组织，各销售团队主要负责人对其上月度销售业绩和回款完成情况进行汇报，完成业绩优秀的择优进行经验分享，未完成业绩的需要进行反思和述职。

参会的分管领导和企业负责人要进行点评。对于连续未完成业绩的营销负责人，会依据制度采取严厉的惩戒措施，直至辞退。相关的分管领导也会受到相应的处罚，直至免职。

销售和回款工作关乎企业的现金流和利润，是企业最重要的经营目标。运营的管理工作要围绕经营目标展开，也必须做到管理重心对销售和回款工作的倾斜。

案 例

大连万达集团当年的月度运营会议，以其规模大、内容精、过程严肃、紧张、高效在行业颇具影响力，该会议的重点内容就是围绕销售目标展开。企业通过这种管理手段，不断强化团队营销意识，将销售压力及时进行传导，让销售团队始终保持强大战斗力。

一切为了销售，实际上也是通过这种对销售的高度重视和适度压力的管理，让各部门工作都聚焦到市场上，聚焦到营销需求上，聚焦到产品性能上，聚焦到产品的实现和客户满意度上，事实上这就是最好的经营思维。能真正做到这一点，也标志着企业的全员经营思维日臻成熟。

3. 提升成本控制能力

成本控制是企业实现利润的重要保障手段之一。成本控制得好与差，对企业的利润率影响很大。同类的企业同样的市场，部分优秀的企业其利润率可以超过同行数倍，比如在地产行业成本控制领先的中海地产，其净利润率可以控制在 25% 以上，远高于同行业 10% 左右的水平，这是非常让人敬佩的。

如何合理地控制成本，是一个系统工作，是一个自上而下需要领导重视也需要各部门倾力配合的复杂工作。除了要求成本采购部门有高超的业务水平和超强的协调能力外，还需要有高度负责的工作态度。对每一项成本的发生都能做到从前端的成本控制，到中端的采购控制，再到后端的过程控制的精益求精，都经得起推敲，这需要成本采购部门付出艰辛的劳动。运营部门在对成本管控的经营目标管理过程中，要注重企业在成本控制方面能力的提升。

成本控制能力的提升，会对企业竞争力的提升发挥重大作用，对企业的利润实现也有立竿见影的效果。赚钱不易，省下的钱就是利润。

运营部门在企业成本控制方面的管理上，要重点关注对成本管理能力的评估，可以从以下几个方面的工作入手：

- 对企业的成本管理团队进行组织工作分析，对成本管理能力进行评估；
- 对企业的供应商库的建设情况进行分析，判断供应商的数量和能力水平是否满足企业需求；
- 协同审计部门，对企业的招采工作进行不定期检查，查看是否存在违规行为；
- 协同财务部门，对合同成本数据进行分析，对产品造价进行分析，判断是否处于行业合理水平；
- 分析企业合约规划的合理性；
- 跟踪企业的目标成本的制定情况和控制情况。

上述工作有一定的专业性要求，必要时运营部门可聘请第三方协助完成。对于管理过程发现的问题，运营部门要及时发出工作提示，要求成本部门限期整改，以此不断促进企业成本管理能力的提升。

4. 提升产品制造能力

产品制造环节的质量管控能力关系企业品牌建设和产品溢价能力。行业的竞争，最终还是产品力的竞争。**产品力是产品对目标消费者的吸引力，主要从产品品质、价格、创新等层面来体现。**企业应高度注重产品品质打造能力的提升，要全方位协同和努力，制造出超越同行的高品质的产品，尽最大可能满足消费者的欲望和需求，使之产生购买欲望。同时，高品质产品也会带动企业品牌影响力的提升。对于企业来说，产品力代表了企业的综合实力与核心竞争力。提升产品力，是任何企业都须重视的工作。

而产品的生产效率，则是另一个对成本和利润构成重大影响的因素。提高企业生产效率，是运营管理的宗旨所在，也是实现企业经营目标的有力保障。

运营管理部门在管理制度制定过程中，首先要明确企业对产品力的要求，要有针对性地用制度来强化企业产品品质打造。同时，要定期对企业的产品力进行检查和评价，在产品质量、价格、创新情况以及客户满意度和市场影响力等方面，做到和行业同类产品的横向对比，及时发现不足及时采取措施。

针对以上这些关键部门的关键能力，运营部门要充分发挥管理作用，通过对经营目标的管理，及时了解、及时评估、及时解决过程问题。要站在企业发展角度，不要害怕得罪人，要大胆提出存在的不足，推动企业进步。

（三）监控战略储备情况

企业的良性发展，需要超前的战略规划也需要必要的资源储备。这是在战略制定期间就要事先做出规划的部分。运营管理部门需要对战略储备情况进行动态监控。比如，原材料储备、可售产品（库存）储备，以及对应的其他资源如人力、资金等的储备情况。特别是关于企业所需大宗原材料及物资的储备，在政策形势变化频繁、物价波动幅度大的今天，是一个需要引起企业重视并投入精力去研究的课题。准确的市场预判和充足的战略储备，会对企业的发展做出巨大贡献。

（四）监控经营能力，盯紧目标实现情况

企业经营能力（Enterprises Operating Ability）是企业对包括内部条件及其发展潜力在内的经营战略与计划的决策能力，以及企业上下各种生产经营活动的管理能力的总和。

我们一直在强调，运营管理的宗旨就是提高企业生产效率，用更简单的话来表述：**运营管理就是让企业不断进步**。这句话看似简单，笔者却认为很值得运营从业者深思。我们的运营工作是不是始终在围绕这个宗旨进行，我们的运营管理内容和手段，是否真的在推动企业进步？随着时间流逝，我们的企业是在进步，还是仍在原地驻足不前……

优秀的企业，其发展可谓一日千里，仿佛不动声色就“轻舟已过万重山”，

真的是一年一个样，三年大变样。但有的企业，终日都在疲于奔命却千日一面，既看不到创新，也看不到发展，这样的企业最终大多也会走向没落。究其根源，就是在企业经营、管理能力方面的差异造成的。

一个健康的企业也如同一个健康的人，需要每个组织、每个器官都是健康的。任何一个部位出了问题，人都会出现病痛或障碍。在人力资源管理、行政管理、财务管理、营销管理、生产管理以及售后服务等方面，任何一个部门出现落后，也都会影响甚至拖慢企业发展的脚步。所以，运营部门在对企业的经营能力进行评估时，除了对销售额、利润等经济类经营目标进行管理监控外，还要针对上述职能或业务部门制定非经济类经营目标，并进行监管和考核。

运营部门可以通过和优秀企业对标的形式，对各部门的管理能力进行量化评估，对于存在短板的部门，要进行资源倾斜，通过人才引进或加大投入等方式及时补足。同时也要结合绩效考核，及时预警和督促不合格部门的业绩改善。

这里我们要强调的是：**要进行行业对标，而不仅仅是内部对标。**有些企业往往会忽略进行外部的行业对标，却又在用行业标准要求结果，这是错位的。只是进行企业内部的评比考核，实际上很难真正判断优劣，运营部门在考核管理上，站位要高、眼界要宽，要有广博的见识，并具备鉴别能力，这也是企业成长的需要。

有质量的行业对标工作，可以让企业很直观地看到自身存在的差距和不足，很准确地找出问题点并有利于制定有针对性的改进措施。因行业不同，对标工作的内容也各异。通常，利润、销售额、人均产值等方面的经营指标的对标较为常用。但更深层次的，比如在制度建设、人才队伍状况、产品品质控制等管理能力方面的对标，才是真正影响企业经营能力的重点对标内容。同时，不同的部门，也有其各自独有的对标内容，这需要结合各自的具体工作实际，制定合理的关键对标项，以准确找出差距，逐步提升能力。

本节最后，必须要着重说明的一点是：如果将企业比喻为一个人体，那么，企业的决策者无疑就是其大脑和心脏。保障各个器官的健康和活力固然重要，但起决定作用的仍然是大脑和心脏。所以，**更需要对标的，往往是决策者**

本身。而决定企业经营能力强弱的根源，其实是决策者的管理认知水平的高低。所以，如果一个企业的运营部门，能够在必要的时候给予企业决策者科学有效的引导，而不只是简单地执行指令，这种运营部门无疑是有思想、有见解的，也是令人尊敬的。

小结及阅读目标

小结

本节讲述了运营管理中关于经营目标模块的管理机制。企业得以生存和发展的基础保障就是完成经营目标。所以，企业的运营管理工作也是围绕经营目标的管理活动。运营人员只有具备了经营思维，才能正确地开展运营管理工作。经营思维应贯穿应用在所有的企业管理工作中，要培养管理者“始终关注成本控制”的工作意识和将“复杂的事情简单化处理”的工作习惯。

企业的经营目标是以战略规划为导向的。运营部门要掌握经营目标确定的方法，统筹做好企业年度财务预算和经济类目标任务的下达。企业一年一度的财务预算制定过程，也是企业年度经济类经营目标的明确过程。对财务预算的管理和监控的过程，也是企业实现经营目标的过程。

运营管理人员要充分了解经济类和非经济类指标的概念和分类，运营部门要和对待经济类指标一样，重视对非经济类指标完成情况的监控。经济类指标决定的是当下业绩，而非经济类指标则决定着企业未来的发展。从一定意义上说，后者对于企业更为重要。所以，企业切不可只关注经济利益而放弃个体的成长，这是非常可怕的错误。

经营目标的达成，需要企业经营能力的持续提升。在营销能力、成本控制能力、产品制造能力的培养和提升方面，运营部门要始终保持关注并采取切实管控手段予以落实。

阅读目标

1. 了解什么是经营思维，以及经营思维和运营管理的关系；

2. 掌握制定合理经营目标的要点；

3. 了解财务预算和经济类经营指标的关系；

4. 掌握年度经营目标任务下达的方法；

5. 了解非经济类指标的分类和对企业的重要性；

6. 掌握如何监控经济类和非经济类指标达成情况，了解两类指标管控的重点内容和要达到的目标。

第三节　经营目标管理模块须达成的管理目标

一、保障经营目标的达成

经营目标的达成，是企业持续生存发展的基础。运营通过对经营目标模块的管理，基本目的就是要保障经营目标的达成，为企业的持续发展打基础。

稻盛和夫先生说过：企业经营的本质是销售最大化，费用最小化。这句话，既说明了企业实现经营目标的重要性，也告诉了我们达成目标的方法。

当然，类似“费用最小化”或“开源节流”的口号说起来很容易，但做起来，对于企业来说，却是一项庞大的系统工程。从宏观层面看，控制经营成本可不仅仅是“降低成本，杜绝浪费”这么简单，企业的生产能力、销售能力、员工素质、决策层水平乃至企业文化等关乎企业管理能力的方方面面，都会对经营成本构成重大影响，都需要在管理过程中始终保持经营思维，进行有针对性和目的性的管理。其中，同步关注并推动经济类指标和非经济类指标的达成，就是有效的管理方法之一。

二、有效提升企业效率和效益

是否有利于效率和效益（两效）是企业对事务做判断和决策的重要依据。管理层在对事务做选择决策时，或者在对运营工作的合理性进行判断时，可以依据**两效原则：凡是有利于效率和效益的，就是正确的。**这也完全符合运营管理提高企业生产效率的宗旨。

在企业中，我们经常会遇到为了追求完美方案而迟迟不做决策的情况。事实上，有些事项是没有完美方案的，这种无谓的等待到头来往往也是浪费更多宝贵的时间。有时候，这种时间上的浪费，甚至会远远大于决策正确与否的损失。很多时候，我们必须秉持着“两害相权取其轻”的原则去快速做出决策，而判断这种“轻或重”最重要的依据，就是对效率或效益影响的“小或大”。

坚持“两效原则”，是运营管理工作的基本指导思想，也是运营管理始终不能偏离的方针。

三、促进营销能力的提升

企业的营销能力，在一定程度上决定了企业的经济效益甚至市场地位。好的营销部门，不仅仅是在销售阶段才发挥作用的部门，它应该是从产品定位到产品实现再到市场推广、售后服务乃至品牌建设等全链条都能发挥重要作用的部门。运营管理要在提升企业营销能力方面下大力气，工作要在营销管理方面有倾斜，这能为企业的现金流安全和利润实现提供强有力的保障。

可以结合以下十条内容，对营销部门进行管理能力评估：

- 是否熟悉当前市场的竞品状况，是否有超越的思路和办法；
- 是否了解目标市场的需求，产品市场定位是否准确和清晰；
- 能否有效引导设计研发部门的设计思路；
- 是否具备突出的鉴赏能力，对产品方案的优劣做出高水平判断；
- 能否对产品实现进行全程把关，确保产品符合定位需求；
- 是否了解最前沿的营销模式，能否灵活运用并有创新性思维；
- 能否在买方市场时做到烘托和引燃市场，在卖方市场时做到引领市场；
- 是否注重产品交付和售后服务，能持续增加客户黏性；
- 能否理解并做到营销是产品生产全流程的营销，而不只是销售阶段的营销；

- 是否具备品牌意识，能否有把企业品牌打造为行业知名品牌的追求，能否把产品营销和企业品牌建设充分结合，并做到互相促进。

运营管理通过对营销能力科学合理的评估、营销过程的参与和对销售结果的考核，可以推动企业营销能力的不断提升。当然，企业管理层也要充分重视“营销能力”这一核心能力的打造，树立“一切为了销售”的管理理念，高标准严要求，创造一切可能的条件支持提升企业产品能力和营销能力。

四、形成企业业绩（结果）导向的考核文化

运营部门在对经营指标进行监控的过程中，很重要的一个辅助管理手段就是绩效考核。通过对任务完成情况进行考核，结合经济奖罚或职级晋升等政策，将员工的利益和指标完成情况产生关联。

这种关联的过程持续和有效地进行，会逐步在企业形成一种业绩（结果）导向的文化。显然，这需要企业拥有一套科学和健全的绩效考核体系。好的绩效考核体系，能很好地传导工作要求和工作压力，能激发员工的积极性和创造力，能形成结果导向的企业文化。这种文化的形成，可以让员工主动专注于结果，主动实现目标并主动承担责任。相反，有的考核体系不仅没发挥正面的激励作用，反而还会因为考核不科学、不公平等原因，造成部门或员工产生矛盾导致内耗的发生。

如何管理绩效考核，我们会在后面的章节进一步探讨。需要引起运营部门重视的是，运营要以文化形成的角度去看待经营目标的管理，去落实业绩考核工作。让结果导向成为每一位员工根深蒂固的工作准则，能够在实现工作目标的过程中主动担当并做到自我激励。形成这样的管理文化，也标志着企业的职业化程度和管理水平进入了更高的层级。

第四章
计划管理模块

- 一定要清楚计划需要什么样的资源来支持配合，清楚计划完成的思路和办法。这是计划的关键要素。
- 个人周台账是员工对自己工作的计划，是员工实现自我管理的必要手段，也是提升部门管理水平的有效工具。

计划管理模块的思维导图如图 4-1 所示。

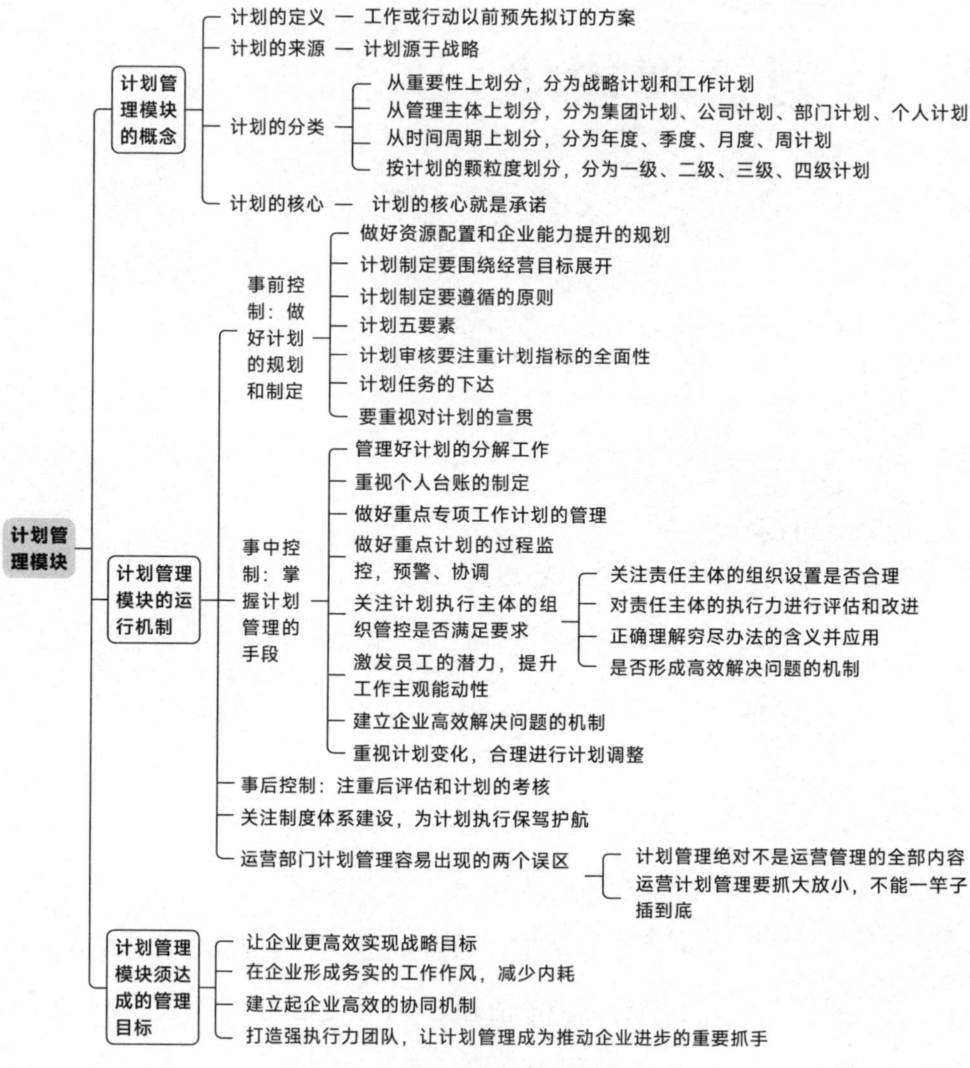

图 4-1　计划管理模块的思维导图

第一节　计划管理模块的概念

计划的定义：通俗地说，计划就是工作或行动以前预先拟订的方案；复杂点讲，计划是指组织根据对外部环境与内部条件的分析，制订出在一定时期内要达到目标成果以及实现目标的方案途径、资源安排。

计划的来源：从前述章节我们可以了解到，计划源于战略。将战略分解为目标，再将目标按周期分解就成为计划。计划也不能脱离企业的宗旨和使命，始终在企业制度、流程和预算范围内运转。

计划管理：就是针对计划的一系列管理工作的总和。通过合理地利用人力、物力和财力，组织筹谋企业全部经营活动，以达到预期的目标和提高经济效益的管理行为。

计划的分类：从重要性上划分，分为战略计划和工作计划；从管理主体上划分，分为集团计划、公司计划、部门计划、个人计划；从时间周期上划分，分为年度、季度、月度、周计划；按计划的颗粒度划分，分为一级、二级、三级、四级计划等。

计划的核心：是承诺。

计划的执行：计划的执行与实施终究是人的行为结果。其实质就是一个兑现承诺的过程。对计划的执行漫不经心，对结果好坏无动于衷，无异于做人言而无信。所以说，**失去了承诺，计划也就失去了灵魂。**

第二节　计划管理模块的运行机制

计划管理是企业所有管理工作中，最为基础也是最为重要的管理工作。因为它关系到企业的日常管理，也关系到企业各项目标的达成。计划是运营管理的主轴，企业的各项管理工作都是围绕计划管理这个主轴展开。所以，计划管理模块也是运营管理各模块中的核心模块。

很多企业将运营管理部门直接命名为“计划运营部”，可见计划在运营管理和企业管理中的重要性。的确，管理好计划是一个企业日常管理的基本功，但对这项基本功的要求并不低，要想真正地做好计划管理，需要掌握正确的方法，也需要付出很多努力。在计划管理上，运营管理部门是企业的抓手，对计划完成负有重要的监督和管理责任。所以运营部门理解计划管理的重要性并熟练掌握管理的技能尤为重要。

一、事前控制：做好计划的规划和制定

（一）做好资源配置和企业能力提升的规划

计划来源于企业战略。依据战略目标做好年度目标的分解是制定计划的第一步工作。战略目标分解要有规划地进行，年度目标如何确定，需要结合多种因素进行分析和评估，不能保守也不可冒进。有些企业在战略实施初期急于求成，将目标定得很高，执行阶段发现资源配套跟不上，目标无法达成，计划最终也成了摆设。事实上，企业的持续发展，需要企业相关资源的增量配合，也需要管理能力和执行能力的同步成长才能予以保障。战略目标的分解，也需要按照循序渐进的原则，对企业能力逐项进行分析，并规划布局和持续不断地投入培育，让其逐步匹配战略发展的需要。

（二）计划制定要围绕经营目标展开

经营目标确定之后，需要通过团队的执行来实现。所以，经营目标侧重的是结果，而计划则是实现这个结果的步骤和方法。两者相辅相成，有目标没计划，目标就没有实现的途径和方法；有计划没目标，计划也是无源之水，不可持续。

在计划制定工作中，制定者往往很容易忽视计划和经营目标的结合。比如，对经济类经营目标的计划中，只有目标分解而缺乏保障措施的计划；对于围绕非经济类经营目标的计划，则很多内容干脆就被忽视，造成非经济类指标的达成基本没有计划依托。所以，企业开展计划制定工作的前提，是做好包含经济类和非经济类指标的经营目标的规划。同时，制定计划务必要注意围绕经营目标展开，这样的计划才是完整健全和可持续的。关于这部分内容，我们会在后续继续展开讲解。

（三）计划制定要遵循的原则

1. 目标设定要适度

企业的年度经营目标，如销售目标、利润目标等确定后，要合理分解到各个部门。目标的分解要满足“压力传导”原则，要做到让目标完成的压力通过任务分解传递到各个部门。这种压力要注重其合理性，主要体现在目标不能定得太高也不能定得太低，除了要保持一定的同比增长外，还要做到目标既要保障能够完成又要保留一定的工作压力和紧张度。

同时，目标分解要注意整体任务在团队内部分配的均衡，不能厚此薄彼，避免出现忙闲不均的情况。

2. 要遵循 SMART 原则

- 计划必须是具体的（Specific）；
- 计划必须是可以衡量的（Measurable）；
- 计划必须是可以达到的（Attainable）；
- 计划必须和其他目标具有相关性（Relevant）；
- 计划必须具有明确的截止期限（Time-based）。

这个原则的表述很清晰，内容主要是针对计划制定中的关键注意事项。但在实际计划制定工作中，制定者经常会忽视其中的一个或几个关键点，比如计划目标难量化不可衡量、目标定得过高难以实现或者计划完成时间不够明确等，需要引起制定者的注意。

（四）计划五要素

计划的制定是相关各部门的事，运营部门的责任是要对各项计划的重点内容进行审核（如里程碑节点、重要一级节点或重要专项工作计划等），以确保不偏离企业战略且符合年度目标的要求。此外，计划审核还要注重计划要素是否健全，我们经常听说的 5W2H，即 What、Why、Where、When、Who、How、How much，这七个要素很重要但略有些复杂，制定计划必备的要素事实上只需要五个，我们简称**计划五要素**，即：

① What——计划的事项是什么?

② Who——计划责任人是谁?

③ When——计划的起止时间是什么时候?

④ Resource——计划需要什么样的资源支持?

⑤ Method——计划实施的思路和办法是什么?

具备上述五要素，并能很清晰地予以说明的计划，才是合格的计划。传统的计划制定，往往会忽略后两个要素（Resource and Method）的准备。通常，计划制定者会习惯性地认为：明确了事项、明确了责任人和完成时间的计划就很健全了。但在实际工作中，对于计划中的重要事项，一定要清楚需要什么样的资源来支持配合；同时，计划工作完成的具体思路和办法是什么，都需要进行事前的策划和组织。这部分内容，是计划执行不可缺少的内容，也是计划的重要组成。所以企业对计划的要求，除了计划基础内容以外，还需要一并对计划的资源需求和计划完成的工作思路提出要求，这样的计划，才更具备可执行性。

（五）计划审核要注重计划指标的全面性

计划指标包含经济类指标和非经济类指标，需要同样重视。有关经济类和非经济类指标的管理内容，我们在第二章已讲到，这里有必要再次强调：非经济类指标的达成情况有时能更真实地反映企业的发展情况和进步情况。可以说，**经济类指标反映的是企业现在，非经济类指标则决定了企业的未来。**

比如：当年完成的销售额和利润，只能反映企业当年的经营情况。而企业的人力资源成长情况、营销能力提升情况、员工满意度、企业品牌建设、整体的人均产值提升指标等这些非经济类指标的变化，才真正关系到企业的发展潜力，也是运营切不可忽视的内容。所以说，脱离了非经济类指标的运营管理，已经背离了运营管理的宗旨，是不符合要求的。

运营部门在分解非经济类指标以及制定指标实施计划过程中，要和经济类指标放在同等重要的位置来考量。秉持的原则也一样，要能合理传递压力，要遵循 SMART 原则。

（六）计划任务的下达

经审核的计划可通过《目标责任书》（示例见第三章）的形式下发。同时，各项计划中的里程碑节点、一级节点和重要二级节点，要收集汇总，作为运营部门主导的管控计划的一部分。对重点事项进度进行管控、监管，可以增强计划整体执行的可控性。

（七）要重视对计划的宣贯

重要的计划节点目标，运营部门要通过宣贯做到尽人皆知，这是企业实现统一目标的一种手段，也是强化目标、传导压力的一个过程。

宣贯形式不一定只是通过会议，可以多种形式并举，比如：企业自媒体、企业宣传栏、专项考核和激励等。需要注意的是，对目标完成的重要性的宣贯，不仅仅是运营部门的事，而是每个部门都应达成的共识。保持目标一致，并不断地增强目标的紧迫感和荣誉感，这对于保障计划的执行非常重要，对团队荣誉意识的培养也十分重要。

如果员工能将目标完成视为个人荣誉，那么就意味着计划目标已经完成了一半。

二、事中控制：掌握计划管理的手段

计划完成率的高低与运营在计划执行过程中的管控能力有重要关系。有些读者可能会质疑，计划执行是各部门的事、是操作层员工的事，和运营部门的管控能力有什么直接关系呢?

在企业中，运营部门对计划的管控，实际上代表了企业对计划完成情况的态度和要求。不同的态度和要求，一定会有不同的结果。在计划执行管理过程中，往往会因为执行部门的管控缺失或方法不当等原因，造成计划执行的失控。为了更及时地发现计划执行过程中的问题，保障企业计划执行的整体可控，就需要一个第三方部门担当起计划管理总统筹的职责，运营部门无疑是这项工作最佳的执行主体。在计划的统筹管理上，运营部门需要做好以下工作。

（一）管理好计划的分解工作

年度计划可以根据需要分解为季度计划、月度计划甚至周计划，运营部门要检查跟进这项工作的落实情况。重点检查各部门的计划分解工作是否有效落实为日常工作计划并予以执行。要通过抽检的形式，检查计划分解后的合理性和计划各要素是否齐全。

（二）重视《员工个人周工作台账（计划）》的制定

在计划执行的末端，是一线员工的具体操作。应该说，一线员工的执行是所有计划执行的基础。计划执行的基础是否扎实，也决定了计划执行效果的好与差。

很多企业在计划管理的前端下了很大功夫，做战略、做规划、做分解、定目标，也制定了年度计划甚至月度计划，但在计划执行时，却忽略了非常重要的末端管理，即忽略了《员工个人周工作台账（计划）》（以下简称“个人周台账”）的制定，事实上这是计划执行的“虎头蛇尾”，是计划执行不力的重要原因，在企业中比较普遍存在，需要引起运营部门的重视。

员工在制定个人周台账时，同样要参考计划制定“五要素”，明确每一天的工作内容和完成标准。这里先了解一下**个人周台账的作用**：

- 结合部门目标，制定个人月度计划台账，并以周为单位制定个人周台账，将工作按人分解到天，确保整体计划的执行从前端到末端的闭环；
- 制定个人周台账，可以让员工按周梳理自己的工作内容，增强员工的工作条理性，培养员工自我管理意识；
- 个人周台账可加强工作的周密性，做到工作不漏项；
- 可作为部门周会的个人述职的依据，避免工作汇报天马行空、内容空洞；
- 是员工工作饱和度评估的重要依据；
- 是上级日常工作检查和指导的参考；
- 是个人量化考核的依据。

个人周台账的作用对部门管理非常重要，利用这一工具，可以充分夯实基础管理，让基层执行在计划管理链条中发挥出应有的作用。同时，基层员工工作的计划性和条理性的增强，对于企业团队整体执行力的提升无疑是一种有效的强化。在企业的计划管理系统中，个人周台账的重要性不容忽视。

可能有些读者遇到这类台账、表格就会心生反感，认为是多余、没有意义的工作，也是在无端增加员工工作量。笔者也同样反对各类“报表满天飞”的管理方式，特别是不断重复的、只注重形式而没有实际意义的一些报表，这简直就是员工的噩梦。**但个人周台账不同，它是员工对自己工作的计划，是员工实现自我管理的必要手段，也是提升部门管理的有效工具。在企业中，应该提倡和普及这种管理手段。**

附件表 4-1 为个人周工作台账的示例，供大家参考。

个人周台账在管理中的益处是显而易见的，但让员工养成这样的工作习惯需要一个不断强化、不断督促的过程。每个人都有惰性，但计划管理就是要求所有参与的员工克服惰性、增强条理性和执行力的一个过程。

（三）做好重点专项工作计划的管理

1. 专项工作计划的概念

专项工作计划，顾名思义就是针对重要的专项工作单独制定的计划。

重要的专项工作通常是指：

- 常规的工作计划中，非常重要或过程复杂的工作节点；
- 在计划外新增的重要工作事项；
- 领导临时安排的重点工作等。

需要制定专项计划的工作通常比较复杂或比较紧急，而且需要多工序组织或多部门协同配合才能完成。这种情况下，就要对该节点进行进一步细分，制定更为详尽的**专项工作计划**。

专项工作计划是运营部门对计划进行管理的重要方法。有些重要或疑难复杂的工作事项，在常规的计划中仅仅表现为几个节点，这是远远无法满足管理

附件

表 4-1　员工个人 × 月份工作台账（个人周工作台账）

部门 / 岗位：× × 部 / × × 岗位　　编制人：× × ×　　审核人：× × ×　　时间：× × / × / ×

月度	序号	工作类别（示例）	工作事项内容	完成工作标准或成果	计划要求完成时间	完成情况	未完成原因及下一步措施	协助要求及其他
× 月份工作计划	1	计划管理类	1. 2. ……					
	2	生产管理类	1. 2. ……					
	3	制度建设类	1. 2. ……					
	……	……	……					
× 月份第一周工作台账	1	计划管理类	1. 2. ……					
	2	生产管理类	1. 2. ……					
	3	制度建设类	1. 2. ……					
	……	……	……					
× 月份第二周工作台账								
……								

要求的。这类工作事项其中还包括很多的过程任务，只有将其进一步分解细化为专项工作计划，对每一项过程任务都明确责任人和完成时间等要素，才能更清晰地对计划实施管控。

2. 专项工作计划制定和管理要点

制定专项工作计划，要注意：

- 执行主体要精确到部门、精确到人；
- 计划的单项内容要精确到具体每一项过程任务；
- 过程任务中的复杂事项，要注意进行再分解，让计划颗粒度满足管理要求；
- 每一项工作完成时间要精确到天；
- 要明确资源需求和计划实施的办法。

运营在计划管理过程中，针对专项工作计划管理要做到以下三点：

- 组织相关部门分析总体计划，列出专项工作计划清单，跟进部门的专项工作计划制定情况；
- 参与计划的制定，对计划内容进行审核；
- 跟进专项工作计划的执行，将重要专项工作计划列入绩效考核内容。

（四）做好重点计划的过程监控，预警、协调

运营部门对计划的过程管理主要有计划的执行过程监控，及时预警和协调解决问题等几项工作。这些工作说起来都很普通，但如何落实和执行才能充分发挥对计划管控的作用，是需要运营部门熟练掌握的技能。

计划的监控是运营部门的重要工作也是日常工作，需要在计划执行过程中常态化进行，而不应只是在节点完成阶段的记录。

- 计划监控的前提是要做到对计划执行过程的充分了解。这种了解可以通过周报表、会议或现场检查等多种形式实现。计划管理切记不能只是在办公室闭门看报表，这样既无法了解过程也难以了解实际问题，更不可能对问题提出有效解决方案。运营部门的计划管理，一定要定期深入一线调研，对于计划执行过程中的疑难问题，要做到深入了解。经验告诉我们，只有真正了解了问题，才能更好地解决问题。

- 计划的梳理和监控要做到及时。要制定完善的计划报表系统，要求各部门、公司按时上报计划完成情况，运营部门要做到及时了解和掌握计划的完成情况。同时，要利用好周例会，对计划执行情况进行通报，对计划执行中存在的问题要提出解决方案或建议。运营部门要主动担当起解决问题的责任，切忌发现问题只通报不解决。
- 通过周例会对计划执行的严肃性不断进行宣贯和要求，可以有效提升团队的计划执行意识，强化团队的执行力。这也是运营发挥“发动机”职能的手段之一。
- 建立运营对接人机制。在计划执行部门设立“运营对接人”岗位，和运营部计划管理人员“条线对接”。及时上报运营所需报表，传递运营相关信息，及时汇报计划推进情况。运营对接人原则上执行双重管理，接受计划执行部门和运营部门的双重考核。

运营对接人机制是运营管理的常用手段，也是很重要的手段。运营管理工作，必须要对一线的信息做到快速及时的掌握，运营对接人作为运营部门的派出人员，既要做好总部运营和执行部门之间的桥梁纽带工作，还要履行及时发现问题、及时反馈真实情况的监督和报告职能。这里需要强调的是，我们不能狭隘地理解运营对接人是负责“盯梢”的人员，他们履行的是正常的管理职责，是企业运营管理必要的手段。

以下示例为某集团运营对接人管理制度，供读者参考。

案　例

某集团运营对接人管理制度

1. 目的

为规范分公司 / 部门运营对接人的工作职责，明确运营管理中心对分公司 /

部门运营对接人的垂直管理关系，保障公司运营管理工作的有效执行，特制定本管理办法。

2. 适用范围

适用于集团各分公司/部门。

3. 运营对接人的管理模式

3.1 管理模式

运营对接人接受双重管理，业务上归属运营管理中心管理，属于运营管理中心派出人员；行政上归属分公司/部门负责人管理。

3.2 汇报机制

采用双向汇报机制，做好上传下达，是紧密连接各业务中心和分公司/部门的桥梁。

4. 运营对接人的行政管理

4.1 聘用

除人力资源管理的具体要求外，由运营管理中心和分公司/部门共同组织面试，上报运营管理中心领导审批后录用。

4.2 编制

实际编制、劳动合同及行政关系，归属于分公司/部门。

4.3 职级及要求

（1）根据人力资源有关规定，结合实际工作需求及目标候选人的面试情况确定职级，原则上分公司/部门的岗位职级较管理中心同岗位职级低半级；

（2）要求：全日制本科及以上学历，五年以上相关工作经验，熟悉项目运营管理，熟悉房地产开发的流程，懂计划管理，具有良好的沟通协调能力和文字写作能力。

4.4 培训

由运营管理中心定期组织集训，传达运营管理工作的要求，分享运营管理工作经验。

4.5 考核

根据《绩效考核办法》的具体规定执行，由运营管理中心和分公司 / 部门共同考核，考核权重分配按 6:4 执行。运营管理中心占 6，分公司 / 部门占 4。

（五）运营对接人的工作职责（见表 4-2）

表 4-2 运营对接人的工作职责

具体事项（包含但不限于）	工作职责 / 内容	成果输出
组织完成分公司 / 部门年度经营方案、全面预算、年度经营目标的分解	1. 根据运营管理中心对年度经营方案、年度预算的工作部署安排，组织完成分公司 / 部门《项目年度整体经营方案》《年度可售货值及销售目标》和《年度经营计划核心报告》的编制、修订，按时提交相关部门审核。 2. 根据公司审批或运营管理中心下达的年度经营目标，落实分公司 / 部门、项目的经营目标分解，提交相关经营目标分解材料，配合总部完成《年度经营目标管理责任书》的签订	1.《分公司 / 部门项目经营方案》； 2.《年度可售货值及销售目标》； 3.《年度核心报告模板》； 4.《×× 公司 ×× 年度预算套表》； 5.《×× 公司 ×× 年度经营目标考核表》
销售指标完成情况、重大销售事项及风险跟进、协调及执行	1. 项目营销情况：项目销售指标完成情况的定期上报、跟进及分析；项目货值变化情况的定期上报、更新。 2. 销售重大事项及风险跟进：对影响销售目标达成的销售重大事项及风险事项（例如工程进度原因导致无法按时达到预售形象条件、政策风险导致无法取得预售证等），每周更新上报事项及进展，并持续跟进落实。 3. 营销执行情况：根据运营管理中心要求，定期汇报销售指标完成情况，及时进行信息反馈，按	1.《项目重大销售事项及风险情况跟进》； 2.《项目销售指标完成情况》； 3.《项目运营周报》； 4.《项目重大开发事项及一级节点风险情况跟进》； 5.《项目月报》

续表

具体事项（包含但不限于）	工作职责 / 内容	成果输出
	照运营管理中心要求，负责实施跟进所在项目的重大事项进展情况，积极协调与落地执行。跟进事项进展，及时督促分公司 / 部门协调解决，及时向集团汇报进展情况。每周完成《项目运营周报》和《项目重大开发事项及一级节点风险情况跟进》的编制，每月完成《项目月报》的编制	
组织启动计划会资料编制和会议筹备工作	1. 按照《项目启动计划会及项目启动会管理制度》组织开展启动计划会，落实评审意见并跟进相关工作执行情况。 2. 根据运营管理中心《项目启动计划会申请》和会议通知要求，编制《项目启动计划》《项目启动团队人员架构及到岗计划》和《项目启动计划会交底报告》	1.《项目启动计划》； 2.《项目启动团队人员架构及到岗计划》； 3.《项目启动计划会交底报告》
组织启动会资料编制和会议筹备工作	1. 按照《项目启动计划会及项目启动会管理制度》组织开展启动会，落实评审意见并跟进相关工作执行情况。 2. 根据《项目启动计划》，编制完成主要工作项和《项目启动会评审主报告》	《项目启动会评审主报告》和《项目经营决策文件》
协助总经理办公会和总裁办公会议题收集和会议筹备工作	1. 根据运营管理中心会议通知进行《项目总经理办公会议题》收集、沟通和会议组织工作。 2. 根据总裁办会议通知进行《项目总裁办公会议题》收集、沟通和会议组织工作	1.《项目总经理办公会议题》； 2.《项目总裁办公会议题》
协助组织绩效考核及部门月度工作计划审核	1. 根据月度、季度、年度组织绩效考核表的考核指标要求，复核由分公司 / 部门主要责任人提供的考核基础数据资料。 2. 对考核基础数据资料中存在的问题进行补充解释说明或提供相关证明附件。	1. 补充解释说明材料； 2. 考核结果书面附件确认； 3. 未完成工作的情况说明； 4. 考核期重点工作、计划及完成情况；

续表

具体事项（包含但不限于）	工作职责 / 内容	成果输出
	3. 运营管理中心将考核评分初稿反馈至分公司 / 部门后，由运营对接人做好分公司 / 部门与运营管理中心关于考核结果的对接，确保信息沟通及时。 4. 对分公司 / 部门完成较差的考核指标进行解释说明，并提出改进措施。 5. 审核分公司 / 部门各部门的月度工作计划，确保各部门的工作计划和项目主项计划一致	5. 确保部门工作计划和项目主项计划一致
组织专题协调会议	需要两个及两个以上相关中心 / 二级单位 / 体系外单位协调解决的事项，组织召开专题协调会	《专题协调会会议纪要》
协助运营核心数据管理	根据运营管理中心要求，定期对运营核心数据进行收集、整理、填报及更新	相关表格或成果
组织节点计划编制、调整及日常完成情况跟进	1. 根据《集团项目计划管理及考核办法》，组织开展项目的计划编制、会签、审批工作。 2. 协助分公司 / 部门负责人进行计划管控，跟进计划执行并及时预判和预警	1.《项目开发计划中心会签流程》； 2.《项目开发计划审批流程》和《项目开发计划调整流程》
协助运营管理中心巡检工作	根据《集团运营巡检管理制度》，掌握项目开发现状、一二级节点完成情况、重大事项进展及项目存在的问题及隐患，协助开展项目季度巡检（含交付前检查），做好巡检前资料准备，巡检后问题跟进落实	1.《项目运营巡检报告》； 2.《项目交付许可检查表》
流程、制度等宣贯和培训	根据运营管理中心要求，组织开展分公司 / 部门内部流程、制度、集团管理要求、集团重大决策的培训宣贯工作，持续收集流程管理相关问题及建议，实时反馈分公司 / 部门重要制度与流程执行情况	相关成果及材料
项目后评估筹备工作	按照《集团项目后评估管理制度》，收集过程资料，组织分公司 / 部门并协调相关中心进行项目后评估工作，落实评审意见并跟进执行情况	《项目后评估报告》

续表

具体事项（包含但不限于）	工作职责 / 内容	成果输出
运营管理中心或分公司 / 部门交办的其他事项	根据运营管理中心或分公司 / 部门要求进行的其他工作	相关表格、纪要或成果

1. 计划预警管理

计划预警工作，是在计划执行过程中，对重点工作计划执行可能存在的风险进行提前判断并发出预警通告。

- 做好计划预警，先要做到计划的前置管理，结合当前计划的执行情况，结合企业经营情况和市场变化情况，提前（1 个月、1 个季度甚至半年）对计划的执行情况进行前瞻性判断。如发现存在风险，就要下发相应的预警通告。
- 预警通告可根据事项的紧急或重要程度，分为《工作提示函》和《工作预警函》。
- 提示函或预警函发布给计划执行主体部门，由部门负责人签收，并对该函需要提示或预警的事项做出回复，需要在回复中说明拟采取措施等。具体可参考表 4-3、表 4-4：

表 4-3　工作提示函

<table>
<tr><td>发文部门</td><td>运营管理中心</td><td>主送部门</td><td></td></tr>
<tr><td>提示事宜</td><td></td><td></td><td></td></tr>
<tr><td colspan="4">提示事项：
× × 公司 / 项目部 / 中心：
根据公司管理要求，现对你司 / 项目部 × × 事项发出工作提示，要求该事项在 × × × × 年 × × 月 × × 日前完成，请于 × × × × 年 × × 月 × × 日前，对事项的落实解决作出回复。
运营管理中心
× × × × 年 × × 月 × × 日</td></tr>
<tr><td>运营管理中心
部门负责人</td><td></td><td>运营管理中心
总经理</td><td></td></tr>
<tr><td colspan="4">主责单位 / 部门回复：
回复内容要求：需包含事项的解决措施 / 方案，并明确责任人、完成时间。
× × 公司 / 项目部 / 中心
× × × × 年 × × 月 × × 日</td></tr>
<tr><td colspan="4">主责单位 / 部门负责人签字：</td></tr>
</table>

表 4-4　工作预警函

<table>
<tr><td>发文部门</td><td>运营管理中心</td><td>主送部门</td><td></td></tr>
<tr><td>预警事宜</td><td></td><td></td><td></td></tr>
<tr><td colspan="4">预警事项：
× × 公司 / 项目部 / 中心：
根据公司管理要求，现对你司 / 项目部 × × 事项发出工作预警，要求该事项在 × × × × 年 × × 月 × × 日前完成，请于 × × × × 年 × × 月 × × 日前，对事项的落实解决作出回复。
运营管理中心
× × × × 年 × × 月 × × 日</td></tr>
<tr><td>运营管理中心
部门负责人</td><td></td><td>运营管理中心
总经理</td><td></td></tr>
</table>

续表

主责单位 / 部门回复： 回复内容要求：需包含事项的解决措施 / 方案，并明确责任人、完成时间。 ×× 公司 / 项目部 / 中心 ×××× 年 ×× 月 ×× 日
主责单位 / 部门负责人签字：

计划预警是运营管理部门对计划执行偏差进行提示的重要方法，计划预警的过程，要做到预警及时、回复清晰、整改高效、督办闭合，并要做到整个管理过程留痕，以备后期考核应用。

2. 计划协调管理

（1）计划协调是运营管理服务职能的体现

在计划执行过程中存在的问题，有些是执行部门自身的，也有些问题出现在跨部门或授权模糊的中间地带，对待这类问题，依靠执行部门自身的力量是无法很快协调解决完成的。

这时候，运营就要发挥其协调职能，对出现的问题及时进行了解和干预，必要时要组织会议进行协调，并跟踪落实直至问题得以解决。这个过程，我们统称为运营的**计划协调过程**。

（2）运营的计划协调是企业运转的“润滑剂”

企业在运行过程中所要求的纵向传达、平行部门间的横向协同，甚至管理层的决策效率等，都离不开运营的协调职能。如果说运营部门是企业的“发动机”，那么协调职能就是这台发动机的“润滑剂”，所以说，运营管理的协调职能对于企业非常重要。有了“协调”这个“润滑剂”，企业这台“大型机器”才能运转得流畅自如。

做好协调充当好“润滑剂”，需要运营管理人员有很强的专业能力、敏锐的判断能力和良好的沟通能力。

我们在前述章节提到过，运营的两个属性是管控和服务属性。而计划协调职能，就是运营职能中“服务属性”的重要体现。计划协调的方式并不复杂，主要是通过**线下沟通、发函督办、组织会议**等几种形式，关键是这个协调工作要求运营人员要有格局，有“将解决问题排除障碍作为己任”的态度，有不断沟通协调的耐心和不达目的誓不罢休的决心。

计划协调能力的强弱，是运营部门计划管理能力强弱的重要体现，它也在一定程度上决定了企业的运转效率。在企业管理层面，对运营的管理也应将计划协调能力作为重点内容进行考核，以保证这个职能作用的有效发挥。

（六）关注计划执行主体的组织管控是否满足要求

计划执行主体的组织管控能力，是管理计划执行的源头，也是影响计划执行的关键因素。运营部门在对计划的管理过程中，须注重对源头的管理，要对执行主体的组织管控能力进行评估，以判断其执行能力是否满足要求。

1. 关注责任主体的组织设置是否合理

运营需要对计划的执行情况进行充分的了解，并进行认真分析。这个过程，首先需要对计划责任主体的组织设置进行合理性评估，重点关注以下五个要素：

- 架构是否清晰；
- 分工是否合理；
- 资源配置是否充足；
- 制度流程是否健全；
- 工作标准是否明确。

如果这些要素的一项或几项存在不足，对计划执行构成影响，运营部门要及时发出《工作提示函》限期要求回复和解决。

2. 对责任主体的执行力进行评估和改进

企业的执行力，就是企业的生命力。计划完成情况，也是一个部门执行力的直接体现。如何分析并评价一个部门的执行力，可以参考以下内容进行。

（1）部门过往的计划完成率

过往计划或前阶段计划完成率高，说明部门的执行力较好，反之亦然。

（2）部门的管理能力和沟通能力以及员工对部门的认同度

部门的管理能力和沟通能力以及员工对部门的认同度，更多取决于部门管理者的能力水平。所以，这个评估重点是针对部门管理现状和部门负责人的管理能力和沟通能力的评估，可采用360度评估法进行。通常情况下，这个调研的结果会和部门执行力成正比关系。如果调研结果显示员工对部门及部门负责人认同度低，则要重点考察负责人能力是否符合工作要求，并要采取措施进行调整。“兵熊熊一个，将熊熊一窝”这句俗语，完全适用于企业。在企业执行能力的培养上，将管理重心向中高层管理者倾斜是正确且必要的。

（3）待解决问题的情况统计分析

对部门待解决问题的内容、数量和分布情况进行统计分析，可以反映一个部门面对问题的态度和主动解决问题的能力。

（4）是否具备主动自我学习能力

通过对部门内部的培训、考察、交流等学习类工作的调研可以发现，重视培训和主动自我学习的部门，执行力通常较好。

（5）评价部门制度建设情况

部门的制度建设情况，可以从另一个层面反映团队的执行力情况。制度完善、内容严谨、流程清晰、标准化工作开展好的部门，会使执行力发挥重要作用。

（6）评价部门团队建设情况

部门的团队建设情况，关系到团队凝聚力和合作意识，也决定了团队的精神面貌和工作士气。企业要通过科学的手段，对团队建设情况进行评价，提升团队建设水平，可以有效提升团队的执行力。

（7）对计划的管理方法进行调研

不同的计划管理方法，对计划的执行结果也有决定性的影响。计划的执行主体通常对计划有自己的管控方式。但方法是否合理，是否做到了重视，是否满足计划管理的要求，运营部门要通过调研的形式进行了解和掌握。比如，对计划工期紧张、工作内容复杂的专项计划，计划管理就需要采用“精细化”管理方法。要做到计划分解“精确到天，精确到人，精确到量”，并要采取早会、晚会制度及时跟进计划进展，及时发现问题解决问题。

对于计划执行优秀的部门，运营部门要注重收集经验和在企业分享培训。对于计划执行存在偏差、执行方法不满足要求的部门，要及时进行工作提示和管理纠偏。

对部门执行力的评估，是企业的职能部门如人力或运营部门牵头组织的工作，这个工作每年应定期（半年或一年）进行。评估的维度可以结合企业的实际，在上述几点内容的基础上进行调整。

每个企业都会非常重视团队执行力，但很少有企业对团队执行力进行科学和有效的评估，这会导致很多问题无法暴露或者存在的问题久拖不决，团队的执行力因此也长期得不到改善。对于评估结果反映出的问题，要制定针对性的措施快速地落实。

对于岗位人员不匹配的问题，一定要果断。很多的实际案例证明，在用人问题上，当断不断必受其乱。

3. 正确理解穷尽办法的含义并应用

我们通常会提到**穷尽办法**这个词，特别是**面对重大疑难复杂问题**时，领导者通常会用这样的说法要求下级。其实，穷尽办法是个无法量化解读的概念，很多人对穷尽办法的理解都是有偏差的，面对问题无法解决时，我们经常会认为自己已经很努力了，已经没有什么办法了。事实上，如果你理解了努力和穷尽办法的区别，可能你也会改变认识。

努力是尽量使出自己的力气做事，是一种动态的外在表现；

穷尽办法是潜力被激发出来后，个人能动性的极致发挥。

通常状况下，人的潜力是没有被激发出来的，所以如果只是在通常状况下的努力，还远没有达到穷尽办法的程度。如果我们对如何判断这种状态感到迷惑，可以尝试问一下自己以下几个问题：

- 对问题是否做到了真正全面透彻的了解，每一个细节是否都已经了如指掌，还是存在模糊点？

- 问题解决过程中，自身有没有深入地思考，有没有和团队或专家进行足够的沟通和头脑风暴？
- 还有什么关系、资源没有动用？还有没有缝隙存在机会？还有什么办法未曾尝试？
- 正常解决路径不通，还有没有非正常路径可以走？
- 你是否已经做到了倾尽全力解决问题还是有所保留，比如是否做到了废寝忘食？

这些问题的答案，或许会告诉你是否做到了穷尽办法。

重大疑难事项的解决，往往需要执行主体“穷尽办法”才能攻克。但是否能够做到，不仅仅取决于员工个人的意志（责任心），还取决于其他很多因素。比如：企业对计划执行考核是否严肃、过程管理是否严格、管控方法是否科学、激励措施是否到位等。同时，在企业管理体系的建立中，也要不断地完善激发员工潜力的管理文化建设，进一步提升企业的整体执行力。

（七）激发员工的潜力，提升工作主观能动性

如果你仔细观察，有没有“穷尽办法”最好的参照对象其实就是你企业的老板。我们经常会发现老板的精力旺盛、智慧过人，解决问题时常有超越常人的绝思妙想。实际上老板并不是神，这只是他们的潜力长期处于被激发状态的反应。老板当然也是人，他们之所以强，并不是完全强在智商或者能力方面，更重要的是强在他们压力和责任心驱动下的潜力激发。

通常情况下，因为员工都处于工作常态，而老板经常处在潜力激发状态，所以老板总觉得员工笨且不努力，员工也总觉得老板牛但太挑剔。这种矛盾，也为企业的管理目标提出了一个很重要的要求：如何激发员工的潜力，提升工作主观能动性？

工作的能动性除了取决于员工的主观因素，更深层次的分析，真正决定员工能动性的因素是企业的管理体系和管理文化。建立并形成这种自主管理、自

发努力的管理体系和管理文化，做到能激发员工的潜力，激发出他们的主观能动性和无限创造力，这需要管理者具备高超的管理水平，也需要企业在人性化管理和激励、压力方面的平衡管理做到极致。希望员工像企业的主人一样穷尽办法全力以赴地工作，企业要思考的应该是如何让员工拥有主人一样的尊严和感受，否则，这种互相不满意的矛盾是不可调和的。

提升员工的工作主观能动性，是提高计划执行力最为直接和最为有效的手段。事实上如何提高员工的主人翁精神，实现他们的自我激励，也是管理学领域一直在探索和努力的方向。个人认为，做到这点需要企业的管理层具备现代科学的管理意识，要有“以人为本”的管理理念。企业只有把人才作为真正的核心资源，关心尊重员工，让企业的发展和员工的成长紧密结合，企业才能真正地和员工实现融合，员工也才能真正在企业发挥出主人翁精神。

这需要企业结合对人性的清醒认识，建立起科学健全的管理系统，并要在人力资源、考核体系、薪酬、激励体系等方面做到全方位的配合。员工能做到“不用扬鞭自奋蹄”，计划执行就有了充分的保障。

（八）建立企业高效解决问题的机制

很多计划执行出现偏差，是因为计划执行过程中所遇到的问题解决效率低下，导致简单工作变为复杂工作、小问题拖成大问题，小事项最终变成大事故。比如：

- 涉及跨部门协调的问题或多部门联动的问题，经常因无人牵头而搁置；
- 涉及需管理层决策的问题，因无人催促而长时间等待；
- 涉及资源配置不足够的问题，没有权限解决被迫停滞；
- 涉及相关上下游部门过程执行不力的问题，因无权干涉只能无奈旁观；
- 工作事项责任划分不清的情况；
- 市场环境发生变化对计划执行产生重大影响；
- 有一些计划执行方法有问题，方向有偏差；

……

这些问题都需要快速得以解决。运营部门要建立起企业解决问题的机制，要实现“制度解决问题”，而不是靠人的随机性来解决问题。

1. 建立管理问题的发现机制

对运营管理人员进行合理的分工，分别负责企业各业务职能板块的计划。在各业务部门设立运营对接人，主动发现计划执行中出现的各类问题，并及时互动；

建立计划报表制度，通过执行部门自主上报的形式，及时反馈和发现问题；

运营部门组织各相关部门召开周（月）计划会议，梳理计划执行，发现存在的问题。

2. 建立计划下游需求部门的“倒逼”机制

针对计划下游的需求部门，要求定期（每周或每月）结合计划提出对上游部门的配合需求，明确需求的具体内容和时间，并提报运营部门，实现对上游部门计划执行的倒逼，推动计划进程。

3. 建立问题解决机制

- 发现计划执行问题后，建立《计划问题跟踪台账》，专人专项跟进问题的解决并销项。
- 建立问题解决的会议机制。根据计划执行问题类别的不同，设立业务决策会、跨部门计划协调会或管理层决策会等专项会议，根据需要及时组织相关的责任部门和有决策权领导，召开相应专项会议解决问题。
- 对于迟迟得不到解决的疑难问题，运营部门要安排专人深入一线详细了解并全程配合解决问题，过程中可根据需要不断补充资源直至问题解决。

企业建立起高效解决问题的机制至关重要，它是企业计划执行的重要保障。计划的执行部门，经常受资源或权限所限，遇到问题就无法推进工作，这个时候，运营部门要充分发挥问题解决机制的作用，发挥协调职能，快速帮助执行部门排忧解难。同时，运营部门也要对执行部门自身的解决问题能力进行评估，及时督促或补位，来推动问题的解决。

（九）重视计划变化，合理进行计划调整

计划唯一不变的就是变化。这句话虽然有调侃的成分，但也道出了计划执行很现实的一面，那就是影响计划执行的不可控因素非常多。各种各样预料之中预料之外的问题，经常会让计划的执行变得曲折多变。计划的变化也会带来连锁反应，一个节点的滞后，往往会影响一系列后续节点的完成。这种情况也经常让计划管理者左右为难，如果不调整，计划就失去了控制作用成了摆设；而调整呢，滞后节点对其他节点的影响还无法下定论。同时，频繁调整也会让计划变得不够严肃……

计划调整确实是个棘手的工作，这项工作处理不当，除了会造成主责部门及上下游部门的矛盾，调整不到位还会导致计划管理的失控。运营要重视计划调整工作，要做到灵活性和原则性结合。实际上，**计划就是因变化而生的，计划本身就是对变化的管理。**那么究竟该如何应对计划的变化？怎么做才能让计划调整工作更为合理，让计划始终保持有效性呢？以下几个原则是计划调整中必须遵循的。

1. 延误必须调整原则

运营要认同计划会有变化这一事实，计划制定是严肃的，原则上不得随意调整，但对于因不可抗力等原因造成的计划延误，我们必须正视事实，不能以任何理由拒绝调整。

2. 定期集中调整原则

计划调整宜定期进行，不建议随发生随调整。调整周期可按照半年度为单位执行，年初的计划，可半年度进行一次调整。将半年期内所有出现滞后的节点以及相关节点一次性集中地进行梳理、调整（在计划半年度集中调整完成之前，为了不影响计划的有效性，可进行单业务线条的局部调整，并将执行结果记录在案）。

3. 分级审批原则

计划调整应执行分级审批制度。按照调整节点的等级，分别由不同层级领导进行审批。里程碑节点和重要一级节点，要审批至总裁或董事长，二级节点

要审批至分管领导等。

4. 先考核再调整原则

计划调整要依据滞后原因进行分类，因不可抗力造成的计划调整，可免于考核。因自身执行力等主观因素造成的计划延误，要先行对主责部门予以考核再行调整；落实考核并纳入年度绩效后，可按照新计划调整考核条款。

5. 里程碑节点能不调则不调原则

通常，企业的总体计划都是一个全阶段全流程的计划，历时较长涉及部门众多。虽然其中部分节点可能因种种原因出现延误或调整，但我们要对最重要的“里程碑节点”进行认真评估。为顾全大局，对里程碑节点要秉持“能不调就不调的原则”，尽可能在后期将延误的时间追回。这需要对已造成的延误做好分析，将追回延误的任务合理均衡地分配到各部门或各节点。全员动员，从紧推进，共同努力减少计划延误造成的影响。遇到确实无法赶回的，经请示相关领导之后，也可酌情进行调整。

计划，要始终保留其有效性，以便进行工作安排和考核参考。计划出现不可扭转的变化则需要进行调整，这也是保障计划有效性的重要方法。

三、事后控制：注重后评估和计划的考核

（一）计划的后评估

如果我们认真留意，会发现，计划的执行过程可以反映出企业存在的很多管理问题。这些管理问题的出现是企业弥补管理漏洞、提升管理水平的重要依据。运营部门应认真去记录并分析计划执行过程中出现的问题，并制定有效的解决方案，及时总结及时应用，持续提升管理能力。这个过程就是对计划管理的有效后评估。

计划的后评估是一项很重要但又很容易被忽视的工作。在某项重要或复杂事项的计划完成之后，都应该及时组织后评估。让问题被发现和存在的时间尽可能地缩短。**问题出现的最初阶段，往往也是解决问题的最佳时机。**对影响计

划的问题进行总结和及时后评估，会让我们更及时发现深层次的管理问题，有助于更准确地制定出有针对性的长效解决方案。忽视了这项工作，我们也可能会错过解决问题和提高管理能力的最好机会。

表 4–5 是计划执行后评估的一个模板，提示我们在后评估方面通常使用的评估维度，供读者参考。当然，不同的企业也可以结合实际在此基础上进行内容的增删。

表 4–5　计划执行后评估表

计划事项	计划后评估维度	后评估内容说明
×× 事项计划执行后评估	组织架构	组织架构是否合理，是否对计划的执行造成影响，是否需要调整
	职责分工	本次计划执行，是否存在部门分工不明确或不合理问题，有何改进建议
	制度、标准	部门或企业层面的制度或标准是否存在缺失情况，是否存在制度的不合理问题，是否存在完善标准化的需求
	人力资源方面	是否存在人员不足的情况，是否存在人浮于事的情况，该如何改善
	沟通协同方面	计划执行过程中，部门内部沟通配合是否存在问题；跨部门沟通协同是否顺畅，是否存在问题，有何改进建议
	技术方面	本次计划执行过程中，是否存在技术能力不足或技术支持不够的问题，有何改进建议
	执行力方面	本次计划执行，是否存在执行力不足的问题，是否还有提升空间，有何建议
	考核方面	考核是否在计划执行过程中发挥了作用，有何改进建议
	个人台账管理方面	个人台账制定是否完善，是否有效指导员工自身工作，对计划执行有无发挥作用及改善建议
	组织管理方面	组织管理是否合理，是否存在不足，有何优化建议
	管理指导方面	计划执行是否得到了上级有效的指导，希望得到怎样的支持

同时，计划的执行结果，也是一个组织接受考核的重点内容之一。计划的后评估和考核两项工作，是对计划进行事后管理的核心内容。

（二）计划考核的注意事项

运营在对计划进行考核时，一定要注重方法和技巧，以做到**让管理价值的最大化**①为目标。比如，在对计划的管理过程中，除了能管理好计划本身外，还能同步助力企业文化的建设，提高团队执行力、加深员工对管理要求的理解等。让管理在形式上和内容上有效结合，实现管理价值的最大化。

在计划的考核环节，以下几项内容是必须要认真落实的，否则，计划的考核就会变成走过场。

1. 计划考核要注重周期，不能只在年终进行考核和应用

计划的考核周期不宜超过一个季度，以强化计划的过程管控，让执行主体始终保持一定紧张度。

2. 要把计划执行情况进行统计并定期应用到管理中

对计划执行情况要以月度为单位进行统计，并进行通报。可以利用运营月度专项会议，将计划执行情况或排名予以通报，对优秀部门予以鼓励，对落后部门予以警戒。必要时，可要求优秀部门代表进行经验分享，落后部门代表进行整改述职汇报，通过这种形式不断强化员工对计划执行的敬畏心和荣辱感。

3. 对计划的考核要严肃认真，一视同仁

计划执行的滞后，往往会有这样那样的主观客观因素，除非是不可抗力，其他方面，如果要听解释，一定会有很多无法按时完成的理由来左右考核的评判。但**企业是要结果的地方，不是讲理由的地方**。因为“会哭的孩子就有糖吃”，会让计划考核失去公正性和严肃性，虽然这种不公平在表面上不会造成明显的冲突现象，但切不能忽视这种文化对企业执行力的负面影响。计划考核

① 管理价值的最大化是对某项管理工作的管理效应扩大化，既达到对主要对象的专项管理目的，又在管理的其他方面发挥作用。

不严肃的企业，团队的执行力往往也较弱。

4. 对计划的考核应用要做到真奖真罚

在计划考核应用环节，我们常常会忽略奖罚的应用。企业制度上的一些奖罚条款有很多都成了摆设，没有做到**真奖真罚**。这种情况导致的直接结果就是，员工会觉得干好干坏没有区别，也会慢慢地失去斗志。**对后进没有鞭策，其实就是对先进的一种打击。**干得多错得多，干好干坏都一样，这是在很多企业都存在的一种现象，对员工的积极性和团队执行力的破坏性很大。但因为这是一种文化现象，没有直接的具体的量化表现，所以也使得很多企业深受其害却不自知。造成这种情况的原因也比较复杂，但在考核奖罚方面执行不力是主因之一。

四、关注制度体系建设，为计划执行保驾护航

计划的执行过程，也是一个检验企业的制度、标准和流程是否科学和健全的过程。换言之，计划的执行结果，不只是团队和员工的努力就能够完全决定的，企业的管理能力，制度化、标准化、流程化的建设能力，同样会对计划执行产生决定性影响。

我们经常听到有人抱怨，企业制度不合理、流程不科学，空转内耗严重或企业分工授权不清晰、重复管理和重复决策情况普遍等，这些问题的存在，会对工作的顺畅推进造成重大影响。如果企业管理体系不健全，甚至思路和方向出了问题，员工越努力，浪费反而会越严重，这就如同南辕北辙的道理。运营部门须高度重视企业管理体系建设问题。在制度规划和审核，流程制定和调整以及企业标准化建设方面，设立专人专岗进行系统管理，做到真正为计划执行保驾护航。在后续第八章“制度、标准化管理模块”章节中，我们会对这个议题进一步展开讨论。

五、运营部门计划管理容易出现的两个误区

计划管理模块是运营管理的核心模块，在管理实际中，有两个容易出现的

管理误区，有必要提出引起大家的注意。

（一）计划管理绝对不是运营管理的全部内容

企业重视对计划的执行，这是无可厚非的，但如果将所有的运营管理力量都放到了对计划的管理上，这种做法显然是有失偏颇的。计划的执行情况，反映的是一种工作结果，就算是计划完成率有提升，但不能代表企业真正的全面的进步。运营部门对计划管理所采取的手段，更多的只是针对结果的管理，而如何全面提高管理水平、提高工作效率，在计划管理模块并没有更多有效的手段。

这就让我们联想到运营管理的宗旨：**提升企业生产效率。**从这点上看，只抓计划管理模块而忽视了其他管理模块的运营管理，显然是不健全的甚至是错误的。

（二）运营计划管理要抓大放小，不能一竿子插到底

对于运营部门来说，是站在企业层面进行的计划管理，所以，应该注重管理的分工和权限，对计划要实行分级管理。

里程碑节点、一级节点和特别重要的二级节点，原则上可列入运营部门的管控范围。其他节点应下放至执行部门进行管理。

如果运营部门对计划管理眉毛胡子一把抓，一竿子插到底，甚至经常对一些日常计划执行进行过程的指导点评，这种越俎代庖的做法属于管理越权，既容易扰乱正常的管理工作秩序，又容易引起执行层的反感，是不能提倡的。

同时，管得过深过细也容易让运营管理工作变得不堪重负，工作失去重点。有些企业运营部门组织庞大却工效不高，企业的进步也不明显，往往就是因为管得过细造成的。**运营管理要有所为有所不为，要注重合理的管理分工。**

小结及阅读目标

小结

本节讲述了运营管理中关于计划模块的管理机制。计划管理模块是运营管理各模块中的核心模块。运营部门要了解计划制定需遵循的基本原则，掌握计划制定的方法，并要清楚计划审核的要点，以确保计划的完整性和可执行性。健全的制度、标准和流程，是计划得以顺利实施的保障。

运营部门要掌握对计划管理的方法，重点做好对计划执行过程的管控。在计划管理环节中，要特别关注《员工个人周工作台账》的制定。对《员工个人周工作台账》的管理，是部门工作管理的重要工具，也是企业保障计划执行的重要方法，建议读者要认真学习并应用好这个管理工具。

同时，在对计划的过程管控中，要密切关注计划进程，及时做好重点计划的过程监控，预警、协调工作。运营部门对计划的管控要关注源头管理，要重视对计划执行主体管理能力和执行能力的评估，企业要树立以人为本的管理理念，让员工树立主人翁精神，这对提升企业执行力大有裨益。

在企业要建立起高效解决问题的机制，为计划执行快速扫清障碍。对于计划执行中出现的变化，运营部门要清楚如何适时进行合理的调整。

在执行计划考核环节，要注重计划考核成绩的应用，要提升员工对计划的敬畏度，要实现提升团队执行力的目标，实现管理价值的最大化。运营部门对计划的考核要做到一视同仁，并做到真奖真罚，切不可走形式走过场，否则企业的考核将失去公信力和效用。

对于已完成的计划，要定期予以后评估。运营部门要掌握计划后评估的要点，要善于对计划执行反映出来的问题进行总结和提升，这对企业的进步至关重要。

阅读目标

1. 了解计划制定的基本原则，了解计划的审核要点；

2. 了解计划执行过程管理的办法，掌握计划监控、预警和协调的方法；

3. 掌握如何评价计划执行主体的组织管控能力；

4. 了解如何建立企业高效解决问题的机制；

5. 了解如何对计划进行合理调整；

6. 了解计划后评估的重要性并掌握后评估的方法。

第三节　计划管理模块须达成的管理目标

计划管理是和企业日常管理结合最紧密的一项工作，其重要性不言而喻，运营部门要格外关注计划管理应该达成的管理目标。

强调管理目标也是在强调：我们的任何管理工作都不要忽视它的目的性。

管理工作到底要达到怎样的目的，实现什么样的目标，是在该项管理工作开始前就要想清楚，并在管理过程中始终贯彻的内容。了解并实现了全部的目标，我们的管理工作才真正意义上达到了目的。

在计划管理模块，运营部门要达到怎样的管理目标呢？

一、让企业更高效实现战略目标

运营部门对计划的全程管理是一项系统工作。这项系统工作内涵非常丰富，但其中最重要的目标，就是通过计划管理的各种手段让企业更高效地实现战略目标：

- 在对计划的事前管理过程中，要通过对计划的分解、目标的制定以及目标的下达和宣贯，实现企业全员统一思想、统一目标的目的；
- 在对计划的事中管理过程中，通过严格的管理，要在企业形成对计划敬畏的风气；通过对团队的管理要求，强化团队和企业的凝聚力；在执行意识引导方面，要形成你追我赶、努力突破、超前完成计划的企业文化；

- 在对计划的事后管理中，要在企业形成及时总结及时改进的管理习惯；让员工建立结果导向的价值观，专注结果不讲理由。

这些习惯和价值理念的形成，对企业更高效地实现战略目标意义重大，需要运营部门在日常的管理中，不只是针对计划管理本身进行管理，而要做到对外延管理目标的兼顾。

二、在企业形成务实的工作作风，减少内耗

务实，简单地说就是**讲实际，做实事**。每一个人应该都能意识到“务实”工作作风对企业的重要性。但如果我们了解企业的管理现状，你就会发现真正能做到“务实”并非想象中那么简单。

专注于结果，专注于解决问题，习惯于为结果承担责任，这是做到务实的前提要求。但在实际中，总会有一些不良现象让我们感到困惑。比如：

本位主义文化的影响：只顾自己，不管别人更不顾及集体利益，这会导致企业内部的沟通配合出现严重障碍；

山头（帮派）文化的影响：不以是否有利于问题解决为目的，而以是否符合自己山头（帮派）的意愿为目的；

太极文化的影响：遇到问题故弄玄虚、似是而非，既不肯定也不否定，推来搡去不落地执行；

扯皮文化的影响：遇到问题不是解决问题，而是喜欢追究责任；真的遇到责任，又想方设法推卸给别人；这种自身不担当不作为，却喜欢指责、推卸的扯皮文化，堪称企业的毒瘤。

类似这些不良文化的由来，一方面是出于部分管理人员存在个性缺陷所致，另一方面就是受企业错误的管理理念影响。不良的企业文化带给企业的内耗和造成的损失是巨大的，其破坏力有时远超我们想象。企业在运营的计划管理过程中，要充分地利用计划管理的手段，不断强化正向激励，强化良性文化的引导。对于出现的违背组织文化的行为，一经发现就要坚决地予以批评和制

止；对于工作理念和企业理念不符的个人，要进行及时的引导，严重的要果断地清除出团队。

一种优良工作作风的形成，需要管理者的以身作则和长期的正确引导。企业形成务实的工作作风，会让企业受益无穷。

三、建立起企业高效的协同机制

良好的协同机制，是企业运行的“润滑剂”。计划在执行过程中，会出现很多需要跨部门跨层级的沟通协同事项，建立健全**上下沟通渠道和平行协同机制**，是做好计划管理的有力保障。运营部门对计划的管理过程，也是一个建立高效协同机制的过程，这需要重点关注以下几个方面：

- 完善组织架构并厘清各部门的工作边界；
- 通过对计划的执行监控，完善问题发现和报告机制，为及时解决问题提供保障；
- 运营部门要担当起横向、纵向协同的牵头和组织作用；
- 完善信息互通渠道，确保企业信息的及时、顺畅传递；
- 优化企业流程，让科学、精练的流程解决大多数部门内部或之间的沟通问题；
- 完善协同会议制机制，针对问题的大小设定不同层级的协调沟通会议机制，如部门负责人协调会、总裁办公会、董事长办公会或其他专项会议等。

建立好企业的协同机制，可以确保企业协同高效，运行顺畅。

四、打造强执行力团队，让计划管理成为推动企业进步的重要抓手

运营部门对计划管理的过程，也是一个打造企业执行力的过程。可以说，计划管理环节是企业打造执行力的重要工作环节。运营部门要充分利用这个时机，通过对计划的全程管理，不断推动企业**执行力**的提升。**执行力的强化**，需要从习惯培养、意识形成和能力提升等多个维度，循序渐进，不断积累不断强

化才能形成：

- 从企业到部门再到个人，形成制定工作计划的习惯，学会打有准备的仗、有目标的仗、有章法的仗。
- 通过对计划的监控和考核，让按期完成计划成为员工的基本认识，未完成计划要坦然接受处罚。对计划的执行要有荣辱感。
- 计划执行过程中，要强化员工的等级意识和服从意识。学会执行上级指令，而不是挑毛病，找借口。**没有服从，就没有执行力。**
- 通过对计划执行的有效引导，形成务实工作作风，让“快速解决问题”成为所有人的工作共识，而不是“制造问题”。
- 计划执行的同时，要注重培养和提高员工的专业技能；培养并提升员工解决问题的能力。
- 促进员工形成精益求精关注细节的工匠精神；树立不达目的不罢休的工作信念。
- 通过对计划的全周期管理，让企业形成工作闭合的工作习惯。工作要有头有尾、善始善终。
- 建立结果导向的企业文化，让责任、担当成为员工的共同意识。

打造强执行力的团队文化、推动企业进步，计划管理是一个最为重要的管理抓手。需要运营部门熟练掌握和运用管理技能，做好计划管理，推动企业进步。

第五章 组织绩效管理模块

- 制定让员工信服的考核规则，考核要客观公正要得人心，考核结果的应用更是如此。
- 对组织绩效进行分析，会让我们发掘出企业存在的深层次管理问题。

组织绩效管理模块的思维导图如图 5-1 所示。

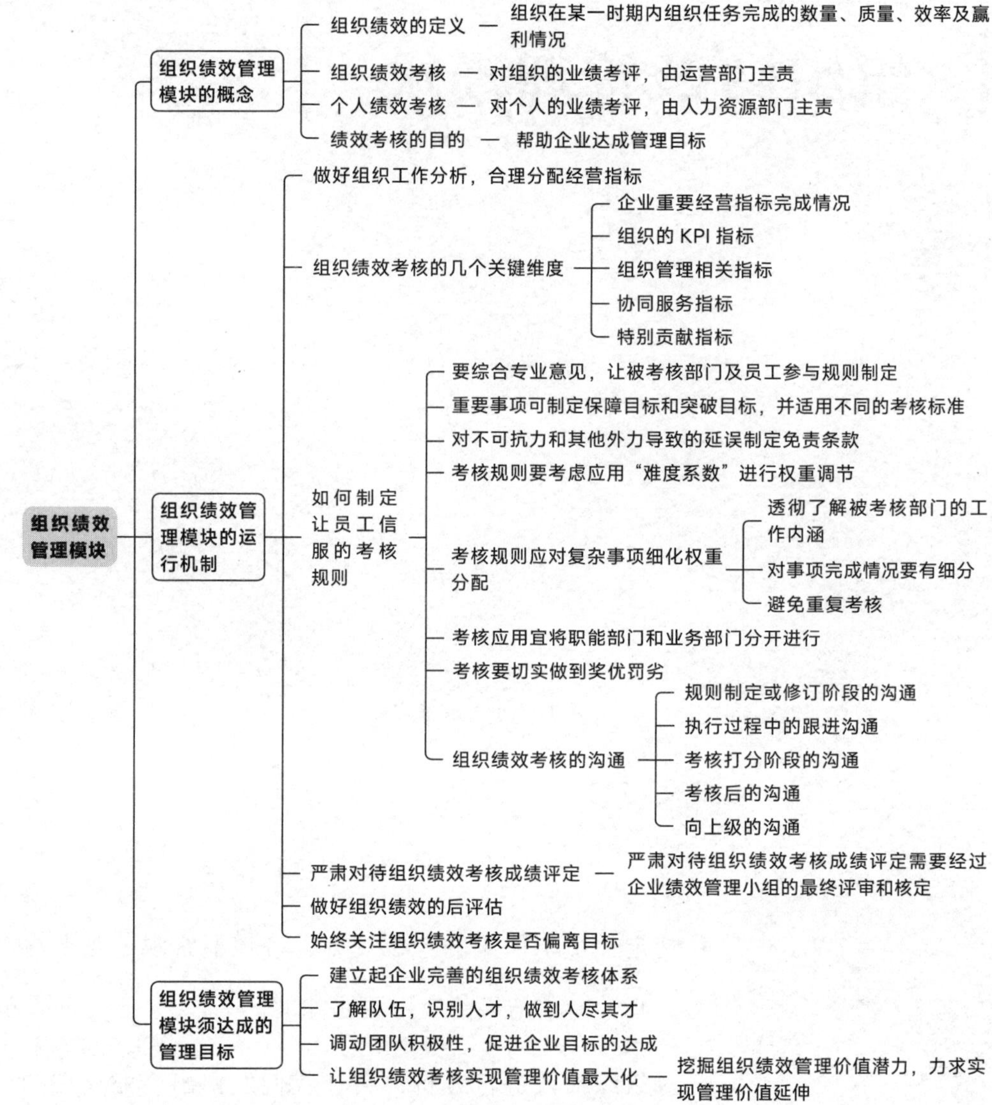

图 5-1　组织绩效管理模块的思维导图

第一节　组织绩效管理模块的概念

组织：在企业中，“组织”通常就是指企业各部门或各分、子公司等机构。

组织绩效：是指组织在某一时期内组织任务完成的数量、质量、效率及赢利情况。

组织绩效考核：也称组织业绩考评，是企业运营管理的重要内容。是针对企业中的组织所承担的工作，应用各种科学的定性和定量的方法，对组织行为实际效果及其对企业的贡献或价值进行考核和评价。

个人绩效考核：也称个人业绩考评，是企业人力资源管理的重要内容。是针对企业组织中的个人所承担的工作，应用各种科学的定性和定量的方法，对其行为实际效果及其对企业的贡献或价值进行考核和评价。

绩效考核的目的：开展绩效考核有助于提高企业管理水平、提升员工能力、激发员工潜能、形成团结协作的企业团队等。但绩效考核最根本的目的就是**帮助企业达成目标**。

在开始进行本章内容之前，我们先要区分清楚组织绩效和个人绩效的概念：组织绩效是指组织层面的绩效。企业的各个部门是各自相对独立的组织，企业各部门的绩效实现是在个人绩效实现的基础之上，但是个人绩效的实现并不一定保证组织绩效的实现。只有组织的绩效按一定的逻辑关系被层层分解到每一个工作岗位以及每一个人的时候，如果每一个人都达到了组织的要求，那么组织的绩效也就达到了要求。

通常，组织绩效考核是运营部门主责的工作，而个人绩效考核是人力资源部门主责的工作。两者考核主体不同，考核内容也不同。

第二节 组织绩效管理模块的运行机制

组织绩效考核是运营管理部门重要的管理抓手。组织绩效是对组织进行的考核，其结果的应用也将会对组织每一位成员的绩效产生影响。也就是说，组织绩效考核关系到每一位组织成员的切身利益。所以，组织绩效管理水平的高低，也一定程度反映了企业运营管理水平的高低。同时，组织绩效管理的效果，也会对企业文化的形成产生深远的影响。

一、做好组织工作分析，合理分配经营指标

在第三章中，我们对如何合理地制定企业经营目标有过系统的阐述。战略目标分解后的经营指标和年度目标，是组织绩效考评内容的重要来源。由此可见，运营部门在企业的目标管理工作，始终围绕企业的战略进行，这样也才能保障各项指标始终不偏离企业的战略目标。

年度经营目标确定后，需要通过《经营目标管理责任书》的形式，下发给各执行组织。该经营目标管理责任书的内容，也是组织绩效考核的主要内容。

经营指标通常是指反映企业经营状况的一系列数据。在制定组织绩效考核内容时，还需要将经营指标结合部门职责，进行进一步的拆解。为了能确保任务更合理、更准确地下达到各个部门，**在明确考核内容前，运营部门须对各组织的工作进行分析。组织工作分析**主要是针对组织在以下几个方面的分析：

- 要对组织的职能分工和授权进行分析，分析分工是否合理，授权是否充分，能否满足完成绩效的要求；
- 要对组织的人才队伍构成和能力进行分析评估，确认是否具备条件完成工作任务；
- 要对组织的过往业绩进行分析，结合过往业绩的完成情况，预测来年绩效的标准；
- 要对组织的资源配置进行分析，人、财、物及技术支持方面，是否满

足完成绩效的要求，如何为指标的实现提供资源保障；

- 要对组织的协同关系进行分析，分析指标所需协同配合的资源关系，判断资源是否足够、是否能满足完成任务的要求；
- 要对经营指标的分配进行分析，结合组织的职责和环境资源，评估指标分配的合理性。

通过组织工作分析，可以更清晰地了解组织的架构、权责和能力。同时，了解组织的资源配置和协同关系，可以让企业在资源配置和沟通协同方面给予有针对性的支持。经营指标分配分析中，除了要确保组织承担合理的经营指标之外，还要结合组织职责对其他年度重点任务进行分配。

要更准确地进行指标分配和任务下达，组织工作分析是必不可少的前提工作。

二、组织绩效考核的几个关键维度

在确定组织绩效考核的维度方面，不同企业有不同的特点也有不同的认识。但具体哪些维度是运营在组织绩效考核中应关注的重点呢？结合众多企业的案例，笔者总结了组织绩效考核中最为关键的五个维度。

（一）企业重要经营指标完成情况

不管是企业的业务部门还是职能部门，大家都要对企业的总体经营指标负责（如销售指标、利润指标等）。企业经营指标的完成情况，也须在各部门的组织绩效考核中体现，考核权重可依据不同部门的具体权责进行分配。

（二）组织的 KPI 指标

组织的 KPI（Key Performance Indicator）指标，就是这个组织的关键业绩指标，不同的职能或业务部门，有不同的 KPI 指标。比如，营销部门的 KPI 指标主要包含销售额、回款情况、营销费用使用情况等；而生产部门则以产品质量、产量、生产计划执行情况为主要 KPI 指标等。KPI 指标要注重“K”即关键（KEY），单个组织关键指标数量不宜太多，宜控制在 3~5 个。

（三）组织管理相关指标

对组织的绩效考核，一定要将企业的管理要求纳入考核体系。这部分内容，也是企业在规划绩效考核指标时容易忽视的部分。企业的管理要求没有特定标准或特定内容，可根据企业年度主要管理目标制定，也可以根据企业年度重点工作事项制定。

如企业本年度要求各部门强化标准化建设工作，则在组织绩效考核中，就应将对标准化建设的要求纳入考核范畴；如企业本年度要主抓产品品质的提升，则要将相关产品品质提升的内容并入考核等。企业管理要求考核指标是一个动态的指标，可每年随着企业管理重点的调整而相应调整。

（四）协同服务指标

企业通常都包含业务部门和职能部门，大型企业还设有总部中心和分公司等。不论是哪种类型的企业，其部门除了自身的管理职能外，**协同服务职能**也是其职能的重要组成部分。

在前面章节，我们提到职能部门的两个属性：**服务属性**和**管控属性**。同样，对于业务部门来说，如果其业务涉及中心管理或总部业务条线的管理职能，它同样也具有这两个属性。

很多部门会忽视自身的服务属性，对自身服务职能认识不够，认为自己的主要职责就是管理监控，而“服务”和自己不沾边。所以，“脸难看、门难进、话难说”的情况，在部分企业的工作沟通中并不少见，这也是造成企业沟通障碍的一个重要因素。缺乏服务意识，一方面是管理者认知上的不足，另一方面也是因为格局不够、缺乏大局观所致。事实上，**部门的服务属性和管控属性，只有两者兼具，部门的工作内容才是完整的，**这也是所有企业管理者必须具备的基本认知。

对协同服务职能的考核，最主要就是对该部门服务意识和配合度的考核。当然，不同的部门，其服务和配合的工作内容也有所不同。

比如：人力资源部门是否对需求部门提供主动的人力资源服务？是否能急

用人之所急，高效地招聘优质的新员工到岗？是否对新入职的人员能进行持续的关注和服务？是否做到对各部门员工有良好的职业生涯规划等，这些都属于其服务和配合职能。如果将上述工作要求列入人力资源部门的协同服务考核指标，由相关部门对其进行打分，显然，这样会强化人力资源部门的服务意识，提升部门的协同配合度，工作效率也有了保障。

其他部门比如行政部门的后勤服务、采购部门的采购保障服务、运营部门对各部门的协同服务等。这类协同服务职能是企业高效运转的保障，运营部门要针对性地将服务协同职能考核纳入组织绩效考核中，通过平行部门或上下游部门的评价进行考核打分，及时发现问题，并采取有效措施纠正问题。

（五）特别贡献指标

为了鼓励先进，鼓励为企业做出特别贡献的部门和员工，企业应在组织绩效考核规则中，制定符合特别贡献的标准并对其分配适度的考核权重。

特别贡献，通常是指在考核指标之外做出额外的贡献。比如，超出指标要求外的重大业绩、争取到的重要表彰奖励、经过努力为企业大幅节约成本的举措等。对这一部分特别贡献，企业当然要倡导，并应制定规则予以引导和表彰。年终可依据贡献的大小，进行评定和绩效加分。

三、如何制定让员工信服的考核规则

考核指标和考核规则的制定，又是一项非常考验管理者能力的工作，也是让每个规则制定者都感到为难的工作。规则制定者通常会有这样的困惑：仿佛不论你怎么做，总会有反对的声音，总会有抱怨考核不公平的现象。在这种情况下，我们应该反思我们的考核是否遵循了三个重要特性，即**客观性、公正性和透明性**。如果我们认真地回顾和分析会发现，在很多绩效考核规则中，实际上并没有很好地落实这三个特性。

在日常考核中，我们回想一下是否有过以下类似的经历：

- 是领导决策滞后的责任，却强加给部门承担考核结果；

- 有不可抗力发生却熟视无睹，不尊重客观事实的结果考核；
- 对上游部门的影响视而不见，只考核末端部门；
- 考核指标定得过高，远远超出了能力范畴却申诉无果；
- 考核规则制定的专业性不够，无法准确考核；考核规则考虑得不细，很多情况没考虑进去，造成打分困难；
- 权重不合理，有的过高，有的过低，存在明显的不公平；
- 干得多错得多，任务简单工作量小的部门评分反而高；
- 干好干坏差不多，绩效考评规则宽松，对考评没感觉，对奖罚也没感觉；
- 只罚不奖，罚得多奖得少，员工抱怨多；
- 绩效考核过程没有什么有效沟通，只是告知结果；
- 考核像撒胡椒面，怕得罪人；

……

相信很多读者都对以上的部分情况有过切身感受。的确，如果绩效考核指标和规则制定不合理，会造成本来是激励员工的绩效考核制度却成了打击员工积极性的工具，这是我们在考核工作中最不愿意看到的，对企业的伤害也很大。

那么，如何减少乃至杜绝这种现象的发生，制定出科学合理的考核指标和考核规则，这是需要组织绩效管理人员熟练掌握和灵活应用的技能。

（一）要综合专业意见，让被考核部门及员工参与规则制定

制定考核规则，一定要听取被考核部门意见。有些规则制定者总认为被考核人只有被考核的权利，不能参与考核规则的制定，这种思维是非常错误的。有的人担心让被考核者参与规则制定，容易造成“既是裁判员又是运动员”，其实这种担忧是多余的。首先，参与并非进行决策；同时，规则制定只有在充分和被考核人沟通，尊重和听取他们的意见后，才会让考核规则制定的专业性更强、内容更全面、更合理，其落地性也会更强。

企业在组织绩效考核规则制定过程中，一定要避免“闭门造车”的情况出现。

（二）重要事项可制定保障目标和突破目标，并适用不同的考核标准

有些工作事项非常重要但实施难度很大，按要求的时间完成非常有挑战性，如果延误也可能会给企业造成较大损失。面对这种情况，考核者如果只是一厢情愿地通过强压来下达任务是没有意义的，甚至会产生反作用。可以通过制定**保障目标和突破目标**的方式：即完成保障目标就认定为合格，完成挑战目标则认定为优秀，并可给予额外的奖励。这样做，既合情理又人性化还能更好地激发员工的潜能，可使目标的完成更有保障。

（三）对不可抗力和其他外力导致的延误制定免责条款

考核当然要遵循结果导向原则，但也不能简单粗暴地一刀切。客观性也是考核的主要特性之一，**客观性就是要求考核工作要尊重客观事实**。对于一些不可抗力或集团决策导致的执行滞后的情况，考核规则制定之初就需要配套制定相关的责任免责条款：任务完成如有不可抗力导致的滞后发生，考核的完成时间应相应顺延。

考核的原则性和人性化要有机结合，这样的考核才能够赢得员工的尊重。

（四）考核规则要考虑应用“难度系数”进行权重调节

对工作内容多的部门和工作重要性高的部门，要增加并使用难度系数进行调节，以强化考核的公平性。

“做得多错得多”，这是在基层经常会听到的一种抱怨声音。如果考核没有做到周全地调研并制定适配的规则，就很容易让绩效考核在企业中发挥反作用，造成“多做多错、少做少错、不做不错”的后果，员工积极性也会严重受挫。

有些考核为了所谓的公平，不管是什么部门，都采用一样的规则和一样的

考核权重，其实这是一种典型的“惰政”表现。我们应该针对不同的部门或不同的重点工作，引入难度系数机制进行调整，这样的考核规则才更加体现公平性。

这就需要我们对各部门的工作进行科学的分析，要结合人力资源配置、薪酬体系等进行统筹考量。

从公平的角度讲，如果赋予了一个组织更多的责任，就要相应地给予它更多的报酬。如果企业认为某一部门表现优秀，可以在交给它更多的工作任务或授予其更多的管理权限并承担更多的管理责任时，就要考虑对它的考核进行系数的调增。因为是新增任务，所以如果组织完成了任务，应该获得更多的奖励；如果没有完成，也不应接受更多的处罚。不然，考核就成了“鞭打快牛”。同样，对于年度工作任务少，重要性低的部门，组织绩效考核也应进行难度系数调减以进行平衡。

但有两种情况，是制定考核规则时必须客观面对的：

- 部门任务很多但人员配置也多；
- 岗位任务重难度大，但薪酬配置也高。

类似这种情况就不能简单地使用难度系数调整，原则上，进行系数调整的前提是“同工同酬”。具体情况要根据具体事项来议定，要充分沟通，集中决策，保障考核的公平。

（五）考核规则应对复杂事项细化权重分配

考核规则的制定是一项细致的工作，在具体条款制定过程中，要注意以下三点。

1. 透彻了解被考核部门的工作内涵

对被考核部门的权责要做客观全面的分析，要了解其工作的真正内涵，避免在规则制定时出现漏项或偏差。

案　例

某企业总部的质管部门，它应该对下属公司或生产部门的质量负责。企业在对该部门的“质量目标完成情况”制定考核规则时，将企业质量目标的总体完成情况作为唯一依据进行打分。

在实际工作过程中，该部门认真履行总部质管部门的管理职责，将质量管理工作做得井井有条。但因为某分公司的操作人员工作失误，一批次产品出现了严重质量问题。年终评比的时候，总部的质管部门的考评结果也被评为不合格。

以上这个案例，看上去好像并没有什么不妥之处，管理部门为结果承担责任是天经地义的。但是，如果经过认真分析，我们就会发现该项考核规则的制定存在严重的缺陷，原因如下：

总部的质管部门是一个业务管理部门，它的主要职责首先是按照制度履行质量管理行为，其次才是对结果的负责。如果失去对管理行为履职情况的考核，毫无疑问是遗漏了对其主要职责的考核，这显然是一个重大缺陷。

所以，制定这个指标的考核规则时，应将“管理行为”作为第一个维度进行考核，“整体质量目标完成情况”作为第二个维度纳入考核。这两者的权重可以适度灵活地进行分配，比如，可以按照5:5来分配考核权重。这样考核的结果，才可能做到公平和完整。

现实中，考核规则制定依据事项的不同，也会有不同的处理方式。但不论是怎样的不同，考核内容的制定要进行工作分析，要结合岗位职责，要尊重客观事实，并要求做到细致和全面。希望能通过上述案例给读者一些启发。

2. 对事项完成情况要有细分

对事项的完成情况，不应只是机械地以完成和未完成来定考核结果。计划是严肃的，但执行考核时还是要遵循客观性。我们来探讨一个案例：

案 例

某人力资源部门的招聘计划完成了年度计划的95%，考核时该不该扣分呢？如果扣分，部门一定会怨声载道，抱怨全力以赴工作了一年，业绩已经很不错了，结果还被扣分。但按规则未完成计划就要扣分，这种矛盾如何解决呢？

这是在考核中经常遇到的问题，也是我们在制定考核规则之初就要考虑完善的问题。通常情况下，企业对计划指标的制定往往比较严格，是按照部门工作的较高标准制定的各项指标。这种情况下，如人力资源部门将招聘计划完成了95%，说明部门工作已较为出色。这就如同考试考了95分，已属于优等生。那么，在考核规则制定时，就应该将这种思路贯彻进去。如：计划完成95%~100%，可按照1.2的权重进行考核；完成90%~95%，按照1.1的权重执行；完成85%~90%，按照1的权重执行；完成75%~85%，按照0.9的权重执行……以此类推。

考核规则的制定，始终要遵照奖优罚劣的原则进行，否则就是与公平公正背道而驰。公平合理的规则，才能让员工心服口服，才能真正达到考核的目的。

3. 避免重复考核

在考核规则制定中，有一个经常容易出现的错误就是**重复考核**。

在同一份考核表中，有些工作事项已经考核过，但在其他考核条款中再次以其他形式重复出现，这就是重复考核。比如：对某部门的计划完成率考核中，“部门总体计划完成率”一项已经进行了考核。但在后续其他考核项中，又出现了对“总体计划中某项具体工作计划完成情况”的考核。如果该项工作未在前面总计划的统计中扣除，则后面的考核就属于重复考核。

如果留心观察，类似这种重复考核情况在很多考核规则中都可能出现。比如对产品质量的考核中，除了总体的质量评价打分外，又对某专项的质量问题进行重复考评。这类问题容易造成考核结果的失真和考核的不公平，需引起考核规则制定者的注意。

（六）考核应用宜将职能部门和业务部门分开进行

企业的部门分为职能部门和业务部门两类。职能部门就是我们通常所讲的人力资源部门、行政后勤部门、财务部门、审计部门等；而业务部门是指设计研发部门、生产部门、采购部门、销售部门等。

很多企业对各部门的考核一视同仁，没有根据职能的不同做区别对待。事实上这很容易造成一些不公平和不合理现象。业务部门通常是在生产一线，有很具体的生产任务指标；而职能部门通常是在后方，以管理服务内容为主，有些工作不能具体地量化体现。两者在从工作性质和工作内容上都存在较为明显的差异。

面对这种差异，运营部门在考核阶段可以使用工作难度系数进行调节。而在考核成绩的应用环节，比如企业年度评优时，也建议要分开进行。

案　例

某企业的年度部门评优工作，其财务部门再次被评为优秀（此前几乎年年都是优秀），因为总名额有限，当年度业务部门无一当选优秀。深入了解后，发现企业的财务部门虽然总体表现良好，但其工作内容每年基本雷同，业绩上也没有特别的过人之处。之所以被评优，是因为没有特别的扣分项出现。而业务部门因为工作内容繁重，出现一些扣分项，却因此失去了评优的资格。这种考评结果的应用，自然对业务部门造成了不小的打击，纷纷抱怨“做得多，错得多”。

笔者相信上述案例绝非个案，其实大多企业的年度评优工作，都会把业务部门和职能部门按照同一个标准放在同一个平台进行评比，这样操作实际上已经违背了绩效考核的“客观性”原则，对考核规则没有结合实际进行调整，是有失公平的。

正确的做法是：让业务部门和业务部门、职能部门和职能部门分别进行评优比较，各自取其优秀，评为企业的年度优秀部门。

考核要客观公正要得人心，考核结果的应用更是如此。

（七）考核要切实做到奖优罚劣

组织绩效考核的一个重要目的就是激励先进鞭策落后，但组织绩效考核真正能做到奖优罚劣发挥正向作用却并不容易。有时，考核结果反而是打击了先进、纵容了落后。为什么会出现这种情况呢？笔者分析主要有以下一些原因：

- 企业的管理体系不健全，职责不清分工不明。任务完不成时大家各说各的理，互相推诿，结果是对谁也无法执行考核。
- 考核的主管部门能力欠缺。考核规则制定不合理，无法有效识别先进和后进，也无法做到公平合理，奖和罚都很难服众。
- 对先进部门的奖励不痛不痒，认为做得好也是理所应当；对后进的部门处罚也是蜻蜓点水，怕处罚重了人才流失。最终令奖罚流于形式。
- 企业领导人缺乏共享意识，吝于拿出部分利润进行二次分配。

其实任何的奖罚都不是目的，而是促进工作目标完成的手段。执行主体既然是人，奖罚规则就应该切中人性的特点去制定。

所有的组织和个人都有荣誉感，也都对物质奖励有着很务实的追求。任务完成优秀的部门都希望得到认可或者奖励，这是正常的反应和需求。如果不能满足这种基本需求，可能会影响到这个部门的斗志。所以，一个企业要对“优秀”予以认真的对待，对被考评为优秀的部门，要给予充分的肯定和表彰；对后进的部门，也要严格依据制度进行处罚。奖要奖得心动，罚要罚得心痛，这样才能达到奖罚的目的，也才能发挥考核真正的正向激励作用。“吝于表扬，又担忧处罚”，这种心态是绩效考核的大敌。

“真金白银，奖罚分明”。这其中蕴含着的就是“财散人聚”的道理。像蒙牛、华为等企业通过这种“财散人聚”的策略快速发展的案例，可能很多的企业管理者难以效仿，但“财聚人散”却是企业管理层不能视而不见的现实。员工对企业缺乏认同和归属感，人才流失率高，背后原因很多就是出在企业在利益分配上的吝啬和不公平。领导者要有格局和气度，对收益进行合理的二次分配，以鼓励团队凝聚人心，这也是正确的管理行为和必要的费用支出，是符合人性和客观规律的举措。

同时，统筹组织绩效考核工作的负责人也非常重要。考核工作的管理者需要**有魄力和担当、要有正义感、要敢于得罪人**。这样才能让组织绩效考核工作真正成为推动企业进步的抓手。

（八）组织绩效考核的沟通

组织绩效考核的过程，不是运营部门“闭门造车”的过程，而是一个公开透明且充分沟通的过程。在组织绩效考核的前、中、后期，都应注重进行有效的沟通：

1. 规则制定或修订阶段的沟通

对考核内容、考核规则、考核细节充分和被考核部门进行沟通，征求基层员工和管理人员意见，并汇总进行分析和意见采纳。

2. 执行过程中的跟进沟通

考核执行过程中，要对考核内容的执行情况进行了解和提示，对出现的问题及时和相关部门进行沟通和处理。

3. 考核打分阶段的沟通

组织绩效考核的初评分出来之后，运营部门要结合初评情况和被考核部门负责人沟通。要充分了解被考核部门的诉求，并对存在的分歧，进行有理有据的充分交流。双方要力求相互理解、充分沟通并达成一致。对工作未完成项的扣分，也要向被考核人进行告知，以做到考核打分的客观和透明。组织绩效考核切忌只通报结果和关门打分。

4. 考核后的沟通

对考核结果和被考核部门进行通报，并进行专项沟通。对完成情况好的，要进行总结并安排交流学习；对完成情况差的，要协同被考核部门共同制定改进策略。

5. 向上级的沟通

除了和下级部门以及平行部门的沟通，组织绩效考核同时也要**注重向上的沟通**。包括和分管领导以及企业领导者的汇报沟通。这种沟通是非常必要的。有时，领导会站在不同的高度和角度，给出非常有建设性的意见和建议，这对考核结果的认定是非常重要的。

很多企业在组织绩效考核方面缺乏沟通，有的干脆考核全程就不做任何沟通。事实上，考核过程的沟通是考核工作的重要环节，它的缺失，也意味着考核没有遵循客观、公平和透明的原则，也常会令考核结果难以服众。上述的考核沟通，运营部门都应在企业相应的制度和指引中进行明确，才能保障沟通的系统性和有效性。

有效的沟通，有助于组织绩效考核结果更合理，也能保障这项工作更顺畅地落地。同时，沟通能够让被考核部门感受到尊重。**只有做到了尊重，你的工作才会得到尊重。**组织绩效考核想要获得广泛的认同，沟通就是最好的方法。

四、严肃对待组织绩效考核成绩评定

组织绩效考核成绩评定是一个非常严肃的工作。因其影响面广且和员工利益息息相关，所以，考核成绩评定不应由运营一个部门来完成，而需要特定的组织进行集体决策。

运营部门在经过上述一系列工作之后统计的考核成绩，只是代表了运营部门层面的意见，这通常也会存在一些分歧有待解决。而且最终成绩如何确定，是否符合高层领导的管理要求，这些都需要经过企业绩效管理小组的最终评审和核定。

企业的绩效管理小组，通常由企业主要领导（老板或 CEO）担任组长，运营分管领导、人力分管领导、业务分管领导等企业高层担任组员。其主要工作内容如下：

- 解决运营部门和被考核部门在考核内容中无法解决的分歧；
- 决策被考核部门提出的申诉；
- 对符合特别贡献的事项进行评定和打分；
- 对既有考核成绩进行审核，纠正不合理评分；
- 审定考核成绩并签署发布。

企业的绩效管理小组是个临时组织，但因工作内容和企业员工的个人利益息息相关，故其责任重大。除了统筹建立完善的绩效管理体系外，管理小组还要保障体系运行的有效性，使之能对企业的高效运转发挥重要作用。绩效管理小组虽然只是在年度评审阶段才发挥管理作用，但在日常工作中，小组成员也要经常关注员工对绩效考评的反映和呼声，并借鉴学习先进企业的绩效管理经验，将有价值的信息及时补充完善至企业绩效管理制度中。在绩效评价方面，需要管理小组的成员能具备大格局，能做到客观公正，能站在企业的高度去裁决问题。

组织绩效考核成绩的评定，同样要遵循客观、公正和透明的原则。切不可闭门打分，要做到让被考核人员心悦诚服。

五、做好组织绩效的后评估

考核成绩发布后，组织绩效考核的工作并没有结束。对于过程中运营部门发现的争议性问题、各部门在考核中被扣分的原因以及企业整体绩效完成情况的管理分析等，还需要进行专项的**后评估**。

后评估工作，简单地说就是一个项目结束后，对其进行分析和评价并制定对策和实施整改的过程。后评估在管理过程中往往会被忽视，但这是一项关系到企业进步的重要工作，也是管理 PDCA 循环中 A（处理改进）的重要构成。管理的 PDCA 过程中缺失了 A，也标志着工作未形成闭环，存在的问题和犯过的错误也无法有效改善和杜绝。

组织绩效考核的后评估工作，要重点关注以下内容：

- 运营部门要对自身组织绩效考核中发现的各种考核规则和标准制定等问题进行总结评估，并及时调整完善。比如：对于造成负面情绪比较大、争议比较多的条款进行优化；对出现考核盲点的部分进行补充完善；对权重的不合理进行调整等。
- 对企业整体绩效完成情况进行分析，寻找差距寻找原因，提出提升改进建议，供企业高层参考决策。
- 对各部门考核结果逐一进行分析，对扣分项的原因进行“回头看”，寻找根源问题，提出整改建议并跟踪落实。
- 对管理提升情况进行分析。分析组织绩效考核对管理提升工作发挥的作用和效果，制定下一年度管理提升要求。
- 跟进后评估意见的整改落地完成，形成组织绩效考核整体工作的闭环。

组织绩效考核后评估的内容看起来不多，但每一项都很重要。运营部门要通过这项后评估工作，达到持续改进、提升企业管理水平的目的。**对企业和各部门的绩效考核成绩进行认真细致的分析，会让我们发掘出企业存在的很深层次的管理问题。**这些问题可能是架构的问题、分工的问题，也可能是制度流程问题、执行力问题，甚至是管理者本身的思路和方法问题等。根据绩效考核发现的管理问题会更精准，也更容易制定有针对性的改进措施。考核后评估的闭环管理，可以促进企业不断进步。

六、始终关注组织绩效考核是否偏离目标

有些企业的组织绩效考核，只是专注于严格地把握考核原则，没有及时关注员工感受也没有顾及企业管理水平提升的需求，事实上这已经偏离考核的目的。既然考核的目的是帮助企业达成目标，我们就要思考，正在推行的组织绩效考核工作究竟是如何帮助企业的？以下这些目标，我们是否做到了关注并且是否已经在实现：

- 考核是否有效传递了压力，形成了人人注重业绩、敬畏考核的风气；
- 是否有效提升了团队的执行力；

- 考核是否促进了团队沟通，提高了企业沟通效率；
- 是否真正鼓励了先进、鞭策了落后，实现了正向激励；
- 是否借助组织绩效考核，有效提高了企业的管理水平。

如果在组织绩效考核过程中，没有很好地关注以上目标的实现，那么这种考核就是为了考核而考核，不光无法帮助企业更好地实现目标，反而还会起反作用。

事实上，有为数不少的企业，其考核就发挥着这种反作用而不自知。有些企业的员工对考核怨声载道，严重的甚至还对簿公堂；有些考核甚至成了欺压胁迫员工的工具……这种情况的出现，轻者可使其考核制度沦为摆设，重者会让团队人心涣散内耗频发，严重影响企业发展。

企业拿出钱激励团队，因为没能科学地组织和良好地执行，反而成了矛盾的爆发点，成了影响企业正常运转的因素，不得不说这是非常让人痛心的。

其实考核激励本身没有任何错误，问题出在对考核管理的专业能力和执行能力不足上。运营管理部门要强化自身组织绩效考核的管理能力，始终关注考核方向的正确性，对于有偏离目标的情况，要及时进行调整。

小结及阅读目标

小结

本节讲述了运营管理中关于组织绩效模块的管理机制。部门组织绩效考核的重点内容来源于企业战略目标分解后的年度经营指标。运营部门要对组织进行工作分析，以了解组织现状，做到合理制定考核指标、合理进行资源调配。

如何正确地规划和设计组织绩效考核，是运营部门绩效考核人员必须熟练掌握的技能。组织绩效考核规划，可以了解借鉴本书中提出的五个维度的考核内容（①企业重要经营指标完成情况；②组织的 KPI 指标；③组织管理相关指标；④协同服务指标；⑤特别贡献指标），但不同企业可结合自身实情进行调整。

制定科学合理的考核规则，是组织绩效考核工作能否顺利推进和能否在企业发挥正向激励作用的关键，这也是本节讲述的重点内容。运营部门绩效管理人员要熟练掌握制定合理规则的技巧，了解规则制定的注意事项，确保考核规则的专业性和公正性。组织绩效考核成绩的评定，必须由组织绩效管理小组研究决定。考核规则和成绩评定一样，都必须最大限度地体现客观、公正和透明的原则，要得到员工的广泛认同，只有这样，组织绩效考核工作才能更好地服务于企业。

运营部门要掌握组织绩效后评估工作的要点，及时进行后评估工作，可以快速地弥补管理漏洞，有效提升企业管理水平。

阅读目标

1. 了解组织工作分析的重点内容；
2. 掌握制定组织绩效考核内容的维度和要求；
3. 熟练掌握如何制定科学合理的考核指标和规则；
4. 了解组织绩效考核成绩评定的注意事项；
5. 了解组织绩效后评估的重点内容。

第三节　组织绩效管理模块须达成的管理目标

组织绩效考核是企业最为重要的管理工具之一。通过组织绩效考核，可以提升员工技能，激发员工斗志，帮助企业更快地达成目标。组织绩效考核因其工作内涵丰富，在企业管理思想和要求的传达以及助力企业管理文化的建设方面，也有着无法替代的重要作用。

组织绩效考核也是运营部门的重要管理抓手，运营部门要充分利用好这个管理抓手，实现管理目标。

一、建立起企业完善的组织绩效考核体系

组织绩效考核是一个体系，从考核指标分解下达，到考核规则制定，再到绩效考核和绩效应用，最后到绩效后评估，这些工作相互关联、相互影响

又相互促进。特别是组织绩效考核结果的应用，除了对组织应用外，还和组织的个人绩效有着密切的关系。组织绩效考核也关系到企业的每一位员工的切身利益。由此可见，建立一套科学、完善的组织绩效考核体系对企业的重要性。

运营部门要增长见识、博采众长，及时掌握和了解目前行业的先进考核理念和办法，并结合企业特点，建立起符合企业特征的考核体系。这是运营管理工作中的一项重要任务。组织绩效考核体系，是保障并促进企业内部管理机制有序运转、实现企业各项经营管理目标不可或缺的保障机制。

二、了解队伍，识别人才，做到人尽其才

通过组织绩效考核工作，可以更准确地了解企业和各部门各板块管理现状，是让企业做到“知己”的重要途径。

同时，因为组织绩效考核是针对组织（部门）的考核，其结果也较为真实地反映了组织（部门）负责人的管理水平。这是企业在中高层管理人才的识别、培养、激励和调整优化方面的重要依据。

企业在人才梯队建设过程中，也要以组织绩效考核的成绩作为管理人才晋升的重要参考，为优秀管理者制定培养和成长规划，让优秀人才脱颖而出。这种对先进的尊重和对人才的选拔，会产生良好的示范效应，可以让企业的人才梯队建设充满生机，让企业的发展充满活力。

三、调动团队积极性，促进企业目标的达成

组织绩效考核，会对企业业绩的提升起到良好的促进作用。科学且专业的考核，会有效地提高团队的工作主动性。其客观公平的考核结果，能让优秀团队赢得利益的同时，还赢得更广泛的认可和尊重。这对于优秀团队工作积极性的提高，会产生巨大的推动力。

对于成绩欠佳的团队，组织绩效考核也能将压力有效传递到位。同时，运营部门要和团队一起，针对存在的问题制定整改方案。协调调动企业资源帮助

后进部门实现业绩提升。这会大大提升后进团队争先的动力。

在企业，考核如能实现“强者受尊重、弱者受鞭策”的目的，形成“你追我赶”的工作风气，这个企业也一定具备强大的发展动力。

四、让组织绩效考核实现管理价值最大化

本书第四章“计划管理模块”内容中，提到了管理价值最大化的概念，即：对某项管理工作的管理效应扩大化，既做到对主要对象的专项管理目的，又在管理的其他方面发挥作用。关于这个观点，本书中会多次提及。**发掘管理的外延价值，可以让管理工作起到事半功倍的作用**，这也是笔者多年管理实践中的一个重要体会。

很多单项管理所发挥的作用，实际上远远未达到管理的全部目的。所以，运营管理人员需要建立起管理价值最大化的概念，充分挖掘管理价值潜力，实现管理效应的最佳，也就是让管理价值实现最大化。

组织绩效考核工作涉及面广，关系到员工切身利益，是运营推行管理工作的重要工具。面对这类影响面广的工作，一定要对其管理过程进行细致的分析，将该项工作的相关事项和影响范围梳理清晰，并对工作的开展做好规划，力求实现管理价值延伸。

在组织绩效考核工作上，除了对绩效考核本身，还有哪些管理价值可以挖掘呢?

（一）形成重视绩效的风气

运营管理部门要和人力资源部门密切互动，将组织绩效考核和个人绩效考核充分结合，让组织绩效和个人绩效密切相关，形成人人重视组织绩效的风气。

（二）传递压力，形成自我激励的工作文化

利用月度 / 季度运营会议，对组织绩效考评结果进行通报和排名，鼓励先进、鞭策落后。让各部门定期感受到考核的要求和压力，增强团队荣辱意识，

在企业形成自我激励，自发努力的工作文化。

（三）定期兑现奖惩，持续强化执行力

将组织绩效和薪酬制度结合，并在季度（甚至月度）进行兑现。让部门和员工定期切身感受到奖罚的影响，对任务目标始终保持警觉性和战斗力，强化企业执行力文化的建设。

（四）强化一把手的引领作用

将组织绩效考核的成绩和组织负责人的个人考核成绩进行强关联，也可以直接将该成绩确定为组织主要负责人的个人考核成绩。以增强管理层对组织绩效的重视程度，发挥管理的一把手作用，形成企业的“狼头效应”。

（五）建立高效沟通渠道，打造高效沟通文化

重视组织绩效考核的沟通，强化组织的管理沟通，带动建立企业的高效沟通文化。

（六）打造规范化、人性化企业文化

绩效考核的原则性和灵活性的结合，应在管理过程中进行宣传并适度放大效应，以带动企业建立规范化和人性化结合的管理文化。让员工在接受严格管理和考核的同时，也能体会到人性化的一面，会增强员工对企业的认同感和归属感。

（七）形成工作闭环的工作习惯

组织绩效考核应完善后评估工作，将工作形成闭环。运营在组织绩效考核中的后评估工作，会带动各部门对考核中暴露的不足问题进行整改闭合。这将有助于企业形成做事有始有终的闭环管理作风。

（八）运营要发挥管理表率作用

“上行下效”是一种基于人性特征的社会现象。通常，层级越高其行为的

影响力就越大。运营部门是企业管理第一部门，其形象一定程度上代表了企业形象，运营部门的工作作风对企业的其他部门也会造成直接的影响。所以，运营部门要强化学习和认知，提升管理格局和高度，做好企业的管理表率。特别是在面对组织绩效考核这类重要工作方面，运营部门更加要充分利用好管理过程，规范自身的行为，树立典范，影响和带动更多的企业成员共同进步，让管理发挥更大的价值。

第六章
会议管理模块

- 当我们看到企业的员工不是在忙着开会就是在忙着准备开会的时候，说明企业的管理已经出现了问题。
- 在企业中，会议是最为有效的群体沟通方式。

会议管理模块的思维导图如图 6-1 所示。

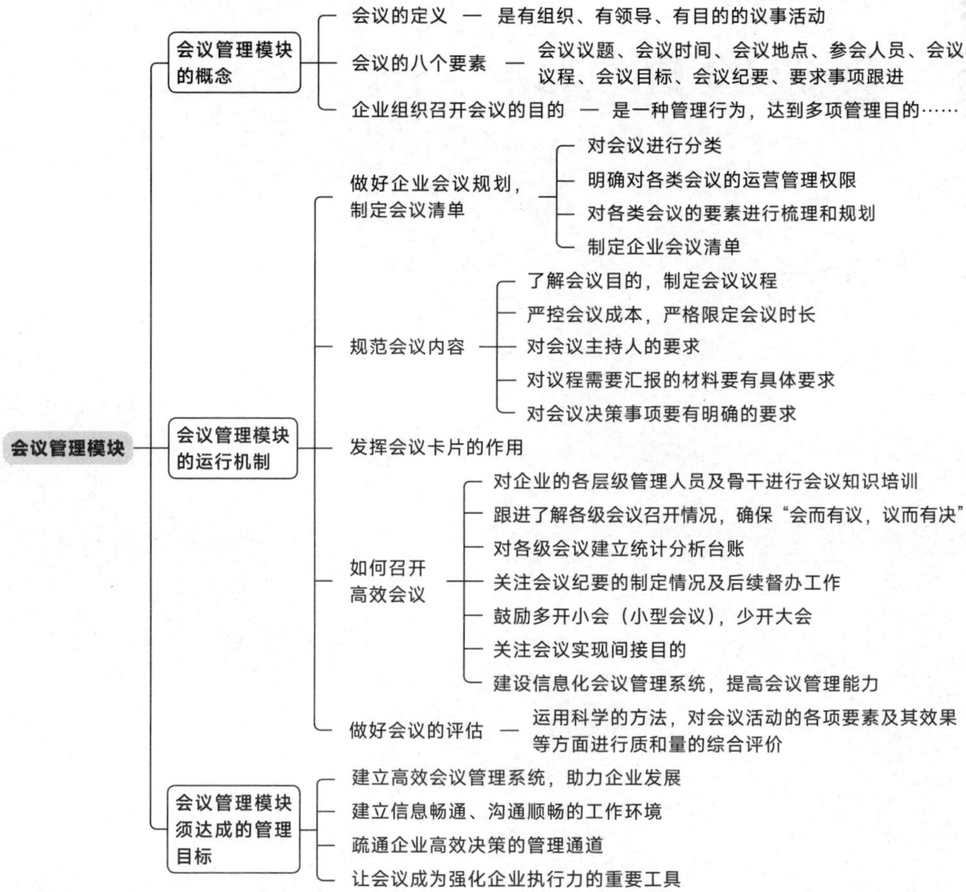

图 6-1　会议管理模块的思维导图

第一节　会议管理模块的概念

会议：是有组织、有领导、有目的的议事活动。它是在限定的时间和地点，按照一定的程序进行的。会议的主要内涵包括议论、决策和实施。因此，会议必须做到会而有议、议而有决、决而有行、行而有果，否则就是闲谈或议论，不能称为会议。

会议的八个要素：会议的要素主要包括**会议议题、会议时间、会议地点、参会人员、会议议程、会议目标、会议纪要、要求事项跟进**等八个。

会议的闭环管理：会前有规划、会中有控制、会后有跟进。

企业组织召开会议的目的：企业组织召开会议，是一种管理行为，企业通过会议这种管理行为达到以下一项或多项目的：

- 统一思想；
- 信息沟通；
- 做出决策；
- 了解情况；
- 集思广益；
- 强化领导力；
- 解决问题；
- 强化执行力；
- 下达指令；
- 培训、激励。

任何企业都需要开会，也经常在开会。但我们是否了解会议？是否做到了对会议的有效管理？我们召开的会议是否达到了预期目的呢？事实上，如果没有真正地理解会议的要素和目的，我们甚至都无法判断自己到底是在开会还是在闲谈。所以，在开始本章的内容前，读者朋友一定要对上述会议的相关概念进行认真的理解。

会议是企业最为常见的管理活动之一。不同的企业，有不同的会议系统，也有其不同的会议风格。有些企业会议管理高效务实，是企业管理的有力保障手段；而有些企业的会议却拖沓空洞，反而成了制约企业效率的因素。其中的问题到底出在了哪里呢？

会议管理不是简单地管理好开会过程那么简单，它是一个系统。这个系统的建立，直接关系到会议质量的高低，也影响着企业的整体工效。运营部门作为企业的主要职能管理部门，要担负起建立企业高效会议的管理系统之重任，这将会对企业产生重大且积极的影响。企业会议管理因其系统性和重要性，要求运营部门要有组织、有计划地开展这项工作。

第二节　会议管理模块的运行机制

企业的会议管理是一个系统，从对会议的规划，到对会议内容的规范，再到制定会议卡片以及强化会议的过程管理，直至最后对会议的后评估。这个系统中的每一个步骤，都需要会议管理部门进行认真的分析研究，制定出符合企业特征和要求的会议管理制度，让会议这一重要管理行为能真正地服务于企业。

一、做好企业会议规划，制定会议清单

（一）对会议进行分类

企业会议的类别非常多，按照不同的主题进行细分可能会有数十种，比如年度会、月度会、周会、高管会、中管会、部门会再加上计划会、绩效会和其他各种名目的不同业务会议等。这林林总总的会议，如果不进行梳理归类，是无法有效进行管理的。那么，该如何科学地对会议进行分类呢?

按会议的重要性，企业会议通常可分为 1、2、3、4 类会议

- 1 类会议：企业层级的管理会议、决策会议、重要的经营会议、重要的业务汇报决策会议等；
- 2 类会议：需高管参加的或跨部门召集的重要专项会议；
- 3 类会议：部门层级的业务会议，周、月度、季度工作会议；无须高管参加的跨部门召集的专项会议；
- 4 类会议：日常临时会议、一般业务会议、专项会议、培训会议等。

如果按照会议内容分，会议可以再分为管理类会议和业务类会议两类。涉及企业职能管理方面的会议是管理类会议，以业务和技术为主要内容的会议为业务会议。

了解会议分类工作，有助于运营部门更清晰地了解企业的会议构成，便于后期更好地开展会议管理工作。

（二）明确对各类会议的运营管理权限

1 类会议及 2 类会议，均属于企业的重要会议，通常有多部门参加，并有企业主要领导或高管参加。通常情况下，此两类会议都需要运营部门进行直接管理。

1 类会议，运营部门必须要全程参与，并要负责督办或制定会议纪要，对会议纪要要求的事项进行跟踪落实。部分 1 类会议，运营部门要负责牵头组织召开。

2 类会议，可以由相关主管部门牵头组织，但运营部门也需要重点参与，并跟进会议决议的执行情况。

3 类会议，是企业的次重要会议，需要运营部门进行跟进管理。3 类会议，可由相关主管部门自行组织召开，但运营部门可以采用不定期参会或基层访谈等形式，对 3 类会议的组织和内容进行必要的了解和跟进，如发现会议组织混乱、会议质量差、会议事项跟进不到位等情况，要进行管理干预并提出整改要求。

4 类会议以部门类会议为主，由各部门自行管理，需要在运营部门制定的会议管理制度框架内组织开展。此类会议，运营部门不必直接关注，但需要对会议是否符合企业会议管理制度的要求进行抽查和纠偏。

（三）对各类会议的要素进行梳理和规划

运营部门要结合会议的八个要素，对各要素的内容进行完善，特别是对**会议议题、参会人员、会议议程、会议目标**这四个内容，一定要做到认真分析并记录：

1. 会议议题：要保障会议议题清晰明了

做到会议议题表达精准，一看到就能了解会议的主旨内容。议题内容没必要太过精简，关键是不要给参会者造成理解障碍。

2. 参会人员：参会人员要精干合理

有些企业的会议组织混乱，参会人员缺乏管理，经常表现在：

- 有的参会者和会议几乎没任何关系，也被邀请参加；
- 有的会议只和参会者有几分钟的关系，却被迫来听会一两个小时；

- 有的会议该来的负责人不来，随便派下面的人替代参会，导致会议无法进行有效沟通和决策；

……

参会人员管理不当，会导致企业会议质量降低和会议成本的浪费。运营部门要对各类会议参会人员进行严格限定，指定参会人员，并对参会人数总量进行量化控制。

3. 会议议程

会议议程关系到会议如何组织召开。我们将在本章第二节“二、规范会议内容”中进行重点讲述。

4. 会议目标

会议的目的要清晰，目标要明确。一个会议，召开的目的到底是什么？要达到什么目标？都要事先进行明确。有些会议，会议结束了都不知道这个会是要干什么，会前既没目的也没目标；会中既没问题也没建议；会后既没结论也没决策。开完会大家都是一头雾水，不知开这类会的必要性。会议管理要杜绝这类情况的发生，对于召开会议目的不明确目标也不清晰的会，主管部门就不允许列入会议清单，并拒绝进行排会。

对会议的要素进行梳理，会更进一步加深运营部门对会议的理解，对未来制定高效的会议管理系统打好基础。

（四）制定企业会议清单

企业要召开的会议很多，不同的层级、不同的部门，有哪些会议要召开、在什么时候召开、前置条件又是什么……为了能规范地将这些会议信息进行管理，企业需要制定会议清单。这项工作需要在运营部门的统筹下，由各部门组织实施。

通常，各部门层级的会议上升到企业层级的会议（1 类会议），后期可并入运营部门会议清单中由运营部门负责统一安排。其他部门层级的会议，由各部门依据各自实际情况自行制定会议清单。会议清单制定完成后，报运营部门统一汇总整理，并报至管理领导审核发布。

部门会议清单的制定，可参考以下框架内容制定：

1. 企业级别的会议（1 类会议）

部门的重要会议、需要企业领导或高管参加或需要多部门参与的管理类、经营类或业务类会议，要依据会议分类制定出会议清单。

2. 部门级别的会议

依据部门的实际，对部门级别的各类会议进行统计，按照会议分类制定出会议清单。

3. 明确要素

会议清单中，要明确各会议的主办部门、会议目的、会议输入材料和会议决策成果等。

案　例

表 6-1 为某地产公司运营管理中心的会议清单，供大家参考。

其他中心（部门）可以参照以上示例，制定各自部门的会议清单。

运营部门要对各部门制定的会议清单进行审核，完善要素内容不清晰或不健全的会议，剔除内容重复的会议，增补遗漏的会议。会议清单要保障企业会议系统的完整和精练，运营部门对会议清单的制定和完善过程，也是对企业各类会议的规划过程。

严格地说，企业召开的会议要以会议清单为依据，尽量减少超出清单要求以外会议的召开。有些企业的“突击会”（没有规划说开就开的会）众多，就是会议缺乏会议规划、缺乏会议管理造成的。

二、规范会议内容

会议到底应该如何开？不同的会议又有什么样的差别？会议时长该如何控

表 6-1　某房地产开发企业运营管理中心会议清单

会议类型	会议名称	会议类别	主办部门	会议目的	会议输入材料	会议输出成果关键决策成果 / 会议成果
企业级别会议	项目投资决策评审会	1 类	投资拓展中心	提升集团对于房地产项目拿地阶段投资决策的规范性和高效性，提高资金运作效益，保障企业运营安全	《项目投资分析报告》	《项目决策报告》
	项目启动计划会	1 类	运营管理中心	树立项目工作启动的标识，明确项目启动后的项目各项前期工作计划，为项目启动会的召开做明确的工作部署	《项目前期各部门工作计划》	《项目启动计划》《责任状》
	项目定位报告评审会	1 类	营销管理中心	旨在通过对产品定位工作的启动、执行、审批流程的规范，实现项目产品定位的标准化运作	《项目市场调研报告》《项目整体定位报告》	《项目整体定位报告》
	项目设计方案成果评审会（中期、终审）	1 类	设计研发中心	为规范公司项目设计成果审核管理，保证设计图纸质量，从源头保证设计质量、进度、成本的有效控制，确保设计管理精准、实用、高效，提升工作效率	《中期 / 终审方案设计成果》	《方案设计成果》
	项目物业发展建议评审会	1 类	营销管理中心	决策确定项目整体形象定位、物业价值体系构建、硬件标准、公共区域、园林、精装、物管等物业发展建议，为相关设计工作、成本测算提供依据。 确定两点一线设置方案，用于指导售楼处、样板房、看楼通道等展示区域相关工作	《项目市场调研报告（物业发展方面）》《项目物业发展建议》《展示区方案报告》	《项目物业发展建议》《展示区决策方案》
	项目目标成本评审会（方案 / 施工图阶段）	1 类	成本管理中心	合理编制项目目标成本，建立先进合理的成本管理控制体系，以对项目全过程成本进行监控、管理，提升产品竞争力，实现经济收益最大化	《项目目标成本分析报告》	《项目目标成本》

续表

会议类型	会议名称	会议类别	主办部门	会议目的	会议输入材料	会议输出成果关键决策成果 / 会议成果
企业级别会议	项目合约规划评审会	1 类	成本管理中心	明确项目合约框架所包含的内容及各合同之间的主要管理原则，规范项目合约框架的实施，保证总部各项目在合约框架管理上的规范性和严谨性，实现在项目全过程对所有合同系统、严谨、有效的监控与管理	《项目合约规划情况报告》	《项目合约规划》
	项目启动会	1 类	运营管理中心 / 项目公司	使公司形成明确的项目经营指标成功标尺，使城市公司、集团各中心和各单位形成一致的共同目标	《项目经营决策审议报告》	《项目经营决策文件》
	项目后评估会	1 类	运营管理中心	客观、全面地评价项目开发情况；总结经验、教训，实现持续改进	《各公司、中心项目后评估报告》	《项目整体后评估报告》
运营管理中心部门级别会议	月度 / 季度运营会	1 类	运营管理中心	通报公司月度 / 季度经营管理情况，传达公司领导专项部署，宣贯重要制度，通报重大事项等	《月度 / 季度运营报告》	《月度 / 季度运营报告》《会议交办事项督办表》
	半年度 / 年度工作总结会	1 类	总裁办 / 运营管理中心	通报公司半年度 / 年度经营管理情况，总结过去半年 / 一年工作情况，对下半年 / 明年工作进行展望，传达公司管理要求，明确重点工作	《半年度 / 年度工作报告》	《半年度 / 年度工作报告》
	总裁办公会	2 类	总裁办 / 运营管理中心	进一步提高工作效率，确保各中心高效运转，做到各项工作有计划、有部署、有落实，及时、有效决策和解决工作中存在的问题，努力开创各项工作新局面	各部门工作周报（月报），重点事项上报表	《会议纪要》《会议交办事项督办表》

续表

会议类型	会议名称	会议类别	主办部门	会议目的	会议输入材料	会议输出成果关键决策成果/会议成果
运营管理中心部门级别会议	中心总业务办公会	3类	运营管理中心	充分发挥中高管的管理作用，及时了解各部门工作动态，高效决策和解决工作中存在的业务问题	各业务部门重点工作计划，重要事项、问题事项清单	《会议纪要》《会议交办事项督办表》
	运营中心周例会	3类	运营管理中心	了解部门日常工作，解决工作存在的问题，安排重点工作，传达公司、领导工作要求	《员工个人台账》	《会议纪要》《会议交办事项督办表》
	专项协调/评审会	3类	运营管理中心/相关部门	对于工作中出现的需要进行专项协调的工作或需要组织进行评审的事项，进行协调或出具评审结果	《会议事项报告》	《会议纪要》《会议交办事项督办表》

制？……这些都是影响会议质量的关键要素，也是会议召开前必须进行规范的内容。

会议议程是会议的内容和需要遵循的程序，是会议各要素中最为重要的一项内容，也是决定会议质量的关键因素。运营在规范会议内容上，需要重点对**会议议程**进行分析和明确。

（一）了解不同类型的会议目的，制定有针对性的会议议程

需要说明的一个重点是：任何会议的目的其实都包含**直接目的和间接目的**两种。一个会议如果能将两种目的都达到，那么这个会议才是一个真正完整的、成功的会议。

会议的种类繁多，目的也各不相同。规范会议内容，就要在了解会议目的的基础上，制定相对应的会议议程。为了更好地帮助读者理解，我们通过“某部门周例会”这个具体案例，来对如何制定会议议程进行分析。

案 例

某部门周例会议程制定：

（1）对部门周例会的会议目的进行分析。

直接目的：工作了解、任务安排、重点事项督办、难点问题解决、工作点评、工作要求、培训学习；

间接目的：统一思想、传递压力、强化团队执行力。

（2）根据会议目的，梳理达到目的需要的前置条件（会议输入材料）。

- 工作了解：需要员工结合《员工周工作台账》（包括上周重点工作完成情况和下周工作计划、重点工作、难点问题等）进行汇报，如有特别事项，需要会前单独制定《汇报材料》；
- 重点事项督办：结合《员工周工作台账》和《会议重点事项跟进表》，对重点事项或交办事项完成情况进行跟进，确保工作闭环；
- 难点问题解决：员工应在其《员工周工作台账》提出难点问题，并

提出需求支持；

- 培训学习：会前制定培训学习材料，通过会议交流学习；
- 任务安排、工作点评和工作要求：来自于主持人（部门负责人）的会议准备；
- 统一思想、传递压力、强化团队执行力：来自于主持人（部门负责人）的会议准备（重点来自于主持人的工作点评和工作要求环节）。

通过以上分析，我们可以得出以下结论：

第一，会议的前置条件（输入材料）主要有两类：

①文本类材料：工作台账，会议重点事项跟进表、学习培训材料等；

②会议主持人的会议准备材料；

第二，会议前置条件的准备情况，一定程度上决定了会议的质量。

（3）制定会议议程。

会议议程，一定是针对会议目的来制定的。

根据上述分析，我们了解了会议的目的，就可以比较轻松地制定出会议的议程，部门周例会议程如下：

议程 1：指定人员对《会议重点事项跟进表》中各事项的完成情况进行通报，部门负责人进行点评，责任人回复（限时 10 分钟）；要点：负责人要对跟进中提出的问题进行回复，对未完成情况要重点点评，责令限期完成。

议程 2：员工结合《员工周工作台账》对上周工作进行小结，下周工作进行汇报，相关负责人进行点评，（原则上每人不超过 5 分钟）总时长控制在 30~40 分钟；要点：员工汇报要依据台账，但不能照本宣科，要说重点工作、说问题事项，要严格限制时间。相关负责人对其工作事先要了解，点评要准确并能对其工作提出指导意见。

议程 3：特殊事项结合《汇报材料》进行汇报，部门负责人做回复或决策（限时 10 分钟）；要点：部门负责人点评要具体，该决策的要决策或提出具体指导意见。

议程 4：结合培训学习材料，进行交流学习（限时 15 分钟）；要点：结合部门工作重点或工作短板进行专题培训学习、经验交流或案例分享，时间不宜长，日积月累达到成长提升的目的。

议程 5：主持人（部门负责人）对整体工作进行点评，对下阶段工作进行安排并提出工作要求（限时 15 分钟）；要点：工作点评要严肃，对未达到要求的工作人员要有警示，对工作出色的也要有表扬，对工作存在的问题要提出具体解决方案；工作安排要清晰具体，不能让员工猜测；工作要求要明确，要严格，不断强化团队意识和执行力。

上述示例，较为全面清晰地展现了如何制定一个规范的会议议程。议程制定得好，材料准备充分，会议的质量一定也会相应提高。所以，规范会议内容的首要工作，就是制定流程清晰、内容翔实的会议议程。

（二）严控会议成本，严格限定会议时长

通常，我们更多的只是参加会议，很少人会真正关注和了解会议的成本。会议是企业的经营管理活动，会议的成本也是企业的管理成本。包含以下几项：

1. 会议准备成本

这是会议成本中不可忽视的部分。一个会议召开前，有多少员工、花费了多少时间、使用了多少资源来进行准备，如果对这项成本进行认真统计，可能将是一个庞大的数字。

2. 会议召开的时间成本

日本一家公司发明了一个公式计算会议的成本：会议成本 $=2S \times Q \times T$。

其中：S 代表职工每小时平均工资的三倍（因为职工劳动产值一般比工资高出三倍左右）；Q 代表参加会议的职工人数；T 代表开会时间（以小时为单位）。

案 例

假设一家企业召开一个设计汇报会，一共15人参加（包括设计、销售、成本、生产等），员工平均月薪10000元（按一个月22个工作日，8小时工作，则时薪为56.8元），会议时间2小时，则此次会议的时间成本=2×56.8×3×15×2=10224（元）。

3. 或有（潜在）损失成本

准备会议的人员和参加会议的员工，在这期间因影响正常工作导致的或有损失。

上述会议成本的统计有了结果，企业每年召开的会议成本也就一目了然了。对于那些对会议缺乏管理、会议繁多且冗长的企业，相信这个统计数字一定会让人感到意外和惊讶。

我们鼓励企业要对会议成本进行统计，并告知每一位会议组织者，让他们知道如果会议质量差达不到目的，企业的浪费有多大！企业一定要有控制会议成本的意识，而方法只有一个：**开必要的会，开高效的会。**

每个会议都应限定会议时长，通过上述“部门周例会”的示例我们可以看到，会议可以通过对每个议程的时间控制，来确保会议总时长可控；通常，会议原则上不宜超过1.5小时。能短则短，达到目的即可。会议太长，除了大家疲倦甚至产生抵触情绪外，最重要的是浪费严重，这是企业典型的无效成本。

同时，会议要做到“会而有议”是没错的，这也是实现会议集思广益目标的主要手段。但对“议”也要区别对待，对不同会议中“议”的必要性进行分析，并不是一定要“凡会必议”。如果是技术类的讨论会，参会者该发言的一定要发言，该讨论的一定要讨论；如果是管理类的会议，主要领导也可直接发言做要求，其他参会人的发言如没有特别的意义就无须要求。

我们有时候考虑到参会领导的面子，本来没必要也要请他们轮流讲话，经常就会导致出现没有准备的蜻蜓点水式的发言，或者和会议主题关联不大的发言，或者是冗长而空洞的发言，这种“形式主义”的发言对会议的负面影响就远大于其价值。对于会议来说，时间就是金钱，没必要的浪费不应出现。

（三）对会议主持人的要求

会议主持人是决定会议质量的另一个重要因素。我们经常抱怨会议开得不好，抱怨会议时间过长、会而不议、议而不决等，通常造成这种局面和会议主持人未能很好履责有很大关系。那么对会议主持人应该有什么要求呢?

1. 会议主持人不应是一个宣读议程的普通工作人员

会议主持人一定要和会议级别匹配。重要 1 类会议原则要求分管领导做主持人，2 类会议要求部门负责人做主持人等。不允许随意指定下属人员作为主持人。

2. 会议主持人要对会议做充分的准备

如部门会议前，主持人要对部门员工工作有基本了解，对重要事项心中有数，对重难点工作要提前制定解决方案，对下一步工作要制定计划，对实现间接管理目的方面要准备案例等。

3. 会议主持人要善于在会议中发现问题并提出解决问题思路，要做到勇于表扬、敢于批评

4. 会议主持人要有点评和总结

主持人对每一个议程要有点评和小结，会议结束前要有总结。

5. 会议主持人要发挥控制会议时间的作用

对于超过议程限定时间的发言或偏离会议主题的发言，要敢于喊停，不能任由其发挥。当然，因会议的不同，对会议主持人的要求会有所不同，但以上所述是基本要求。我们在以往的会议中，可能遇到会议主持人事先不做任何准备，对情况、问题不了解来了就现场随意发挥的情况；也会遇到会议和风细雨，没达到任何效果和目的的情况；还会经历没有时间控制，动不动就开成

“长征会”的情况……其中很重要的一个因素就是会议主持人没有尽到责任。

所以，对会议主持人进行专业的会议组织培训，是企业管理中的一项必要的工作。

（四）对议程需要汇报的材料要有具体要求

列入企业会议清单中的会议，应该对各个会议中要求汇报的材料文件进行要求。会议召开的材料文件质量，是决定会议质量的重要因素之一。各类材料需要什么样的格式、内容达到什么标准、上会前是否完成必要的沟通和审核等，都要有明确的要求。有些会议，召开过程中才发现材料未经审核，内容不满足会议要求，造成很多时间浪费。

对会议材料的规范，要和各部门进行沟通分析，并在会议卡片中做明确要求。

这里面有几个要点：

1. 文件格式、主要目录和表达内容要有标准范本

2. 汇报材料要简洁，要注重汇报的重点

对汇报材料的内容质量要有要求。有些会议的汇报材料内容拖沓冗长，很多信息不经加工就进行汇报，很多可讲可不讲的内容占据了大量篇幅，也占用了大量宝贵的会议时间。

汇报材料要力求精练，同时要根据会议的类别进行针对性的优化调整。如果是基层会议，内容可以相对全面翔实。如果是高层级的决策会议，就要删减一些细枝末节的内容，做到**说重点、讲问题。**

在企业会议的管理中，对汇报材料的管理也是一个重点内容。运营部门要对如何组织会议材料进行培训和宣导，以逐步提高企业汇报材料的制作水平。

3. 汇报材料须事先完成必要的沟通和审核

有些会议的汇报材料，事先没经过审核，也没经过和相关部门的沟通，基层员工做好了文件就匆匆带上会。造成信息的不对称，也给会议的顺利推进埋下了隐患。如果是需要决策的会议，低质量的汇报材料也会给决策者造成很大的困扰，甚至导致无法决策的情况。还有些会议材料，部门分管领导也没审

阅，就直接给总裁或董事长汇报甚至要求决策，这也是非常不严肃的。

会议汇报材料的准备是个学问，也是一项需要管理者投入精力去面对的重要工作，但很多管理者往往会忽视这项工作，这也直接导致了企业的会议质量不尽如人意。

会议材料的准备一定要注意：该沟通的一定要事先沟通清楚、该汇报的一定要汇报完毕、该精简的一定要精简下去、该审核的一定要审核完成。剩下的重点和问题用来上会，简洁高效也益于决策。

案 例

笔者在万达集团任职总经理期间，有幸在集团月度大会上进行过工作经验分享。那次会议的材料准备让我印象极为深刻。

- 得到集团要求做汇报的指令距离会议召开只剩 7 天时间，我们立刻组织人手进行汇报材料的制作，利用三天时间制定完成初稿；
- 提前四天我带队到集团和集团的计划（运营）管理中心，将初稿分别对中心负责人、总经理和分管总裁助理做了三次汇报，结合意见再次多轮修改；
- 提前两天，对分管副总裁汇报，根据副总裁意见进行修改；
- 提前一天和地产集团总裁汇报，再根据总裁意见进行调整最终定稿。

每次汇报都非常正式，气氛都非常严肃紧张，每次集团领导的聆听也非常认真，提了很多很细致的问题和要求。我和汇报材料的修订人员几乎连续几天工作到凌晨。

最后，我终于带着材料在近千人的集团管理团队和集团总裁面前进行了汇报，不出意料地取得了非常好的反响，并得到了集团总裁的高度肯定。取得这个效果，又有谁知道背后凝聚了多少人的心血付出！

万达对一个上会材料的重视，可以说已经到了无以复加的程度。事实上这也只是万达整体工作状态的冰山一角，万达人的责任心和执行力也由此可见一斑。直到今天，我依然认为万达的职业化管理水平和团队执行能力，是行业翘楚无人能及。

我至今珍藏着这份汇报材料，我觉得它是一份荣誉，也是一份对万达精神的缅怀。

对会议汇报材料的重视，既是对会议的敬畏，也是对参会领导的尊重，更是对与会者的重视。但它最根源反映出来的，还是企业员工的责任心。

4. 汇报材料要控制好时长

汇报材料要进行事先演练，对汇报时长要做到心中有数。通常我们可以按照一个 P（页）1 分钟来估算汇报时长，但依据汇报材料的不同，这个时间可能存在误差。这就需要汇报人在会前进行演练。控制语速、精简内容，确保汇报在规定时间完成。

会议过程中，主持人也要时刻关注汇报情况，如出现汇报过分发散、超时的情况，要及时予以提醒。

（五）对会议决策事项要有明确的要求

很多会议都会要求对事项做出决策。待决策的事项往往也是重大问题，决策与否对后续工作会产生较大影响。对于有决策需求的会议，原则上要求参会领导必须进行决策，避免“议而不决”情况的发生。

有些领导或因专业度不够或因怕担责任，即使遇到在自己权限范围内的问题也不决策、不拍板；有的领导缺乏主见，听了张三有想法又听李四有道理，犹犹豫豫不做决策；当然也有些是决策的先决条件不足，无法做出判断……不管是哪种情况，实际上都属于会议的**议而不决**，这种情况会造成工作拖延、效率低下。

有些事不停在原地打转，大家漫无目的地忙碌，其实背后原因往往就是决策不及时。

运营要高度关注企业决策类会议的决策效率问题：

- 要关注汇报内容是否支持决策（要保障汇报材料的质量，会前做好审核工作）；
- 要关注管理决策者的专业性是否足够（要针对决策事项进行跟踪，这也是评估管理者能力的重要途径）；
- 要关注企业领导者的决策力（要不断提示或引导领导者快速决策）；
- 要汇总并制定待决策事项台账，跟踪决策事项的销项封闭。

在会议中，议而不决的现象可能无法彻底杜绝，但绝对不能成为常态。否则，重要未决策事项累积越来越多，企业的整体效率也会越来越低。

三、发挥会议卡片的作用

会议卡片，是会议标准化的一种形式，是将会议要素用图表形式记录和固化下来以作为会议的指引。因每个会议都有一张对应的图表，故形象地称为会议卡片。会议卡片是规范会议的重要指引，所以其内容制定也非常重要。

本节前半部分我们讲到了运营部门需对会议进行分类、制定会议清单、制定会议规划等，上述工作完成后，会议卡片的主要内容就已经基本框定。

完整规范的会议卡片通常包含会议类别、名称等十项内容，我们分别对其内容进行简要说明如下：

- **会议类别：**标明会议类别，1 类会议、2 类会议……
- **会议名称：**会议名称内容要表述完整，不必为了简化导致表述不清晰。
- **会议目的或要求达成的目标：**要把召开会议的目的进行罗列，将会议须达成的目标表述清楚。让与会者明白会议为什么召开，会议将有什么样的结论。
- **召开会议的前置条件或会议输入材料：**要列出召开本次会议之前需要怎样的前置条件，会前需准备好怎样的材料。
- **会议召集部门、主持人及纪要编制主体：**明确会议由哪个部门负责召集；明确会议主持人，主持人的选择要注意层级匹配。比如：有董事长或高管参加的会议，主持人也应该是召集部门的分管高管，而不应是其下级人员；同时，还必须明确当次会议纪要的责任主体（要明确到部门及岗位人员）。

- **会议召开周期或召开时间：** 明确会议召开的周期或时间。
- **参会部门和人员：** 要对参会部门进行罗列，对参会部门的参会人员岗位也要进行认真遴选，确保只让有必要的人参会。对总人数要进行限定，保障会议人数适宜，不过于庞大。
- **会议议程：** 列出会议议程及每个议程的汇报主体及汇报时间。每个议程的时间应进行限定，让会议流程清晰、简洁、流畅，避免会议成为“长征会”。
- **会议决策事项：** 标明会议要进行决策的事项，决策事项要具体，决策内容要明确。
- **会议输出成果：** 会议输出的成果，主要是指会议纪要和其他会议决策文件。同时，为了让会议形成工作闭环，还要对会议交办事项制定会议事项跟踪表。

表 6-2 为某项目投资决策评审会的会议卡片，供读者参考：

案 例

表 6-2　项目投资决策评审会会议卡片

会议名称	项目投资决策评审会	会议类别	1 类会议
会议目的	投资决策委员会对上报项目进行评审，判断投资方向是否符合财务可行性要求及集团发展战略，投资时机是否恰当等，并提出项目投资决策意见		
会议召开前提条件	根据相关制度流程，**项目投资决策评审会召开前需完成以下工作成果，并在会前通过部门内部之间、部门与部门之间、总部与城市公司之间沟通确认，并向相关分管领导汇报：** 1. 项目立项后，投资拓展中心统筹相关职能中心编制项目投资分析报告，其中：设计部门出具项目强排方案；营销及相关持有型物业单位部门出具深度市场研究及项目初步定位、销售计划、持有型物业经营测算表；成本部门出具项目建造成本测算；工程部门出具工程节点预测及工程条件评估；财务部门出具《项目投资收益测算》和资金安排方案；等等。		

续表

会议名称	项目投资决策评审会	会议类别	1类会议
	2. 投资拓展中心汇总编制《项目投资可行性研究报告》，通过内部审核后形成上会稿		
召开时间	《项目投资可行性研究报告》会签完成后15天内		
召集部门/主持人	**主办/汇报/纪要部门：**投资拓展中心/**主持人：**投资拓展分管领导		
参会范围	**投资决策委员会：**由执行总裁以及计财、运营、投拓、成采、法务相关分管领导组成		
	参会集团中心/部门：运营管理中心、投资拓展中心、计划财务中心、成本采购中心、法律事务中心、营销策划中心负责人、参与项目拓展主要人员及指定人员		
	参会城市公司：1. 总部主导项目：城市公司经营班子；2. 城市公司主导项目：城市公司经营班子、开发拓展、计财、成采、法务、营销负责人，运营管理岗及指定人员		
上会资料	《项目投资决策评审报告》		
会议议程/会议时长	1. 由投资拓展中心汇报《项目投资决策评审报告》；(15分钟) 2. 由城市公司、参与项目前期研判的相关职能中心负责人对项目开发运营难点、瑕疵风险进行分析和说明；(15分钟) 3. 由投资决策委员会进行评审，并提出决策意见。(45分钟) **会议时长：**75分钟		
会议成果	**1.《会议纪要》；** **2.《项目投资决策评审报告》；** **3.《项目投资决策评审意见表》**		
成果应用	**1. 投资拓展中心依据会议纪要修订《项目投资决策评审报告》；** **2. 投资决策委员会会签《项目投资决策评审意见表》上报审批；** **3. 审批通过后，作为项目启动基础依据**		
备注	1. 本会议指引适用于各类房地产新项目投资决策评审，包括招拍挂类、收购类、合作类和旧改类项目。 **2. 参考制度：**《项目投资决策评审制度》		

完整的会议卡片是实现会议标准化的重要方法。它可以让会议内容完整清晰，让组织者清楚自己的准备工作，让参会者清晰参会目的，也让决策者清楚自己的决策事项。同时，会议议程也可以对会议时长进行有效控制。运营部门要重视会议卡片的制作，并将其应用于会议管理中。

当然，除了常规会议，企业还定期或不定期召开一些大型会议，比如年度总结大会、大型招商会议、观摩会议等。对这一类会议，会议卡片就很难满足要求，需要有针对性地制定“会议手册”。对于大型会议，“会议手册”的制定是非常必要的，笔者曾在济南成功组织过约400人参加的“万达中区优秀质量项目观摩会议”，其中，“会议手册”就发挥了重要的指导作用。因这类会议较为少见，本处就不展开阐述。但不论是会议卡片还是会议手册，其内容都是对会议进行指导和规范，作用是一致的，也是非常重要的。

同时，不论什么类型的会议，都需要实现会议的闭环管理，即**会前有规划，会中有控制，会后有跟进**。制定会议卡片的目的也在于此。

四、如何召开高效会议

企业的会议卡片原则上要做到对会议的全覆盖，不论是什么类型的会议，都需要事先制定会议卡片进行规范和约束。但会议卡片毕竟只是一个标准化的指导文件，其本身无法对会议的组织召开进行约束。关键要看会议的管理者和组织者如何去认识会议并具体落实会议要求，这也是召开高效会议的核心关键。运营部门是企业会议管理的责任主体，这部分工作需要运营部门牵头去组织落实。

（一）对企业的各层级管理人员及骨干进行会议知识培训

培训重点内容包括：

- 掌握会议组织方法、了解关键要素；
- 了解会议成本；
- 了解会议卡片的要求；

- 培训会议材料准备要求；
- 培训对会议主持人的要求。

培训是让企业管理层及骨干员工掌握会议召开技能，让主持人了解主持要求等，同时，培训可以让企业管理层在如何召开会议方面形成共识。

（二）跟进了解各级会议召开情况，确保“会而有议，议而有决”

对企业来说，会议太多一定不是好事。因为任何事项都是工作做出来的，不是开会开出来的，会议只是工作过程中的一个辅助的沟通决策手段。如果会议在工作时间中占比过高，整体工效反而会降低。所以，当我们看到企业的员工不是在忙着开会就是在忙着准备开会的时候，切不可为此“忙碌”的景象感到欣喜，实际上，这说明企业的管理已经出现了问题。

该开的会当然一定要开，但我们需要关注会议的召开质量。关注会议是否有必要召开、关注会议是否达到了目的，该决策的事项是否已经决策。运营部门要跟进了解各级会议的召开情况，特别是针对“会而有议，议而有决”方面，在以下几个方面，要做到实时、深入地了解：

- 会议要做到充分民主，是否在会议上进行过充分沟通和交流，充分征求意见；
- 是否存在“一言堂”、独断专行的决策情况；
- 是否存在专业能力不足不做决策、不解决问题的情况；
- 是否存在怕担责任导致的拖而不决的情况。

……

会议的决策能力往往取决于决策者的工作能力。如果决策能力弱，就要审视决策者的专业能力和管理能力是否存在不足。运营部门要跟踪收集企业会议决策事项的动态，对于经常出现决策问题的决策者，要将情况提报至企业高层知悉。必要时要采取岗位调整、人员更换等措施进行纠正。以避免对企业负面影响的进一步扩大。

（三）对各级会议建立统计分析台账

运营部门要建立《会议统计分析台账》。结合会议清单，对各级各类会议召开情况是否符合企业要求进行评价；比如是否按期召开、召开时长或是否存在一会多开情况等（有些本来该开一次就决策的会议，因为种种原因反复召开反复讨论，此种情况如果多发，必要时需要启动问责程序）；对存在问题的会议进行及时的跟进和纠偏处理。

该项工作，可以通过运营对接人负责统计，并上报运营管理中心进行分析。对于会议存在的问题，运营部门要及时进行函告纠偏。

（四）关注会议纪要的制定情况及后续督办工作

任何会议都需要有会议纪要，任何会议的交办事项也需要跟进落实。运营部门需要对会议纪要记录情况和会议事项跟进情况进行了解和监督，确保会议管理的闭环。部分跨部门或特别重要事项，则需要运营亲自督办。表 6-3 供参考。

案 例

表 6-3 会议事项督办表（参考）

<table>
<tr><td colspan="9">×× 会议事项督办表</td></tr>
<tr><td colspan="9">截至本周，跟进会议事项共 ×× 项。
其中：本周新增 ×× 项</td></tr>
<tr><td>序号</td><td>事项</td><td>责任部门</td><td>负责人</td><td>计划完成时间</td><td>预计 / 最终完成时间</td><td>完成情况</td><td>未完成原因</td><td>备注</td></tr>
<tr><td></td><td colspan="8">跟进工作事项（会上各部门、各位领导提出的事项）</td></tr>
<tr><td>1</td><td></td><td></td><td></td><td></td><td></td><td></td><td></td><td></td></tr>
<tr><td>2</td><td></td><td></td><td></td><td></td><td></td><td></td><td></td><td></td></tr>
<tr><td>……</td><td></td><td></td><td></td><td></td><td></td><td></td><td></td><td></td></tr>
</table>

（五）鼓励多开小会（小型会议），少开大会

企业如此多的会议种类，如果单凭会议清单很难做到全面覆盖。在会议清单外的会议，不是说不可以开，而是要尽量避免开大会。

或许很多读者都有这种感受，那就是开大会不办事，开小会办大事。特别是面对一些疑难问题，如果请来一批相关或不相关的高管或专家参会，你一言我一语各抒己见，谁都有三分道理反而很难做出决策。而且，这种会议又碍于很多因素，很难真正做到充分发表个人意见，也很难让与会者做出深度的思考和讨论。所以，类似大型会议，即使做出决策也未必是正确的决策。如果想高效决策，通过大会往往会适得其反，开小会更容易聚焦问题引发深入探讨，有时反而会更有效。

组织开小会也有其一定的技巧和规律，在组织开小会的过程中我们需要注意以下几点：

1. 单次会议人员不宜过多，可以分多次交流

对于疑难、复杂的问题，需要先进行线下的小范围、单线条的沟通（开小会）。比如，有时需要内部专业评议、有时需要听取下游部门意见、有时还要听取领导意见等，这种情况下，建议采用“单线条分多次沟通”的形式，以对问题做到更全面透彻的了解。

2. 开小会人员的职级要适宜

基础问题的讨论，非必要无须请高管参加。有需要协助或确实需要决策的事项，可以邀请高管参会。企业要授权给各级管理层，鼓励他们主动面对问题解决问题，而不仅仅只关注对高管的授权。高管如果事必躬亲，并不利于人才成长和干部培养。同时，还有一个现象也需要引起注意：职级不匹配的沟通有时也会让简单问题复杂化。

在日常工作中，部门与部门之间、部门内部，也经常需要召开小会来解决问题。开小会形式灵活，无须预定会议室也无须兴师动众，三五人在办公室的一角就可以进行。有时，利用工作餐的形式交流，同样可以解决很多重要问题。

案 例

某部门的一件并不复杂的工作事项迟迟没有完结，询问后才得知，在协调领导们的时间安排会议排期，工作事项需要会议决策后才能继续推进。其实这件工作只需要小范围讨论征求意见，开个小会很快可以解决，现在却因为协调领导时间和会议排期而迟迟无法做结论……

有时候，惯性思维和形式主义也会让简单事情变得复杂。企业应鼓励部门多召开小会讨论，在工作实际中，只有开好小会，提前做好沟通和准备，大会也才能开得更高效。

3. 小型会议也应纳入会议管理系统

现实当中，企业的很多线下沟通工作都是通过开小会的形式进行。这也不乏很多重要的工作事项。开小会的质量，在一定程度上也决定了企业日常工作沟通的质量。所以，企业不要忽视对小型会议质量的管理，要对其进行规范化引导，要将小会一并纳入企业的会议管理系统中。比如，要求注重会议的高效管理，要求制定会议纪要，要求对事项进行跟踪等。

（六）关注会议实现间接目的

我们在前面制定会议议程的案例中，讲到过会议的**间接目的**。通常，会议的直接目的比较清晰，而间接目的往往较为隐晦，但如果我们深入思考就会发现，会议间接目的的意义同样不容忽视。

我们之前也讲到过关于**管理价值最大化**的含义，会议管理当然也有其管理价值的延伸，这个延伸就是要通过会议实现更多的间接目的。**会议的间接目的通常包括以下内容：**

- 统一思想、统一目标；
- 传递压力、强化执行；
- 批评警示、建立权威；

- 人性关怀、加强凝聚；
- 树立榜样、鼓舞士气；

……

正常情况下，企业很难把一个会议的主题定义为统一思想会或压力传导会，但会议组织者需要对会议的间接目的建立认识，要有目的地通过对各类型会议的过程管理，实现更多的管理目标。这是会议的职能所在，也是管理的一种重要手段。

要达到这个目的，我们的会议组织者在会前要充分地做足功课，对工作上存在的问题、对拟引用的案例、拟表彰或批评的事项、对团队的要求等，要事先做好准备，再去召开会议，这样的会议才能更好地实现管理价值最大化。

（七）建设信息化会议管理系统，提高会议管理能力

大中型企业，要考虑制定企业自身的信息化会议管理系统。充分利用科技能力提升企业的会议管理水平。企业可以寻找专业的软件公司，也可以选择专业的会议管理系统服务商，根据企业的特点和需求定制开发。

一套优秀的信息化会议管理系统，可以为企业提供完善便捷的会议全周期的管理功能，实现企业会议的会前准备、会议组织、会中交互、会后落实等全过程的智能化管理，并可以进行自动统计和分析。信息化会议管理系统，能够帮助管理者高效完成相关工作，轻松实现对会议的管控和对每日的会议时间安排，提高员工们预约和使用的效率，同时可大幅降低会议成本。

五、做好会议的评估

会议评估：是指运用科学的方法，对会议活动的各项要素及其效果等方面进行质和量的综合评价活动。

会议管理是个系统工程，通过会议评估，可以让这项管理工作实现闭环。在前述章节，我们对会议系统做了比较细致的分析，大家也对会议的要素有了一定了解。企业的会议质量，也反映了企业的管理素质，高质量的会议会让企

业受益无穷。但如何才能更好地对会议质量进行判断，需要对以下会议要素进行评估：

- 会议目标是否明确；
- 参会人员是否适当；
- 会议汇报材料是否精练，是否经过事先审核；
- 会议的时长是否合理；
- 主持人是否称职地发挥了作用（控场、点评、总结等）；
- 会议沟通讨论是否充分，是否征求并尊重基层意见，还是少数领导“一言堂”；
- 会议是否解决了该解决的问题；
- 会议是否做了该做的决策，决策是否符合要求；
- 会议召开是否达到了会议目的；
- 会议是否有纪要和会议事项跟进措施；

……

会议评估的方法：对会议的评估可以通过现场参加会议、调查问卷的形式，也可以通过对员工的访谈进行了解。会议评估的实施时间根据颗粒度的不同，可以选择会议完成后或定期集中进行。

运营部门通过对各类会议的评估，可以及时发现会议存在的问题，也便于及时采取纠偏措施。这样的会议管理，可以让企业的会议越来越高效，企业的整体工效也会越来越高。

小结及阅读目标

小结

本节讲述了运营管理中关于会议模块的管理机制。企业的会议管理是个系统工作。想做好这项系统工作，首先要对企业的会议进行梳理和规划，并制定完善的会议清单。会议规划要明确会议的级别和管理主体，同时要对会议的各要素制定清晰的管理标准。

其次，要对会议的内容进行规范。规范的会议内容，需要有针对性地制定规范的会议议程。此外，对会议材料的要求要清晰具体，对会议主持人的过程主持要进行培训和要求。

会议很重要的一个目的就是“做出决策”。运营部门要对会议的决策情况进行管理，杜绝“议而不决”的会议。

会议卡片，是会议标准化的一种形式。会议卡片将会议要素记录和固化下来作为会议的指引，可以让企业的会议管理做到有章可循。运营部门要掌握召开高效会议的技能，做好会议管理培训工作，做好对会议的统计分析等管理工作，对会议存在的问题进行过程跟踪和及时纠偏，以保障企业会议高效进行。同时，要定期对会议进行后评估，不断提高企业会议管理水平。

阅读目标

1. 了解如何对会议进行分类，了解会议四个关键要素（会议议题、参会人员、会议议程、会议目标）的具体要求；
2. 学会如何制定企业会议清单；
3. 掌握规范会议内容的方法；
4. 学会如何制定会议卡片；
5. 掌握召开高效会议的技能；
6. 了解如何对会议进行后评估。

第三节　会议管理模块须达成的管理目标

一、建立高效会议管理系统，助力企业发展

会议管理系统是企业战略执行的重要保障工具，是解决经营执行问题和规

范决策行为的重要形式。优秀的企业，一定拥有一套高效的会议管理系统。高效的会议管理系统，还能促进企业形成“高效执行”的文化。

运营部门要高度重视企业会议管理，从对企业会议的规划开始，到制定会议清单；从规范会议内容，再到制定会议卡片；以及进行会议过程的管理和后期的会议评估，运营部门要在会议管理全流程中，完善各项管理制度和标准，建立起企业的会议管理系统。让会议成为管理者的得力工具，成为提升企业管理水平的有效手段。

二、建立信息畅通、沟通顺畅的工作环境

在企业中，会议是最为有效的群体沟通方式。良好的会议组织，可以让基层的专业意见充分得到尊重，也可以让集体智慧充分得以发挥。同时，会议也是企业最为重要的沟通形式。会议管理水平的高低，也决定了企业的沟通渠道是否顺畅。在企业的很多工作流程中，会议是“串”起各个流程节点的主要手段。可以说，对会议的有效管理，也是工作流程实施的有效保障。

运营部门通过建立高效的会议管理体系，要同步建立起企业各部门间的沟通机制，让企业的沟通渠道畅通，并形成良好的企业沟通氛围。

三、疏通企业高效决策的管理通道

一定意义上说，决策是否高效也决定了企业整体工作是否高效。有些工作的延误，往往不是员工不努力，也不是部门不配合，而是决策迟缓造成。建立高效会议系统的重要目标之一，就是要让决策的通道保持顺畅，让决策的事项有记录并有跟进。

部分待决策事项，可能会对后期整体的工作推进造成较大影响，运营部门要充分发挥督办作用，建立《**待决策事项台账**》，盯住相关决策者快速决策。

疏通企业的决策通道，对企业的高效运行有重要意义。

四、让会议成为强化企业执行力的重要工具

对企业执行力影响最大的因素，不是管理者也不是制度，而是**执行力文化**。企业有什么样的执行力文化，就会有什么样的执行力。而形成执行力文化，“会议”则是其中最为重要的手段之一。

企业要充分利用会议，不断地树立宣传标杆，不断地宣导对执行的要求，同时结合鼓励和鞭策，逐步在员工中形成**执行力是第一生产力**的共识，形成企业高效的执行力文化。

这需要我们的会议组织者和管理者自身要提高对会议和执行力的认识，重视会议材料准备，注重案例收集，树立起利用会议提升执行能力的意识，并将这种认知贯彻到日常会议中。

第七章

授权、流程管理模块

- 人尽其用的前提是：管理者要了解人的价值在哪里，并授权让他的价值得以充分发挥。对人的授权如此，对部门的授权亦是同理。
- “习惯了亲力亲为的企业家群体面对尚不够完善健全的职业经理人体系”，这种现状本身就预示着在企业授权机制面临着重重矛盾和阻力。

授权、流程管理模块的思维导图如图 7-1 所示。

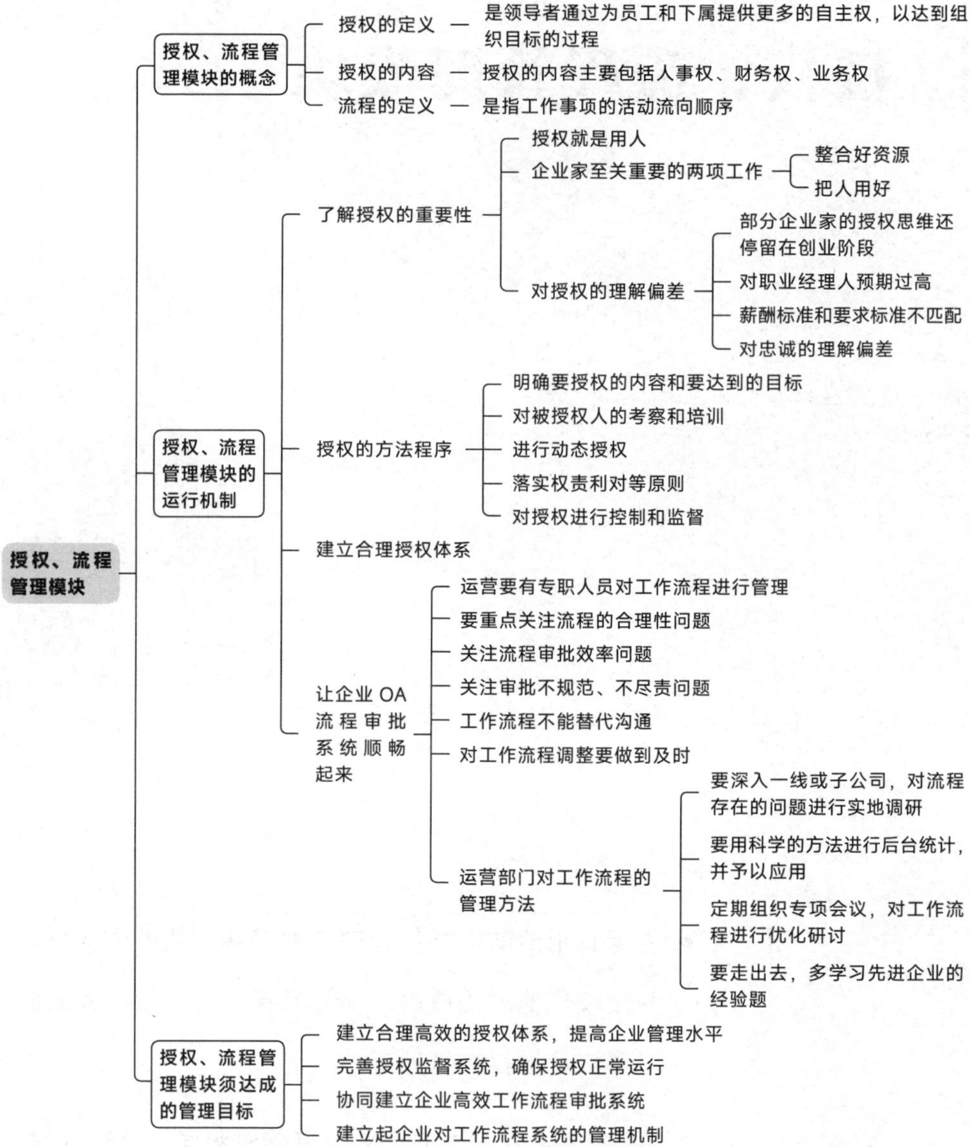

图 7-1　授权、流程管理模块的思维导图

第一节　授权、流程管理模块的概念

本章节我们来探讨授权和流程管理模块。授权和流程在概念上的相关度并不是很高，但在企业管理中却是密不可分的一个组合。企业的工作流程通常根据授权来制定，而授权也依靠工作流程来落地执行。

企业授权，从权责上来说属于人力资源部门的管理范畴。运营部门的主要职责是参与授权制定并在后期流程管控中予以对应的实施。所以，运营部门需要对企业授权有充分、系统的了解，并科学合理地做好授权管理工作。

说到授权，不得不说这是一个在企业管理领域中比较沉重的话题。之所以说“沉重”，是因为据统计：中国企业的管理层对企业授权的满意度不到20%。授权情况不理想，与之密切相关的流程设置自然也会跟着出现各种负面问题。在企业中，如果授权和流程两者都出现了问题，后果是非常严重的。

后果究竟有多严重，又是什么原因导致这种情况的出现呢?

我们先从授权的相关概念谈起。

授权（Empowerment）：是领导者通过为员工和下属提供更多的自主权，以达到组织目标的过程。

授权的本质：就是上级对下级的决策权力的下放过程，也是职责的再分配过程。

授权的内容：通常，授权的内容基本都是围绕**人事权、财务权和业务权**展开。

人事权：顾名思义就是对人员的任免、考核或奖惩的权限。

财务权：就是对资金或成本等的审批权限。

业务权：就是在业务事项方面的审批权限。

授权的意义：

- 明确企业组织架构，明确责任主体；
- 激发员工自我激励的工作热情和工作主观能动性，增强员工参与意识；

- 适度解放上级领导，使其关注更高级更重要的工作；
- 缩短决策流程，提高决策效率；
- 锻炼培养人才。

流程：是指工作事项的活动流向顺序。工作流程包括实际工作过程中的工作环节、步骤和程序。

流程的三要素：工作的传递次序、任务交接界面和标准、流程推动主体。

流程的表现形式：主要有两种，工作流程图和企业 OA 系统的审批流程。

流程的意义：

- 增加工作的透明度和条理性；
- 强化工作交接，提高沟通效率；
- 完善决策机制，提高工作效率。

任何管理的最终目的，都是提高效率、提高效益。在管理过程中，作为执行主体，人的作用无疑是排在首位的。我们都听过“人多力量大”这句俗语，但如果人多，却没有人发力，或者不知怎么发力，或者没有往一个方向发力，那人多还真的会力量大吗？显然答案是否定的。其中就隐藏着“授权”的作用。“人尽其用”是每一个企业管理者的追求，但人尽其用的前提是：管理者要了解人的价值在哪里，并授权让他的价值得以充分发挥。对人的授权如此，对部门的授权亦是同理。

企业越大，越需要授权。科学研究表明，企业超过 100 人，授权体系就会对企业的管理效率发挥重要作用。但我们的企业真的会授权吗？我们的授权体系是否合理？为什么天天在强调授权，还有近八成的企业管理层对授权不满？回答和解决上述问题，也是我们本章对授权、流程进行研讨的目的。

第二节　授权、流程管理模块的运行机制

我国的改革开放只有几十年，这几十年的快速发展也造就了一大批的企业家。这批企业家多为创业型，他们白手起家，通过呕心沥血艰苦卓绝的拼搏，

打下了属于自己的“江山”。“事无巨细、亲力亲为”是他们真实的成长经历，也是他们走向成功的“秘诀”。

我国的职业经理人制度在改革开放过程中也在不断发展，但基于国情和发展时间短、沉淀不足等原因，职业经理人制度在中国的发展还不成熟，也没有构成体系，比如职业经理人的培养教育体系、管理制度体系、信用体系等都还不够完善。

“习惯了亲力亲为的企业家群体面对尚不够完善健全的职业经理人体系”，这种现状本身就预示着在企业授权机制面临着重重矛盾和阻力。

企业家和职业经理人之间很难快速建立起良好的信任关系。实际上，这也是导致目前中国企业授权体系不够健全的原因。

所以我们面临的状况是，一方面企业授权体系不成熟，另一方面授权体系又在严重影响着企业的发展。随着企业规模的不断扩大，这个矛盾给企业带来的困扰也越来越大，是企业必须要正视和解决的问题。

我们听到很多企业家抱怨经理人达不到要求，也听到了太多经理人在抱怨老板对自己不信任、不放权；我们看到了有些企业因为过度集权造成了生存危机，也看到部分企业因缺乏授权而长期发展停滞……

到底该如何进行授权管理？如何科学地完善企业授权制度，助力我们的创业型企业家向管理型企业家转变。这是摆在每一个企业面前的问题，也是摆在运营人面前的课题。

特别是企业层面的授权，也就是企业对管理层和部门的授权，更是在授权体系中要关注的重点。

一、了解授权的重要性

我们通过上一节概念中讲到的“授权的意义”，可以初步感知到授权的重要性。其实换个说法，我们会更深切地体会这种重要性，那就是：**授权就是用人。**

企业家有两项至关重要的工作：整合好资源和用好人。这两项工作任何一项出了问题，都可能对企业造成毁灭性的伤害。这绝不是危言耸听，资源整合不好，企业很容易出现资源性危机，比如现金流危机、业务危机等；而用不好人的伤害，相比整合资源带来的伤害可以说是有过之而无不及。

有些企业已经意识到人才的重要性，花费巨大精力高薪聘请各路高人共襄大举，但最终依然难以达到预期目的，人员如走马灯般更换，企业却越来越混乱。为什么会出现这种情况？难道是这些人才都名不副实吗？

显然答案是否定的。事实上症结主要还是出在授权以及企业的决策层对授权的理解偏差上。这类问题主要体现在以下四个方面。

（一）部分企业家的授权思维还停留在创业阶段

部分创业型企业家创业成功后，企业得到了发展，也有了对专业管理的需求意识，所以，也建立起了自己的职业经理人团队。但问题是，职业经理人是请来了，可授权思维还停留在创业阶段。企业家依然事必躬亲，对其他人都将信将疑。所谓授权，也只是要求经理人在自己的认知范围内去执行。财权通常是不会授予的，好一点的可能会授予一定人事权，差一点的甚至连用人的权利也没有，对其他的管理决策事项，更不会赋予什么权力。这种情况在中国民营企业事实上比较普遍。

企业高薪聘请来的职业经理人，特别是高层级职业经理人，其最大的价值就是其专业能力和决策能力，而不是其执行能力。而专业和决策能力，需要“授权”才能充分发挥价值。

企业既然聘请了职业经理人，如果做不到对职业经理人的充分授权，实际上就是给他们套上了牢笼，职业经理人的专业和决策能力无法充分发挥，所谓的高薪聘请也已经失去了大半的价值和意义。“花的是用脑的价钱，却只用了他的手”。所以说，授权不充分，真正受损失的是企业本身。

凡事如果还是公司老板一个人说了算，那么无疑，老板就会成为公司的天花板，这种情况下，老板的水平也代表了公司的最高水平。这种现象在中国的民营企业中不在少数，也是很多企业难以取得突破性发展的根本原因。

如果企业家本人的工作风格依然停留在创业阶段，凡事亲力亲为，甚至我行我素，这种情况下，职业经理人会感觉自己能力无法展示、价值难以体现，做事也越来越缩手缩脚；反之，企业家却越干越多，对职业经理人的能力也越来越感到不满和质疑。这种局面持续下来通常会演变成一种管理悲剧，彼此间心怀不满最终一拍两散，这对企业的发展无疑也会产生较大负面影响。这种授权不充分的企业，其进步更多地只能依赖老板自身的努力，而下面的工作人员，大多都不是自己行走而是被老板拖着前行，企业发展自然会艰难和缓慢。

一个人的能量终归是有限的，集体的智慧和团队力量才是企业发展的根本动力。如果不能很好地调动集体的智慧并发挥团队力量，企业可能会在局部战役上取得胜利，但从长远战略发展上看，失败几乎是注定的。

授权对企业的发展是至关重要的，是一项需要所有人认真思考和严肃面对的问题。任何事物都有其边界，也都有其发展变化的客观规律。读者朋友可能都听过“领导分四流”的说法，即：

- 一流的领导者：自己不干，部下玩命地干；
- 二流的领导者：自己不干，让部下去干；
- 三流的领导者：自己干部下就干，自己不干部下就不干；
- 四流的领导者：自己玩命干，部下没事干。

其实这不是在调侃，这样的分类和表述巧妙且很有哲理地道出了不同水平领导者的管理状态。当然，这里所谓的领导“自己不干”不是真的什么都不干，而是干自己应该干的事。之所以会成为上述的“三、四流”领导者，根源就是领导者做了不该做的事。这样表面上看是领导者勤奋、务实，事实上已经违背了事物发展的客观规律，它扰乱了正常的工作秩序，打击了部下的积极性，也限制了基层人员的主管能动性和创造力。从长远的角度看，这样做绝对是“弊大于利”！

掌权是一种欲望，放权是一种格局。满足了欲望，往往会失去格局，放下欲望，或许就是海阔天空。

（二）对职业经理人的预期过高

对职业经理人的预期过高，这种现象在中国的民营企业也是非常普遍的。企业家花重金请来的职业经理人，都希望他有“力挽狂澜起死回生”之术，不光专业要精通，管理也要全能。这种期望是可以理解的，但过高的期望也会脱离现实。

中国的职业经理人其实也是改革开放后逐步发展起来的队伍，在专业人才培养上还处于初级阶段。大多数职业经理人，大都是从自身工作岗位上慢慢摸索成长起来的，大部分人没有受过职业经理人的专业训练。整体素质方面，专业能力或者是管理能力普遍存在着不均衡。如果领导者按照理想中全能的标准去要求，“失望”就是大概率事件。

企业家本来就对授权慎之又慎，如果看到不完全符合自己要求和心意的职业经理人，更是把权力抓得越来越死。这种现象在一部分企业中几乎形成了恶性循环。

另外，职业经理人的成长和所处平台的关系密不可分。部分职业经理人的优秀固然有自身能力素质的过人之处，但他所处平台的重要作用也是不容忽视的。很多时候，平台对于职业经理人的成长和成熟，会起到决定性的作用。所以我们经常会听到很多在甲处表现非常优秀的职业经理人，到了乙处却表现平平甚至遭遇职业发展的“滑铁卢”的案例。这种现象对我们有两点启示：

- 职业经理人不要自视过高，很可能是你所处的平台成就了你的优秀；
- 企业家也不要认为有些职业经理人“货不对版”，或许企业的平台还存在某些不足。

（三）薪酬标准和要求标准不匹配

企业的薪资水平也是能否吸引优秀职业经理人的关键。如果企业有一流的理想和要求，既要配备一流的人才队伍，也要制定一流的薪酬标准。企业要发展，人才水平和薪酬水平要同步均衡发展。

要成为一流的企业，首先需要企业家具备一流管理思维和管理格局。但现实中，我们也看到有些企业只是希望和一流企业的管理要求对标，但相应的待遇标准或管理能力却没有同步。用一流的标准去要求二流的职业经理人，再配以三流的薪酬标准，其实这也是另外的一种预期过高，同样也难以达到理想的要求。

（四）对忠诚的理解偏差

什么是忠诚？不同的人对忠诚的理解也不同。在企业，职业经理人最害怕的往往不是工作的压力，而往往是一些“旧将老臣”。因为他们有着在老板眼里职业经理人无法替代的“忠诚优势”。也是基于此，在授权问题上职业经理人始终会处于“轮后状态”。

这部分“旧将老臣”，有和老板一起创业打天下的，有的是老板的同乡或亲属，有的在企业服务年数良久……不能否认这样的关系可以代表和企业有良好的感情基础，但这并不能真的决定或代表一个人的忠诚。而且最重要的是，这种感情纽带不能替代工作能力，不能作为授权的依据和标准。

企业应做到量能授权而不是任人唯亲，否则会对授权管理造成不良影响，也会给企业带来很大损害。企业善待和信任老员工、老板亲友或身边的人，这当然是无可厚非的，但一定要尊重科学用人的原则，并要平衡好和新晋职业经理人的关系。如果反差太大，甚至造成了职业经理人队伍对企业公平信心的丧失，那么企业就会逐步形成畸形的价值观，并产生严重的内耗。这种内耗会给企业带来重大的损失，这类惨痛的教训现实中不在少数，需要引起管理层的注意。

什么是对企业的忠诚？

有良好的品德和职业操守，有意愿也有能力为企业发展做出贡献的，就是对企业最重要的忠诚。

需要强调的是，忠诚度是需要企业来培养的，而不是单纯依靠员工个人的品性。企业需要靠发展、待遇、关怀、文化等强化员工忠诚度，靠管理来激发员工为企业奉献的热情，而不是只是一味地要求员工忠诚或无私奉献，这是一种相互促进的关系。

对忠诚的理解偏差，也造成了企业在人力和授权方面的执行偏差。用错人，是企业发展最大的忌讳。所以我们要正确地理解忠诚，处理好信任和授权的关系。

授好权用好人，这是企业领导者最首要也是最重要的工作。同时，授权也是在培养企业的全局式领导力，是对企业人才培养的重要途径。对授权的重视，也是运营部门必须具备的管理意识，运营部门要帮助企业建立完善的授权体系，助力企业更快更好地发展。

二、掌握授权的方法和程序

企业的授权，更多地体现在对管理者的授权上。首先，我们来了解一下授权的程序。

（一）明确要授权的内容和要达到的目标

企业的业务职能部门都有各自的职责范畴。在这些职责中，围绕着人、财、物三个方面，其权限究竟有哪些，这需要事先考量清楚。此外，针对授权内容有些关键要点也需要引起企业管理层的重视：

1. 授权要在职责范围内，不要越界授权、越级授权或重复授权

不要授予职责范围以外的权限，也不要将高级别的权利授予低级别人员。个别领导出于对一个部门或个人的特别信任，授予不属于其职责范围的权限，这样做的结果通常是被授权者难以服众，被管理者也难以接受，很容易造成管理的混乱局面。

还有的授权出现重复，A 部门有权管、B 部门也有权管，本意是想强化管理，但具体工作起来不是互相推诿扯皮就是互相等待，引发重重矛盾。这种情况都要在授权之初尽可能避免，授权一定要和职责对应并做到边界清晰。

2. 授权的内容必须明确，能够量化的一定要量化

授权的内容也一定要明确，所管理工作的内容是什么，要管哪些人，对人、财、物具体管理权限又是什么，不能含含糊糊、模棱两可。授权一定要明确哪些内容是可以自行决策的，哪些是必须上报审批的。

授权内容明确，被授权人的管理内容就会清晰，也很容易结合自己的能力针对性地制定管理规划并分步实施。

3. 厘清授权要达到的目标

对所授权的事项，企业要求达到的目标是什么？这是很多企业授权过程中并没有很好地去思考和面对的问题。有的授权像是甩包袱：这摊事交给你了，剩下看你的了。这样的授权是不负责任的。被授权人没有明确目标，只是凭着一腔热情埋头苦干，结果往往会矛盾重重。要么就是因为目标不清，始终难以满足领导要求；要么就是因为没有评价标准，造成被授权人辛苦一场却没有任何业绩。

授权要求实现的目标和授权内容一样，要尽可能地具体和量化。目标越清晰，越容易激励被授权人的主观能动性。

4. 厘清达到目标所需要的资源

并不是所有的企业在制定出授权目标之后，都能做到对其需要怎样的资源进行认真评估。“需求”如果都是由被授权部门自己提出，很容易出现“过度需求”，造成机构庞大或费用超支。事实上，企业前瞻性地对达到授权目标所需的资源进行评估和主动配置，是企业的责任，也是对被授权人和企业双方都负责任的做法。

企业应在授权之前，结合授权目标对被授权人所需的人力、物力、资金等资源进行评估核定，并制定授权清单。未来被授权人的需求只要是在企业既定范围内的，要充分授予和支持；对超出规定的，也要有清晰的理据予以拒绝。

问题的关键是企业一定要去做这项事前管理工作，当然，这也需要企业有一定的经验和积累才能做到对需求准确地评估。所以，企业在日常经营中多注重经营数据的收集和分析是很必要的工作。

（二）对被授权人的考察和培训

我们都知道，职位越高，责任越大；责任越大，影响也就越大。位高权重的人，一旦出现重大工作失误，其所造成的损失往往是灾难性的。所以，越是重要的授权，越是对被授权人有更高的要求。被授权人，特别是企业的高管，在老板之下承接着企业发展的重任，其能力素质也在一定意义上决定了所分管工作的管理水平。看准人，选对人，是授权的重要前提条件。以下是对企业高管级被授权人重点考察的八个维度。

- **维度一，专业能力：**专业能力过硬，有丰富的实战经验和过往业绩。
- **维度二，管理能力：**有带团队的实战经验和能力，能将技术和管理有机结合，团队员工认可度高。
- **维度三，决策能力：**敢于表达不同意见并能提出有效方案，具有敏锐的判断力，工作果敢有魄力，敢于决策。
- **维度四，解决问题能力：**思路敏捷，条理、逻辑清晰，表达能力强。对复杂问题有较强的分析和应对能力。
- **维度五，学习能力：**学习能力强，对新生事物有较快的适应能力，保持着不断学习的热情。
- **维度六，执行力：**有较强的责任心，工作主动性强，能高效率地完成工作，能创造性地提出见解。
- **维度七，管理格局：**有见识，有全局视野，能站在企业层面思考专业问题。
- **维度八，道德品质：**没有不良爱好，没有不良的业绩记录，具有良好的职业操守。

对被授权人的考察，应遵循科学和系统的理念，而不应建立在个人喜好甚至迷信之上。有些企业甚至把经理人的属相都列入考察条件，说是要看和老板八字合不合，这未免有些荒唐。

考察应该有成系统的评价标准，要公正合理地进行评价。运营部门可以依据以上要求制定评价表，可以360度选择适宜的评价人进行打分，避免片面和偏见的情况出现。如果被授权人经过考察基本符合以上八个维度的要求，企业就应该大胆予以授权。

之所以说“基本符合”，是因为能做到全面符合的复合型人才，是可遇不可求的。这也需要企业在对人才的考察和使用方面，保留一定的包容心。人无完人，如果总抱着完美人才的心态去选人、用人，多半也会失望。企业在对人才使用方面有一个容易犯的错误，就是看到某人某一方面能力不足，对能力强的部分也一并否定，最终导致了人才的流失。企业用人，要有使用和培养相结合的心态，要有一定的容错机制。对人才也不必奢求完美，注重扬长避短，用其所长才是明智之举。

从人性的角度看，越是被尊重被信任，人的创造力和工作能动性也会越高，达成目标的概率也会越大。对于授权来说，信任就是基础。

对于被授权人的不足，特别是在管理能力、学习能力、管理格局等方面，要有针对性地培训和强化，企业要予以辅导和帮助。这也是企业人力资源部门要关注和落实的问题。选人、育人、用人，其中的“育人”对企业所有层级的人员都适用，高管也不例外。

（三）进行动态授权

授权不是一蹴而就的。因为授权的条件往往就是动态的，所以授权也应该是一个动态的过程。要结合授权条件的不同进行灵活授权。做到“因事择人，视能授权”，可以让授权工作更科学合理，常见的动态授权有以下几种：

1. 根据被授权人的能力不同

俗话说“尺有所短，寸有所长”，企业人才的能力同样也是各有长短。比如经理人的专业能力强而管理能力较弱，就要注意在专业技术方面可充分授权，但在管理授权方面就要适度收紧，在人事权和团队管理权上，可以采用暂不授权或进行分工授权的方式；在授权形式上，可以采取逐步授权的形式。

做到视能授权，就是要防止大材小用或小材大用，量才任职可以循序渐进地进行，这样才能充分利用人才的价值。

企业在对人才能力的判断上，要注意结合对被授权人考察的八个维度进行，其中最重要的莫过于解决问题能力和执行力（责任心）。但对于这两个维度的能力判断上，有时也会出现较为严重的误差。

案 例

某集团的A区域公司老总，工作严谨认真，稳重务实，虽不是特别善于表达，但协调解决问题能力和带团队能力都比较强。公司各项工作井井有条，各项指标完成良好，日常也没什么特别疑难复杂的问题出现；该集团B区域老总，性格风风火火，雷厉风行，做事也较为独断。但该公司总是出现很多疑难杂症和冲突问题。

在年度组织任命会议上，老板对A公司和B公司老总谈了自己的认识并做出评价：A总所管的项目比较简单，好像没什么事干，也没干什么事；B总工作任务很重，解决了很多疑难问题，解决问题过程中勤于汇报，积极维护企业利益，表现出了对企业的忠诚。

结果，A原职不变，B提拔使用。

事实上，A公司因总经理日常工作细致，管理有方沟通有术，将很多问题都做了前置预防，很多困难问题都化繁为简消除在了萌芽状态。A公司整体运转有序忙而不乱，员工凝聚力强，精神面貌也乐观向上。

而B公司总经理管理粗放，性格强势，很多问题平时管理不到位，发生了很多问题，处理方式却又简单粗暴，让小问题发展成了纠纷甚至官司。公司内部大家都比较忙乱，整天疲于应付，员工也感到很疲惫。

评论：这是一个真实的案例，也是一个值得很多管理者反思的案例，究竟什么是真正的责任心？什么又是真正的解决问题的能力？企业对人才进行判断时，如何才能做到真正的公正和客观？

如果不能对一个人才进行公正客观的评价，企业的“视能授权”也只能是一句空话。这是需要引起企业管理者特别注意的方面。

2. 根据被授权人管理的范围不同

被授权人有时尽管职级相同，但因其所管辖的范围不同，也要进行不同的授权。“能力越强，责任越大”，这是被大家所普遍认同的观点，但有些企业往往是挖掘使用一个人能力的同时，却没有授予其应有的、更大的权力，当然更不会给予他更多的利益。这种不公平的现象在企业也较为常见，最终往往是让人才不堪重负，等到离开了方觉遗憾。

我们都知道“能者多劳”，但也不要忘了还有“多劳多得”，这是符合人性的合理的需求。

在企业管理中，要淡化企业家的个性，要注重结合人性去考虑问题。只有符合人性的管理理念，才是真正有生命力的。用人性化的思维去面对管理问题，是对企业有益的，也是运营部门人员要始终坚守的理念。

3. 根据所处管理区域的不同

管理区域如果就在企业本部，那么有些授权就可以适度收缩甚至不予授权。如果管理区域不在本部或在外地城市，就要加大授权以便于工作。授权要在风险可控的前提下本着有利于效率的原则，结合企业实际进行科学授权。

4. 根据对被授权人了解程度的不同

人才的流动，带给企业源源不断人才资源的同时，也增加了企业对人才了解的难度。特别是在职业经理人信用系统还不完善的中国，确实出现过不少因用人失误造成企业重大损失的案例。对不了解的人才采用“逐步授权”的方式，这是一个安全的做法。事实上真正决定授权安全与否的，不是信任，而是制度，这个我们会在后面的内容讲述。

中国素来就有“防人之心不可无”的处世诫语，很多企业家面对授权心存戒备，其实这也是无可厚非的。但如果这种“戒备”扩大到像“防贼”一样来对待被授权人，就“误入歧途”了。这种做法不仅无法有效管理授权，反而会对企业造成严重伤害。

因为这种观念和做法会严重扭曲企业的价值观，形成畸形的企业文化，会逐渐让企业和员工之间、员工与员工之间失去互信，最终导致严重的内耗。

人性是经不住考验的，“每个人心底都有天使也有魔鬼”。我们应更多地从制度入手去面对授权问题，而不是只是依靠防范。对被授权人，要秉持“疑人不用、用人不疑”的基本原则，可以采用单项授权或有条件授权等不充分授权的灵活方式。授了权就要按制度行事，让制度去约束之外就要放心地等待结果。最不可取的是既要授权又要怀疑，然后去“搞制衡、搞盯梢”，这种看似高明的做法，实则毫无意义且害人又害己。

案　例

某企业的老板喜欢研究历史，也经常会引经据典地谈论用人之道。他个人较为推崇“制衡术”，并常应用于企业管理实际。他认为，企业员工不能充分信任和授权，因为有可能会欺骗自己，而且其未来会因信心膨胀而难于掌控。他觉得解决这个问题最好的方式就是“制衡”，也就是让几乎每个关键部门都分成两派。一派是职业经理人，一派是他钦点的专门负责盯梢和打报告的“亲信”。这样，他们必然会斗来斗去，而自己能及时掌握到所谓的各种“内幕和报告”，就不会被欺骗，企业就安全了。

他是这样想的，也确实是这样做的。既请了职业经理人，也配套了一批德才堪忧的“亲信”。结果可以说是糟糕至极。企业内部矛盾重重，内耗严重：简单的事也可以演绎得非常复杂、所有的人都怕担责任而不担当不拍板、工作中点评的人多做事的人少、企业风气鬼魅、人际关系紧张，人才流失也非常严重，反映到经营上就是企业的效益越来越差，越来越难以生存……

事实上，制衡是一种政治手段，是政治家为了统治需要而刻意制造出派别，以实现派别互相牵制而政治家渔翁得利的目的。这种政治手段用于企业，显然弊端重重。因为政治面对的是宏观环境，而企业是一个微观独立的个体。政治制衡虽然也会产生消耗和一定程度的低效，但这其中有它的科学性和合理性，从宏观上看是利大于弊的。而在企业中采用“政治制衡”，无疑是企业在对自己进行“自杀式袭击”。企业更应该着眼于科学地用人，着眼于如何实现工作的高效，着眼于科学管理体系的建设。任何管理方式，哪怕手段再高明，如果违背了这些客观规律，这种方式就一定是失败的。

---

5. 根据企业发展阶段的不同

企业根据发展阶段的不同，可以灵活调整自己的授权策略。企业发展从小规模、中型规模到大型规模，权力也从**集权**转变为**分权**，再转变为**放权**。不同的阶段，企业可以制定不同的授权策略。

企业从小型规模转变为中型规模，通常也是企业从家族化（作坊式）向职业化转换的过程，这个阶段，授权也变得越来越重要。

因为观念需要做出巨大的转变，很多企业家也在这个阶段经历了痛苦的历程，比如人才的流失、合作伙伴的不理解、发展的阻滞等。但当企业家观念转变后，正确地理解了权力、理解了授权和发展关系，并很好地应用到企业的授权实践中，企业家也就完成了一次“化茧为蝶”的蜕变，也最终会成为真正的赢家。

（四）落实权责利对等原则

权责利，顾名思义，权，是指权力；责，是指责任；利，是指利益。责权利对等原则就是如果要让个体或组织承担一定的责任，就应该赋予其完成责任必需的权力，并给予其与所承担责任对等的利益。

这三者的概念和关系浅显易懂，但在现今的很多企业中却落实得并不好，主要体现在以下几个方面：

1. 责和权不对应

有些企业往往只要求承担责任，却吝于授权。在后续任务执行过程中，被授权者大事小情事无巨细地要请示汇报，工作可谓举步维艰。甚至遇到突发需要紧急解决的问题也无权拍板。这样的责权不匹配，事实上是对责任落实的巨大障碍，不仅会使执行效率低下而且还会形成互相推诿埋怨的工作风气。

其实，责任和授权是一对不可分割的共同体，要求其完成责任，就要授予其相应权利。当然，根据所授权事项的大小和重要程度，赋予的权利也应有所不同。

案 例

某小型企业聘请总经理，要求其全面负责企业管理。但总经理入职后却没有被授予任何人事权，财权更是牢牢把握在老板手里。对于行政和业务决策权，也是要经过其家族成员和老板本人同意才能决策。这种情况下，职业经理人是没有任何授权的，没有授权也就没有施展空间，自然也无法发挥作用体现其价值。

如果企业确定招聘某个管理岗位，也明确了其负责的工作内容，原则上就一定要授予其相应的权利。责任如果没有授权做支撑，就成了空中楼阁。无法兑现责任承诺，双方分道扬镳也是必然。

由此我们也可以理解，企业在考核一个人的时候，不要只是关注其责任，也要关注企业是否在授权的资源配置方面给予了充分的支持。

2. 责和利不对等

我们在前面提到过，授予了责任，也要给予相应的利益。对于职业经理人来说，工作就是其职业，而获取合理报酬是职业的基本特征，我们也称其为职业的**功利性或经济性**。每个企业家都希望公司的员工都能不计个人得失，倾力付出，但这个理想在现实中其实无法实现，因为这是基于人性的安全需求决定的。

人都有逐利性，干得多，必然也希望得到的多；比其他人责任大，自然也希望能有高于其他人相应的待遇。否则，这种关系即使建立起来也不会持久和稳固。所以，在明确被授权人的责任的同时，也要对其利益进行同步的评估。

在待遇调整或激励措施制定方面，做到权、责与市场水平的匹配甚至更具优势，责任的落实就会更加有保障。

在利益面前，企业切不可忽视人性的客观存在，在维护企业利益和保障员工利益之间，要做到合理的平衡。一味地维护企业利益忽视员工的合理需求，会减弱团队战斗力，降低员工的归属感，从长远来看，企业是得不偿失的。

3. 未发挥“利益”的激励功能

企业在平衡权责利的关系时，要充分发挥“利益”的激励作用，以更好地促进责任目标的实现。但很多企业并没有很重视这项工作，或者根本就没考虑过这个问题。在激励方面，也只是草草制定一个奖励方案了事。

事实上更好地达到激励目的，远非一个简单的奖励方案就可以满足的。

责任越大的工作，除了权利要匹配以外，利益的分配更要进行充分的思考和评估。利益分配要能有效和持续地对被授权者或团队发挥作用。

这种激励的有效性和持续性，需要灵活的激励手段进行配合。比如：可以采用整体目标奖金、各阶段目标奖励、专项激励、晋升激励或期权激励等，将激励手段与项目的进度相结合，让奖励方案不论在金额上还是奖励周期上都能激发被授权团队的能动性，能让员工预见到通过努力工作可以获得满意的回报或足够的荣誉，从而形成企业运营管理上的良性循环。

责权利三者如要形成相互支持、促进，又相互牵制的作用，实际上也是将三者实现等效平衡的过程，缺一不可。

（五）对授权进行控制和监督

中国民营企业的整体授权管理还处在较低水平。笔者总结大致有以下几个原因：

- 中国职业经理人制度的发展还不够成熟，缺乏类似于美国杰克·韦尔奇、库克似的标杆优秀职业经理人的引领，真正优秀且成熟的职业经理人尚未形成管理主流；
- 职业经理人信用体系不完善，一些有劣迹的职业经理人长期混迹在这个队伍中，这一小部分人“打完东家打西家”，不断扩散危害，也不断给职业经理人队伍抹黑；

- 第一代创业型企业家经过了艰难的创业历程走向了成功，也因此建立了根深蒂固的强者思维，他们对权力的把控已形成习惯，很难做到真正的授权；
- 和中国的传统文化教育有关。中国的历史源远流长，但在后人的各类解读中，可能是出于猎奇心理，很多解读都是在挖掘一些“复杂化、谋略化”的元素，以体现历史的博大精深和江湖的艰难险恶。这也让国人慢慢地习惯于防范，习惯于排除异己，甚至习惯于阴谋论和将简单问题复杂化。很显然，相当数量的企业都或多或少地在受着这种“流毒”的影响，把很多精力都花在对不信任的防范上，对权力使用的过度担忧上。事实上，授权不力会给企业带来巨大的损失，只不过因为这种损失无法直接去量化衡量，所以也难以引起足够的重视。

不管你愿不愿意承认，事实上这种现象已经形成了一种文化。我们虽然无力去改变这种文化的力量，但还是希望越来越多的人明白：企业不是王土，企业家也不是帝王，企业的事情远没有治国那么复杂。在企业的管理上，我们还是要更多地提倡把**复杂的事情简单化**，切忌反其道而行之。

其实授权并没有那么可怕，用人也无须过度多虑，我们要科学地对授权进行管理，充分授权并发挥授权的正向作用，让机制去管理授权，要把权力始终关在制度的笼子里。

授权之前，就要制定好**权力监督机制**。权力监督机制有很多方式。

汇报机制：对授权要制定定期向上级汇报的机制，以便定期掌握动态；

预警机制：对授权要制定过程预警机制，要做到对于执行过程存在的风险，及时预警；

业务或职能巡检机制：要对授权有管理检查机制，通过业务或职能部门的巡检管理，对授权执行情况进行检查；

考核机制：对授权的目标结果要制定相应考核机制；

预算控制机制：对财务权限，可以通过预算机制进行约束，原则上要执行预算内授权，预算外审批；

部门间监督机制：发挥部门间正常管理的监督作用，比如成本部门就对生产部门的成本情况有监督义务；

层级授权管理机制：对权力分级授权，发挥上级对下级的监督作用；

审计机制：通过半年审计、年度审计及专项审计等，对权力使用进行审计；

权力回收机制：授权之初就明确权力回收规则，让授权做到可授也可收。

授权不可怕，对授权缺少管控才可怕。

企业对授权的监控，一定要做到正常管理监督和公开透明监督。不能因为是监控行为，就理解和执行为“明察暗访”或“调查取证”。企业对授权是阳光的，对授权的监控也应是阳光的，这是一种正常的、光明正大的管理行为。切不可将这种正常的管理行为执行“变形”，甚至演变成“检举揭发”，这会让企业的权力行使变成“烫手山芋”。当企业出现行使权力都充满顾虑的时候，这个企业的执行效率就会变得非常低下。

企业更多的还是要关注发展。对授权的监控当然是必要的，而且，对出现的滥用职权甚至腐败行为，企业也要予以严厉的打击。但企业无须为了追求一尘不染的环境而放弃效率甚至发展，这是我们管理者必须要有的清醒认识。

通过以上几项机制的组合实施，企业可以对授权做到有效控制。如果这些机制都能正常地发挥作用，对授权也就无须过多担忧。还是要把精力更多地放到发挥授权的正向作用上，放到企业的科学发展上。这样才能真的让企业受益无穷。

三、建立合理授权体系

不管什么类型的企业，授权的内容基本都是围绕**人事权、财务权**和**业务权**展开。

我们在前面讲过，授权就是用人。我们都知道“人才是第一生产力”，企业授权的过程，其实就是一个将企业所招募的人才进行重组和再造的过程。这个过程，对企业家和企业核心管理层的能力是一个重大挑战。如何让人才在企业这台“精密仪器”上高效运作，如何让人才这个“第一生产力”充分发挥他们的专业能力，为企业创造更大的价值？这需要建立在对人才充分的理解和尊重上，同时要通过科学的授权来实现。可以说，企业的授权体系是否合理、健全，在一定程度上决定了企业的未来。

企业的授权体系和企业的类型以及发展现状密切相关，制定授权体系，要结合企业实际和需求，特别是在授权前，要对企业授权状况进行充分的调研，确认企业的需求再实施授权。

哪些业务需要授权：梳理企业的业务内容，列出清单，对于需授权的业务进行确认。通常，企业的所有业务都应有相应的授权，所以授权业务梳理要做到不漏项。

哪些层级、哪些人要授权：对每一项业务，厘清业务的流程，梳理出和业务相关的人员及其职务，并制定出清单；

授予多大的权限：对每项业务相关人员的权限进行评估，明确哪些是审核权限，哪些是审批权限，明确哪些审批权限不能向下授权；

对授权的监督机制应用：要按照授权监督机制的要求，同步完善相应的监控机制；

正式授权：授权一定要有正式的书面文件，并进行公示。授权文件包括授权书、授权内容、授权权限、相关审批人员、相应监控机制等。

授权是一项烦琐且细致的工作，企业授权的内容虽然只是围绕人、财、业务展开，但在每一项内容中，又有很多细分项。比如，在财务上的授权，就分为财务付款授权和财务管理授权两个部分，而财务付款授权还要结合业务进行细分，如表 7-1 所示：

表 7-1 某地产企业财务付款事项分类

<table>
<tr><th colspan="5">财务付款事项</th></tr>
<tr><td rowspan="24">预算内</td><td rowspan="18">开发成本支出</td><td colspan="3">土地价款的支出（含土地价款滞纳金）</td></tr>
<tr><td rowspan="4">报批报建费用（含散装水泥基金、墙改基金、白蚁防治费等行政事业性收费）</td><td colspan="2">单次支付额≤ 100 万元</td></tr>
<tr><td colspan="2">100 万元 < 单次支付额≤ 300 万元</td></tr>
<tr><td colspan="2">300 万元 < 单次支付额≤ 500 万元</td></tr>
<tr><td colspan="2">单次支付额 > 500 万元</td></tr>
<tr><td rowspan="7">工程、设备、材料款支出等</td><td rowspan="4">合同内付款</td><td>单次支付额≤ 100 万元</td></tr>
<tr><td>100 万元 < 单次支付额≤ 500 万元</td></tr>
<tr><td>500 万元 < 单次支付额≤ 1000 万元</td></tr>
<tr><td>单次支付额 > 1000 万元</td></tr>
<tr><td rowspan="3">合同外付款</td><td>单次支付额≤ 2 万元</td></tr>
<tr><td>2 万元 < 单次支付额≤ 10 万元</td></tr>
<tr><td>单次支付额 > 10 万元</td></tr>
<tr><td rowspan="2">设计类合同付款</td><td colspan="2">合同额≤ 100 万元</td></tr>
<tr><td colspan="2">合同额 > 100 万元</td></tr>
<tr><td rowspan="3">质保金 / 保修款</td><td colspan="2">支付额≤ 5 万元</td></tr>
<tr><td colspan="2">5 万元 < 支付额≤ 20 万元</td></tr>
<tr><td colspan="2">支付额 >20 万元</td></tr>
<tr><td colspan="3">退投标保证金</td></tr>
<tr><td rowspan="6">专项销售支出</td><td rowspan="6">销售代理、广告宣传、营销推广费、零星物料采购等</td><td rowspan="4">合同内付款</td><td>单次支付额≤ 50 万元</td></tr>
<tr><td>50 万元 < 单次支付额≤ 100 万元</td></tr>
<tr><td>100 万元 < 单次支付额≤ 200 万元</td></tr>
<tr><td>单次支付额 > 200 万元</td></tr>
<tr><td rowspan="2">合同外进度款</td><td>单次支付额≤ 5000 元</td></tr>
<tr><td>单次支付额 > 5000 元</td></tr>
</table>

续表

<table>
<tr><th colspan="5">财务付款事项</th></tr>
<tr><td rowspan="23">预算内</td><td rowspan="2">专项销售支出</td><td colspan="3">客户理赔、退房退款</td></tr>
<tr><td colspan="3">退租房押金、退代收税费、退销售诚意金、定金</td></tr>
<tr><td rowspan="14">日常管理性支出</td><td rowspan="2">房屋租赁、物业管理费</td><td colspan="2">合同内付款</td></tr>
<tr><td colspan="2">合同外付款</td></tr>
<tr><td colspan="3">电信、水电气等同类付款</td></tr>
<tr><td rowspan="4">工资、奖金发放</td><td colspan="2">月度工资、离职工资结算、社保、公积金</td></tr>
<tr><td colspan="2">公司制度规定的福利费、活动经费</td></tr>
<tr><td colspan="2">节点奖，融资奖、年度奖金及其他专项奖金</td></tr>
<tr><td colspan="2">猎头费用</td></tr>
<tr><td rowspan="3">业务招待费</td><td rowspan="2">预算内</td><td>单次支付额≤ 3 万元</td></tr>
<tr><td>单次支付额 > 3 万元</td></tr>
<tr><td colspan="2">预算外</td></tr>
<tr><td rowspan="3">个人借款和其他管理费用</td><td colspan="2">单次支付额≤ 3 万元</td></tr>
<tr><td colspan="2">3 万元 < 单次支付额≤ 20 万元</td></tr>
<tr><td colspan="2">单次支付额 > 20 万元</td></tr>
<tr><td colspan="3">支付或退日常经营类押金、履约保证金等</td></tr>
<tr><td rowspan="3">资本性支出和长期待摊费用</td><td rowspan="3">资产投入（包括固定资产、无形资产）、房屋装修（职场、宿舍）</td><td colspan="2">支付额≤ 3 万元</td></tr>
<tr><td colspan="2">3 万元 < 支付额≤ 20 万元</td></tr>
<tr><td colspan="2">支付额 > 20 万元</td></tr>
<tr><td>财务类支出</td><td colspan="3">利息支出及构成融资成本的中间业务费等</td></tr>
<tr><td>其他支出</td><td colspan="3">投资、分红、捐赠</td></tr>
<tr><td rowspan="2">诉讼赔偿支出</td><td rowspan="2">诉讼费用或赔偿款</td><td colspan="2">单笔支付额≤ 10 万元</td></tr>
<tr><td colspan="2">单笔支付额 > 10 万元</td></tr>
</table>

续表

财务付款事项		
预算外	预算外支出	支付额≤ 3 万元
		支付额 >3 万元

通过表 7-1 可以看出，针对“财务付款事项”这一项具体工作，其细分项就多达四十余条。而针对各细分项，企业还要对授权内容逐项进一步地明确，将授权以流程的形式落实到部门或人员。我们截取表 7-1 中“开发成本支出——工程、设备、材料款支出等——合同内付款”部分，对授权的细节示例如表 7-2。

四、让企业 OA 流程审批系统顺畅起来

我们前面用比较大的篇幅讲述了关于授权的内容，如果把企业的授权和责权划分制作成审批流程，再录入 OA 系统去运行，这就是企业工作流程审批系统的主要内容。

随着企业现代办公的普及，OA（Office Automation，办公自动化）系统也已得到了普遍应用。OA 系统通常是由有经验的办公软件系统供应商（比如明源公司、用友公司、致远互联、泛微公司等），结合企业的实际需求制作完成的。

一般的 OA 系统，从功能应用上来说大致分为五个部分。

第一部分：**内部信息发布平台**。包括企业公告、通知、新闻发布等功能。

第二部分：**文档管理平台**。在 OA 里可以分为个人文件管理和公共文件管理等。

第三部分：**内部沟通平台**。包括内部短信、微信、内部邮件、外部邮件、内部论坛等功能。

第四部分：**专项业务管理部分**。比如行政办公管理平台、财务管理平台、销售业务管理平台等。

表 7-2　某地产城市公司财务付款责权划分表

<table>
<tr><th colspan="4" rowspan="3">财务付款事项</th><th rowspan="3">主办部门</th><th colspan="13">城市公司</th><th colspan="8" rowspan="2">集团总部</th></tr>
<tr><th rowspan="2">综合部</th><th rowspan="2">开发部</th><th rowspan="2">工程部</th><th rowspan="2">成采部</th><th rowspan="2">营销部</th><th rowspan="2">财务部</th><th colspan="6">分管副总经理</th><th rowspan="2">总经理</th></tr>
<tr><th>综合</th><th>开发</th><th>工程</th><th>成采</th><th>营销</th><th>财务</th><th>开发报建中心</th><th>设计研发中心</th><th>营销管理中心</th><th>成本管理中心</th><th>运营管理中心</th><th>工程管理中心</th><th>计划财务中心</th><th>董事长 / 总裁</th></tr>
<tr><td rowspan="3">开发成本支出</td><td rowspan="3">工程、设备、材料款支出等</td><td rowspan="3">合同内付款</td><td>单次支付额≤100万元</td><td>工程部</td><td></td><td></td><td>①</td><td>①</td><td></td><td>③</td><td></td><td></td><td>②</td><td>②</td><td></td><td>④</td><td>⑤</td><td></td><td></td><td></td><td></td><td></td><td></td><td></td><td></td></tr>
<tr><td>100万元＜单次支付额≤500万元</td><td>工程部</td><td></td><td></td><td>①</td><td>①</td><td></td><td>③</td><td></td><td></td><td>②</td><td>②</td><td></td><td>④</td><td>⑤</td><td></td><td></td><td></td><td>⑥</td><td></td><td>⑦</td><td>⑧</td><td></td></tr>
<tr><td>500万元＜单次支付额≤1000万元</td><td></td><td></td><td></td><td>①</td><td>①</td><td></td><td>③</td><td></td><td></td><td>②</td><td>②</td><td></td><td>④</td><td>⑤</td><td></td><td></td><td></td><td>⑥</td><td></td><td>⑦</td><td>⑧</td><td></td></tr>
<tr><td></td><td></td><td></td><td>单次支付额＞1000万元</td><td></td><td></td><td></td><td>①</td><td>①</td><td></td><td>③</td><td></td><td></td><td>②</td><td>②</td><td></td><td>④</td><td>⑤</td><td></td><td></td><td></td><td>⑥</td><td></td><td></td><td></td><td>①</td></tr>
</table>

第五部分：**工作流程审批系统**。该部分是OA的核心，严格意义上说，没有工作流程的OA系统就不能称为自动化办公系统。OA的无纸化办公模式，让流程更加规范，流转、审批效率更高。

以上简单地介绍了OA系统的构成，接下来我们就进入本节要讲述的重点内容，即企业运营部门对"工作流程审批系统"的管理。

工作流程审批系统，已成为现代企业管理无纸化办公的主要工具。它的应用几乎关系到企业每一名员工的每一天的工作。所以，这套系统的设计是否合理，运行是否高效，也会对企业日常工作效率产生直接影响。

几乎所有的规模企业都在使用工作流程审批系统，但并不是所有企业都能重视对这套系统的使用管理。部分企业的工作流程审批系统问题很多，对工作效率影响也很大，但因缺乏对该系统的规范化管理，也只能任由问题存在而无法采取有效措施进行改进。

"工欲善其事，必先利其器"，工作流程审批系统是现代企业最重要的办公工具，对其运行的监督和管理，是运营部门必须负责起来的工作。

（一）运营要有专职人员对工作流程进行管理

工作流程对企业的重要性不言而喻，但很多企业并没有引起足够重视，认为这是IT部门的事，直接打包给IT工程师负责管理。实际上，工作流程有非常强的专业性，它不是单纯的软件维护问题，更非一个IT工程师就能全盘负担的工作。运营部门不仅要全面担负起工作流程的管理工作，还要安排有专业经验的员工，专职进行工作流程的管理。

（二）要重点关注流程的合理性问题

很多企业都或多或少存在工作流程的合理性问题。工作流程不合理产生的原因很多，比如：

- 流程制定和业务实际不符；
- 和组织架构人员分工没有完全匹配；
- 人员调整未及时更新；

- 业务变化流程未跟进调整等。

流程的不合理直接导致的结果就是工作秩序混乱，工作效率降低。评判流程是否合理，主要通过以下几个方面进行评价：

1. 流程是否符合业务流向

这是工作流程要关注的最基本的问题，要关注审批先后的次序是否正确，流程和业务流向是否相符。

2. 是否符合授权要求

关注工作流程和企业的授权体系是否相符，有无已授权未执行或超越授权情况。

3. 工作流程的审批职级顺序是否合理

比如是否存在“管理层先审批、基层再审批”的情况。原则上要按照层级由低向高审批，特别是高管层级（分管领导），即使是跨部门审批，也不得出现先领导后基层审批的情况。同级别的审批，也有合理的先后次序，这要依据事项的特点进行分辨确定。

4. 是否存在重复审批现象

因企业往往存在一人多岗的情况，但在流程中要尽量避免一人多审，通常按其较高职级进行审批即可。

5. 是否存在多余审批节点现象

比如，有些跨部门流程在途经一个部门内部流转时，要经过基层、副经理、经理等审批岗，通常，此类情况只需要设置“经理”一个人审批，其他岗位原则上都不宜设置审批节点。如有需要，经理岗可通过线下进行意见征询，而不是将相关人员全部列到流程中进行线上办公；删除多余审批节点，是基于确保流程的精简和高效，避免流程冗长低效。

6. 是否存在“有审批无责任”现象

工作流程的作用除了要完成工作本身，更重要的一个作用就是落实责任。严格意义上，审批责任遵循着“授权谁、谁主责”的原则。有的流程因授权不明确等原因，存在着“审批过程谁都审，但谁都不担责”的情况。这就造成了流程成了走形式，没有人真正地对审批内容进行审核并承担责任。对于流程，一定要有主责部门和主责领导，要实现对流程的审批要有人尽职，对结果要有人负责。

7. 工作边界不清晰

在流程审批中，经常会发现工作边界不清晰的情况，要及时予以完善。这部分问题的出现，主要原因是制定授权流程阶段考虑不周全或组织架构分工存在缺陷。工作边界不清，通常是指工作内容存在交叉、职责有重叠或工作责任模糊等现象，如，有的工作 A 部门有分工，B 部门也有类似分工；有的工作 A 部门有权力去管，B 部门也有权力去管；或者有的工作该由谁来完成企业没有明确；等等，这种问题会导致企业在权限分配和流程审批上出现混乱，需要及时对问题予以消除。

8. 授权是否合理

工作流程是依据企业授权体系而制定，但授权是否合理，反过来在流程的运行过程中也会有所反馈。比如，对中层管理者授权太小，会造成很多小问题都要审批到高层领导，这是很不合理的；而对某部门授权太大，又会出现管理失控的风险隐患等。运营部门要在日常对工作流程的管理中，密切关注授权的合理性问题，对出现的不合理问题要及时统计上报，并予以调整纠偏。

9. 抄送、抄报、归档的合理性

流程审批结束，并不代表流程的完结。流程审批结束，还需要抄送或抄报至哪些人员或备案至什么岗位，要进一步予以明确。特别是抄送抄报，还担负着信息传递和工作汇报的责任，一定要关注此环节是否完善，避免让流程失去“信息传递”这一重要功能。

（三）关注流程审批效率问题

工作流程的审批效率，是所有流程使用者都关心的问题。在企业，我们也经常会听到关于“流程审批过长，效率太低”的抱怨。流程设置的合理性以及流程审批效率，是运营部门在流程管理过程中的重点。流程是否合理，会直接或间接地对流程的审批效率造成影响，但影响流程审批效率的因素，不仅是流程的不合理，还有以下一些因素。

1. 流程的发起不规范、错误多

流程在发起之初就存在很多不合理或不清晰之处，在流程的传递过程中，错误逐步被发现造成流程被打回或要求重新发起等影响效率的情况发生。造成流程发起不规范的原因主要有：

- 流程发起环节缺乏标准化和培训；对于流程的标准化和培训，也是运营部门分管流程人员的重要工作事项，特别是对于新员工的培训，这项工作尤为重要；
- 发起流程前缺乏和相关部门的沟通；有些重要工作流程，通常是要和相关部门或领导基本达成一致意见后再行发起，如果不做任何沟通就发起，很容易导致流程被退回的情况；
- 发起流程前缺乏必要的内审；流程通常由层级较低员工发起，这部分人员中新员工较多，很容易出现内容错误，所以，发起前要经过一定的内部审核，避免因内容有误被领导打回；

……

2. 审批流程过长，审批人过多

这是在工作流程审批中比较普遍存在的问题。造成工作流程审批过长，主要原因是审批环节过多。只要工作沾点边，不管相关性的大小，就一定要参与审核；同时，审核中的人员高、中管，甚至基层员工一个不落，全部要审批发表意见。这就造成一个流程无比冗长。应对这种问题有两个方法：

- 工作相关度不高的，可以采用抄送或抄报的方式完善信息传递，没必要纳入正式审批环节，这个方法对高管层也适用；
- 根据审批事项情况，除主责部门外，其他审批部门原则上只允许部门主要负责人参与审批，如有需要，可由该主要负责人对部门其他相关人员进行线下意见征询。

3. 流程审批时效无限制或限制不合理

对工作流程的审批，在每一个审批节点都必须设置时效时间。这项工作要进行比较细致的分析并以制度形式确立下来。如若不然，流程审批就成了一项不可控的工作，会对企业工作效率产生严重负面影响。流程设置时间有以下建议供参考：

- 基层、中层审核原则上不超过 0.5~1 天；
- 高管审核原则上不超过 2 天；
- 对于过程中有些审批节点，因其审核的工作内容需要较长时间才能完成的，要结合工作情况具体商定，时间可以延长但不允许没有时间限制。

流程审批不论职级高低都要严格按照规定执行，对企业的高管也不能网开一面，要做到一视同仁。出现超时审批的，除了要预警提示，还可以采用“超过时限就自动跳过”等办法，来确保审批效率。同时，对超时审批要进行统计记录，必要时可列入个人考核项，以强化流程审批的执行力。

4. 对于流程退回无限制

工作流程审批到半途被退回，这种情况在流程审批工作中非常常见。通常，退回一定有退回的理由，但退回次数多了，有的流程审批就没有了时效可言。这是困扰很多企业的问题。对于这种情况，建议采用以下方法应对：

- 关注流程发起环节的沟通是否到位，是否有审核，要解决源头问题，解决流程的发起质量问题，必要时要进行问题统计，利用考核手段进行管理；
- 流程退回，要规定同一环节审批退回不得超过两次，第二次即使仍有问题也必须通过，但须注明是“带问题通过”，要将问题罗列清楚，由后续审批者进一步跟进；
- 对退回再发起的流程，原则上不必将之前流程再走一遍，而是直接到退回人以加快效率。

5. 流程审批的提示功能不够完善

很多企业的流程审批，都结合手机短信、微信等软件设置了自动提示功能。但除了流程到达的提示，建议还要在审批截止前半天，再次进行提示。如有超时审批的情况发生，也要定时进行不间断的提示，以确保流程审批的时效性。对于标为“紧急”的审批流程，也要有专项的短信息提示，请审批人予以优先处理。

（四）关注审批不规范、不尽责问题

工作流程的审批，要杜绝“同意”文化。审批人意见一律是“同意”会让工作流程失去工作管理职能，而沦为一种形式。这种问题在企业的流程审批中比较普遍。但这种问题的发生，企业在流程管理方面也有着不可推卸的责任，那就是对于流程的审批内容没有严格的要求。

对于流程的审批，运营部门要对不同部门不同岗位的审批意见进行规范和要求，这个要求要具体，并须执行落地：

- 部门基层审核人员，要依据其职责明确审核完毕后的意见内容、格式，并以制度标准化的形式进行固化；
- 部门管理人员要对基层审核意见进行补充或给出具体的结论意见，意见的内容和格式同样要有标准化格式的要求；
- 分管领导要对所管部门的意见给出明确回复，不得为了怕担责任，给出模棱两可的模糊意见；
- 审批人要明确给出是否同意的结论，如在前端有不一致的审批意见，审批人要最后拍板决策，明确具体决策意见。

（五）工作流程不能替代沟通

工作流程审批模式，实现了企业无纸化办公，也大幅提高了工作效率，但我们也要关注对线下工作沟通的负面影响。这就需要我们对工作流程本身的作用有清晰的认识，我们首先来探讨一个问题：

工作流程的功能是以线上办公为主还是以审批记录为主？

相信很多人会毫不犹豫地选择前者，即线上办公。事实上这里存在着理解误区。工作流程可以帮助我们履行一部分办公职能，但绝不能替代办公全流程。最无法替代的环节就是**工作沟通**。我们不应也不太可能通过流程进行工作沟通和意见交流，因为这种方式效率太低。所以，工作流程更多的还是对工作

的审批意见记录。

基于这个认识，我们须对流程的另一个要求引起注意，即流程发起之前，特别是重要且比较复杂的流程发起之前，要先行和各审核环节主管或领导进行线下沟通，达成基本一致后再行上线审批。

流程发起部门不要认为把事项上流程开始审批了，就完成了工作。事实上，如果没进行前期的充分沟通，这类流程很容易被打回甚至多次打回。因为审批人仅凭流程上的内容无法对复杂的工作做出全面的了解，自然也无法给出准确的判断，退回流程几乎是必然的。这种情况也会对企业流程审批效率造成重大影响。

“流程发起前的线下沟通”，这项工作是很多流程应用者在工作中容易忽视的，这个问题不仅和企业员工对工作流程的认识有关，也和流程缺乏科学的管理和培训有关。运营部门要对这个环节予以监督和引导。

（六）对工作流程调整要做到及时

授权是个动态的过程，工作流程也是一样。企业经常会出现新增业务、人员变动、部门调整或授权调整等变化，针对这类变化，运营部门的流程管理岗要对流程有针对性地进行调整和完善。此类调整工作务必要做到准确和及时，否则，很多相关工作都会受到影响。这需要流程管理人员和人力资源部门、IT管理部门甚至OA供应商等建立起标准化的联动机制，只要条件发生变化，均能快速有序地联动完成流程的调整更新。这种联动机制，要尽量避免人工操作，最佳的方式是通过信息系统和软件系统的联动实现自动切换，这是企业一项重要的管理内容，也体现了企业管理的基本功。

同时，调整后的流程要进行内容公示，对调整部分要予以清晰的说明，以保障变动信息及时地周知。

（七）运营部门对工作流程的管理方法

对工作流程的管理，一定要细致、务实，不能靠道听途说，更不能坐在办公室搞管理。这项工作不是阶段性的工作，而是一项持续、常态化的工作。

1. 要深入一线或子公司，对流程存在的问题进行实地调研

只有在前线，才能听到炮火的声音。很多的管理工作都是这样，你只有做到对一线工作的切实了解，才能真正推行有效的管理。对流程的管理同样需要管理人员对具体的使用部门或人员进行实地了解、调研，才能真正发现问题并解决问题。

2. 要用科学的方法进行后台统计，并予以应用

运用 OA 系统的后台统计功能，可以对很多流程使用过程中的数据进行统计，比如审批时长、超时审批的数量和人员等，这些数据能比较真实地反映员工使用工作流程审批系统的情况。运营管理专员要定期对数据进行统计，作为改进提升流程管理的重要数据参考，也可以利用运营会议，对使用效率情况予以通报，对存在问题的予以警示。

3. 定期组织专项会议，对工作流程进行优化研讨

工作流程需要定期组织进行优化。工作流程设计好之后不是一成不变的，除了因为条件变化进行调整，工作流程自身也要通过使用对其合理性定期进行评估、调整和优化，以不断提高流程管理水平和企业工作效率。运营部门要定期组织相关部门的人员召开流程优化专项会议，针对近段时期流程的使用“提问题、想对策”。流程优化工作要持续开展，以保障工作流程审批系统始终保持在最佳状态。

4. 要走出去，学习先进企业的经验

工作审批流程是一个管理工具，和其他方面的管理一样，企业也要不断与先进同行对标学习找差距。要鼓励流程管理人员多交流学习先进的流程管理方法，不断改进，让这一工具始终保持先进和锋利，助力企业的高效成长。

对工作流程的管理工作，是一项细致和长期的工作，以下示例，是某公司月度 OA 流程的分析报告，该报告内容详尽，对企业的流程管理具备较强实用性，读者可阅读参考。

案 例

× 公司 ×××× 年 × 月 OA 流程分析报告

一、× 月份 OA 流程调整重点

为了规范 OA 报文，提高业务报审报批效率，运营管理中心 × 月份在 OA 流程建设方面，主要组织完成了以下工作：①基于新发布的集团权责手册，完成总部／城市公司业务类流程的梳理和上线；②完成集团总部／城市公司经营类及流程管理类流程优化；③完成总部资产运营中心业务类流程及设计限额指标流程的调整；④完成城市公司设计变更、工程签证、供应商入围相关流程的优化；⑤完成城市公司工程指令 OA 流程的梳理上线，实现工程指令管理标准的统一。

二、OA 流程整体流转情况

× 月份运营管理中心重点围绕报文质量和审核效率，对公司 OA 流程进行了统计与分析，并通过实例对 OA 报文进行规范性使用方法的讲解。

本月度，公司本部、各城市公司共发起 OA 流程 11360 次，审核节点总数 54911 次。其中，审核节点打回次数共 2251 次，占审核节点总数的 4.10%，环比下降 3.07%，报文质量略有上升；审核节点超时次数共 2430 次，占审核节点总数的 4.43%，环比上升 28.03%，审核效率下降。

三、OA 流程报文质量分析

（一）报文质量略有上升，但仍有较大提升空间

× 月份 OA 报文质量比较高的前三家单位分别为 A 公司、B 公司及 C 公司，审核节点打回率分别为 1.64%、2.60%、3.37%，提出表扬。

× 月份 OA 报文质量比较低的后三家单位分别为 D 公司、E 公司及 F 公司，审核节点打回率分别为 6.65%、5.74%、4.83%，远高于公司 4.10% 的平均审核节点打回率。其中，E 公司连续两次位居后三名，提出警告。

对后三名的公司被打回流程详细分析数据如下（参见图 7–2）：

（1）职能类流程被打回 141 次，占比 38.21%；业务类流程被打回 228 次，

占比 61.79%。与上月对比发现，职能类流程被打回环比下降 39.05%，报文质量提升；业务类流程被打回环比上升 65.61%，报文质量下降。

（2）被打回的职能类流程中，财务类流程占比 58.16%，居于职能各类流程被打回率首位。

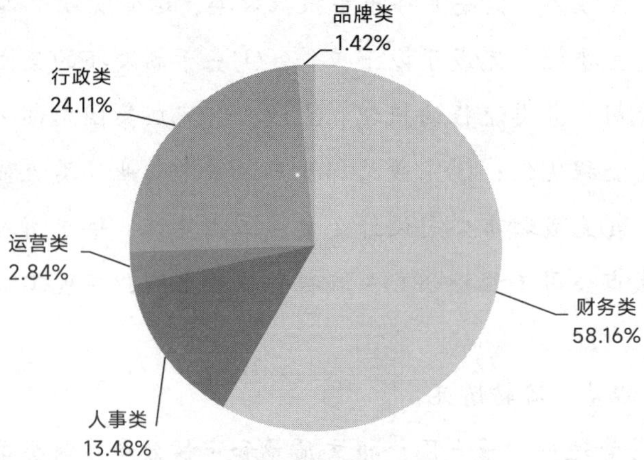

图 7-2　各职能类流程打回比率

（3）被打回的业务类流程中，招标采购类流程占比 37.72%，居于业务类各类流程被打回率首位。

（二）原因分析

经分析，节点打回的原因主要有：

（1）报文不规范，如重要资料明显缺失，导致打回调整；

（2）对于有前置条件流程未能先申报前置关联流程或未能有效关联对应前置流程，导致打回调整；

（3）OA 提报前未与相关部门充分线下沟通确认，上报后未主动跟进，甚至以 OA 代替线下讨论，导致流程被“打回调整”甚至要求“重新起草”。

（三）报文质量改进建议

（1）执行 OA 报文要规范：报文时须清晰描述报文目的、重要内容及需领导决策事项；如有前置流程条件的一定先完成前置流程的申报，并在系统基本信息栏中有效关联相关前置流程；

（2）严把审核质量关：各环节审核人应严格把关，包括适用流程是否匹配、资料是否齐备、数据是否准确等，避免相同错误重复出现；

（3）建立线下沟通机制：发起人发起流程前须与相关部门充分进行线下沟通，必要时通过线下评审或沟通达成一致后再上报，上报后应主动跟进；

（4）宣传培训到人：流程主责单位应及时组织相关人员开展相应宣贯、培训，确保相关人员“知道有流程，正确用流程”。

四、OA 流程审核效率分析

（一）节点超时率环比上升，审核效率下降

× 月份 OA 流程审批效率位居前三名的公司分别为 G 公司、H 公司及 I 公司，节点超时率分别为 2.31%、2.51%及 2.68%。G 公司连续四次位居前三，H 公司连续三次位居前三，提出表扬。

× 月份 OA 流程审批效率后三名的公司分别为 J 公司、K 公司及 L 公司，节点超时率分别为 6.21%、5.91%及 5.85%，远高于公司 4.43%的平均节点审批超时率。J 公司节点超时率连续三次位居后三，提出警告。

对排名后三的公司审批超时流程详细分析数据如下（参见图 7–3）：

（1）职能类流程超时审批 274 次，占比 56.73%；业务类流程超时审批 209 次，占比 43.27%。与上月对比发现，职能类流程超时审批环比增加 6.16%，审核效率有所下降；业务类流程超时审批环比降低 9.27%，审核效率有所提高。

（2）超时审批的职能类流程中，人事类流程占比 58.76%，位居职能类流程超时率之首。

（3）超时审批的业务类流程中，招标采购类流程占比 37.69%，位居业务类流程超时率之首。

（二）主要原因

经分析，流程超时审核原因主要有：①发起人上报前未与相关部门充分进行线下沟通和确认，上报后未能主动跟进；②流程审核人未注意流程节点的审核时限，未能及时审核；③申报被打回后，发起人未及时进行流程处理。

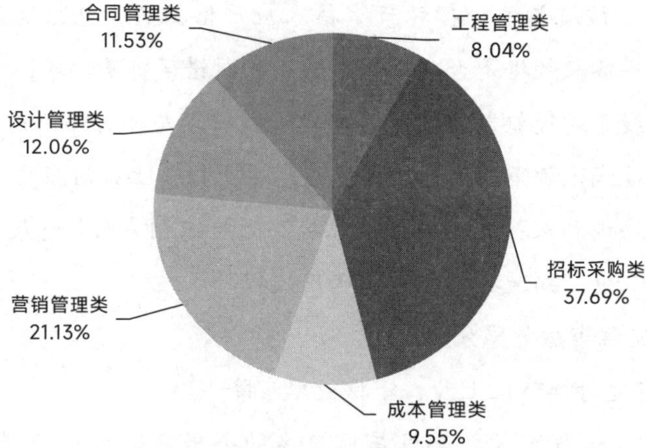

图 7-3 各业务类流程超时比率

（三）超时审核改进建议：①上报流程应快速、及时，考虑必要的审核周期；②上报前应与相关部门充分线下沟通确认，如需多专业线条人员审批，发起前尽量通过线下会议进行快速决策；③上报后应主动跟进，对于个别审批时间较长的环节要提前预判并进行线下沟通、主动汇报；④公司将审核效率及办文质量与组织绩效和员工绩效挂钩，完善并落实流程考核机制。

五、典型案例

（一）报文不规范，重要资料明显缺失，导致打回调整

J 公司“×× 项目”的招标文件申请流程报文不规范，因“设计图纸、招标清单、品牌审批表”相关资料缺失，被领导打回，要求补充资料。（截图略）

（二）前置流程未走审批或未关联前置流程导致打回调整

K 公司“×× 项目”的招标文件申请流程，因未先走前置的图纸评审流程申报，无法在系统进行前置条件流程关联，导致流程打回调整。（截图略）

（三）以线上回复代替线下沟通，OA 平台成为讨论会

D 公司“×× 事项”流程，线下未充分沟通确认，相关部门意见较多，以线上答疑代替线下沟通，流程被频繁打回，OA 审批平台成为评审会。（截图略）

（四）节点审核人在审核节点处线下工作超时，导致“超时审核”

L 公司“×× 项目”的定标申请流程，节点审核人在审核节点处进行线下

沟通和资料准备工作而导致超时审核，影响审核效率。（截图略）

（五）流程被打回后，发起人调整或线下沟通导致“超时审核”

公司总部发起的“××事项”申请流程，因线下沟通不充分，导致节点打回，发起人修改和线下沟通严重超时，影响审批效率。（截图略）

运营管理中心

××××年××月××日

小结及阅读目标

小结

本节讲述了运营管理中关于授权、流程的管理机制。不论是企业家还是企业的管理人员，首先要清晰地了解企业授权的重要性，其次要了解当下中国企业授权的现状以及对授权普遍存在的观念上的偏差。我们都知道“人才是第一生产力”，其实“授权就是用人”。企业授权不充分，事实上就是企业自己在限制自己的生产力。

运营部门要对授权的程序有清晰的了解。首先，要确定授权目标，要明确授权后的具体工作要求；其次，要对授权人进行多维度的考察和培训；要结合授权人的实际情况，选择适宜的方式进行动态、灵活的授权；同时，授权一定要实现权、责、利的对等，以保障其合理性和可持续性；最后，授权一定要制定相应的控制和监督机制，“要把权力关在制度的笼子里”，要实现“阳光授权、阳关监督”。

企业的授权都是围绕人事权、财务权和业务权展开。读者可参考书中“财务付款事项”案例，了解对授权内容如何分类、如何细化落实授权并如何通过流程将授权落实到部门或岗位的日常工作中。

本节对运营部门如何进行流程管理、如何保障流程的合理性和审批效率方面，通过对流程管理的七个要点，进行了较为详细的实操性解读。并用一份全面的

“流程分析报告”实例列举了如何对流程的使用进行数据统计分析。让读者系统了解企业如何建立完善的流程管理机制。

阅读目标

1. 学会如何正确认识授权；
2. 了解如何合理进行授权；
3. 掌握控制和监督授权的方法；
4. 了解如何将授权和流程结合应用；
5. 学会如何对流程审批系统进行有效管理。

第三节　授权、流程管理模块须达成的管理目标

通过对本章上述内容的学习，相信读者对企业的授权和流程有了基本的了解，对授权和流程管理的重要性也有了一定的认识。

一个企业，如果不能很好地解决授权工作，这个企业将会始终受困于如何“用好人”的问题。人才是第一生产力，用不好人也意味着企业第一生产力无法发挥其应有价值，显然，如果在用人上犯了重大错误，对于企业来说也是致命的。而流程管理，更直接关联着企业的工作秩序和工作效率。如果流程管理存在不足，企业的秩序会变得混乱，工作效率也会降低。

所以，企业要充分重视授权、流程的管理，把每一项相关的管理工作做扎实做到位，并实现以下管理目标。

一、建立合理高效的授权体系，提高企业管理水平

企业建立授权体系，是为了组织发挥最大的效率，为了人才发挥最大的价值，也是为了提升员工的成就感，激发员工的工作热情。对于企业来说，建立并运用好授权体系是一项关乎企业生存发展的重要工作。

中国目前的企业特别是民营企业，授权管理距离真正科学化职业化的目标还任重道远。运营部门的管理人员，要切实理解授权、流程管理工作对企业的重要性，要克服困难，不断引导企业管理向正确的方向发展。运营部门要协同和监督企业建立合理高效的授权体系，发挥企业更多人的智慧和才能，为企业培养更多的人才，提高企业的管理水平。

二、完善授权监督系统，确保授权正常运行

企业的授权和监督，可以形象地比喻为“风筝和线”的关系。风筝不能脱离线的牵引，但也不能受到线的牵绊。好风筝可以授权多一些，可以飞得高但也要配备更好的线。风筝差一些，可以减少适度授权，但也不必苛求其飞得太高。

没有监督的权利必然导致腐败。虽然授权存在一定的风险，但企业不应惧怕授权，而是要对授权建立完善的监督系统，来确保授权的正常运行。事实上，授权不监督，也等于对被授权人的不负责任。运营部门要结合本章第二节、二-（五）（对授权进行控制和监督）中的内容要求，建立起企业完善的授权监督系统，公开、公正、透明地对授权进行监督。让授权和监督都在阳光下进行，在企业形成“坦坦荡荡做事，光明磊落监督”的正气。

同时需要注意的是，授权监督不必太过于苛求完美。腐败问题是个关乎体制、人性、环境等多方面因素的复杂的全球性社会问题。我们当然不能纵容腐败，因为这会带来管理灾难。但企业如果太过于追求一尘不染的清廉环境，往往又会造成“因噎废食”“不作为”等过度管理的后果，对于企业来说，这同样是一种灾难。

凡事都有度。完美，往往只是一种理想的存在。在企业中，很多事物我们更应该努力去追求最适合而不是最完美。这里蕴含着丰富的经验和管理智慧，需要读者朋友们通过不断积淀后去慢慢体会。

三、协同建立企业高效工作流程审批系统

建立企业的工作流程审批系统，充分利用现代科技和信息化为企业服务。

这需要专业软件公司介入和各部门的参与，而软件维护则是企业的IT部门。运营部门要深刻了解工作流程审批系统的机制，全程参与到流程审批系统的建立中，通过工作统筹，不断引导、磨合，协同建立一套符合企业实际，满足企业需求的高效率的工作流程审批系统。这对企业日常工作效率保障是一件非常有意义的事。

运营部门对流程审批系统的管理也是对系统不断完善的过程。让工作流程审批系统这一重要的管理工具能保证做到及时更新，并始终保持其合理性和先进性。

四、建立起企业对工作流程系统的管理机制

运营部门须担负起企业工作流程系统的管理职责，主动做好沟通服务工作，科学地对工作流程系统进行常态化的管理，做到该系统始终保持及时更新和持续优化，保障企业工作效率。

这需要运营部门将该项管理工作不断规范化，并制定出一套针对性的完善的标准化管理机制。同时，运营部门要沟通企业人力资源或其他业务部门，将对工作流程审批系统的管理要求，纳入企业的培训和考核，以确保对该系统的管理有章可循，处罚有据可依。

第八章

制度、标准化管理模块

- 企业标准化管理实质上就是对由技术标准、管理标准、工作标准这三大标准体系所构成的企业标准化系统（或企业标准体系）的建立与贯彻执行。
- 借鉴没有问题，只是我们需要在借鉴中做到提炼和升华，做到结合企业实际的灵活运用，这才是借鉴的精髓所在！

制度、标准化管理模块的思维导图如图 8-1 所示。

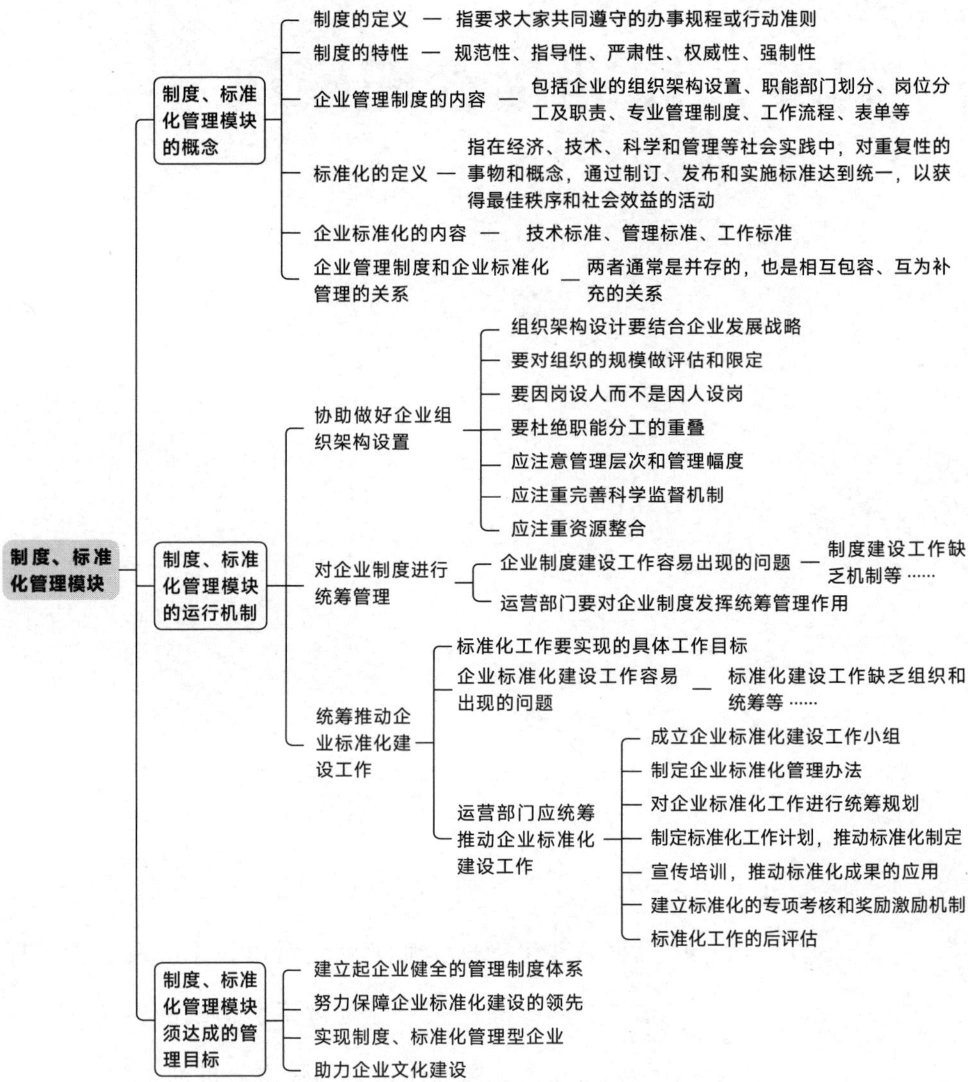

图 8-1　制度、标准化管理模块的思维导图

第一节　制度、标准化管理模块的概念

一、制度、标准化相关概念

制度：一般指要求大家共同遵守的办事规程或行动准则。

制度的特性：规范性、指导性、严肃性、权威性、强制性。

企业管理制度：是企业管理的工具，是企业实现正常生产秩序的保障。是对一定的管理机制、管理原则、管理方法以及管理部门设置的规范；企业管理制度，是企业员工在生产经营活动中必须遵守的规定和准则。

企业管理制度的内容：包括企业的组织架构设置、职能部门划分、岗位分工及职责、专业管理制度、工作流程、表单等。

制定企业管理制度的意义：企业管理制度是企业的重要管理工具和抓手、是法律法规的延伸、是企业的防火墙、是员工的保护伞、是企业成员的行为准则、是企业正常经营和高效发展的保障。

标准化：是指在经济、技术、科学和管理等社会实践中，对重复性的事物和概念，通过制订、发布和实施标准达到统一，以获得最佳秩序和社会效益的活动。

企业标准化：是以获得公司的最佳生产经营秩序和经济效益为目标，对公司生产经营活动范围内的重复性事物和概念，制定和实施公司标准的过程。

企业标准化管理：是一项较为复杂的系统工程，具有系统性、动态性、超前性、经济性等特征。标准化管理是一套管理体制，要求企业遵循 PDCA 原则，建立文件化的管理体系，坚持以预防为主，坚持全过程控制、持续改进的思想，使组织的管理工作在循环往复中螺旋上升，不断提高工作效率，提高管理水平，实现公司业绩改进的目的。

二、企业标准化的内容

技术标准：指重复性的技术事项在一定范围内的统一规定。明确企业技术标准体系的构成，把握各标准分支的具体要求和基本特征，组织好各种类、各层次技术标准的制定和实施。要通过技术标准化管理，建立行之有效、内部统一协调的技术管理系统，实现提高质量、提高效率的管理目标。

管理标准：是对企业中重复出现的或需要协调统一的管理事项所规定的各种标准的程序、职责、方法和制度等。它是组织和管理企业生产经营活动的手段，是贯彻与实施技术标准的重要保证。管理标准化，主要应解决好制定、实施和考核三方面的工作。

制定管理标准的目的是合理组织、利用和发展生产力，正确处理生产、交换、分配和消费中的相互关系及科学地行使计划、监督、指挥、调整、控制等行政与管理机构的职能。

工作标准：是对企业需要协调统一的工作事项制定的标准，是以人或部门的工作为对象，对工作范围、责任、权限、程序、要求、效果、检查方法等所做的规定，是按工作岗位制定的有关工作质量的标准。企业工作标准化管理，主要是明确工作标准的内容和对象，科学制定、认真组织实施工作标准。对工作标准的完整性、贯彻情况、取得的成效进行严格考核。

企业标准化管理实质上就是对由技术标准、管理标准、工作标准这三大标准体系所构成的企业标准化系统（或企业标准体系）的建立与贯彻执行。其中，对技术标准的执行，是企业的产品质量是否达到要求的参照之一；对企业管理标准的执行，是企业管理规范化的前提；对工作标准的执行，是评价员工是否适合该岗位的主要标准。

三、企业管理制度和企业标准化管理的关系

企业管理制度和企业标准化管理两者通常是并存的，也是相互包容、互为补充的关系。管理制度是推行企业标准化的基础和依据，也是企业标准化执行的实施规则。而企业标准化，又是对管理制度的补充完善和制度落地的有效支

撑。从范围上讲，企业管理标准化隶属于企业制度管理范畴，是制度管理的一个重要分支。

理解清楚制度和标准化的概念和彼此间的相互关系，更有助于我们对其展开有效的管理工作。

第二节　制度、标准化管理模块的运行机制

运营部门被称为企业的“发改委”，是因为运营部门的很多职责都和“发改委”的职责类似。在本书前言中提到的发改委职责中，其中“三统”职责之一就是“统制度”。企业的制度、标准化建设的统筹工作，也是运营部门的重要工作之一，这是一项富有挑战性的工作，对于企业的影响深远、意义也非常重大。

一、协助做好企业组织架构设置

有一个形象的比喻：战略是企业的大脑，制度流程是企业的血液，组织架构是企业的骨架。确实，组织架构对于企业来说就是支撑起其管理体系的框架。具备良好组织和协调能力的组织架构，将有助于企业更好地实现资源整合，更高效地实现管理目标。

企业的组织架构设计实质上也是一个组织再造的过程，它是把企业的人力资源结合工作任务、流程、权力和责任进行有效组合和协调的一种活动。

企业组织架构设计，主责部门应为企业人力资源部门。因这项工作事关企业整体工作效率和工作秩序，对企业影响重大，所以，运营部门需在架构设计过程中积极参与并给予符合企业战略发展要求的、有价值的建议。这就要求运营相关管理人员，要深刻了解组织架构和企业经营之间的关系，了解组织架构设计和提高企业生产效率之间的关系，掌握组织架构的设计要点。

现代的企业都具备基本的企业组织架构设计能力，不同行业也都有比较完善的部门划分和职责分工范例。组织架构设计有其固有的设计流程和需要遵循

的设计原则，此处我们不展开进行阐述，本节我们重点讲述**企业在组织架构设计中要注意的关键事项。**

（一）组织架构设计要结合企业发展战略

在组织架构设计中要结合企业发展战略展开。依据未来一年到三年的业务发展需要，对组织架构和职能进行前瞻性的设计。企业在组织架构设计中，需要长远眼光和提前布局。有些工作例如企业的制度建设、人才培养和管理系统的完善等，都需要较长时间的沉淀才能更好地发挥作用，如果等到需要的时候再去做架构和职能的安排则为时已晚。所以，企业的组织架构设计需要结合中长期发展战略进行，并注意提前做好预见性的安排。

（二）组织架构设计要对组织的规模做评估和限定

企业的组织架构设计中，要对组织的规模和职责进行评估和限定，在后期落地实施过程中，才可以更好地保障部门的规模可控、职能不偏离。有些企业的组织架构设计只负责架构设计本身，对部门编制和职能却不做明确要求，该部分工作由各部门自行完成。这种情况下，部门会在“本位思想”的驱使下，出现职能设置的不合理或者人力资源的过度配置，容易导致管理失控，这是需要运营管理人员引起注意并努力规避的问题。

（三）组织架构设计要因岗设人而不是因人设岗

在部分企业的组织架构设计中，会出现因人设岗的情况：为了对个别人员进行工作安排，特意设定一个并不是很必要的部门或岗位来进行安置。这样做容易扰乱正常的企业架构设置秩序、造成企业资源的浪费，也容易引发部门间的矛盾。所以，不论是出于怎样的原因，在企业中“因人设岗”的做法都是应该避免的。

（四）组织架构设计要杜绝职能分工的重叠

职能分工的重叠是指不同的部门或岗位，对同类事项都有管理权限，这种情况在企业中较为常见，但却是组织架构管理工作的一个禁忌。职能分工重叠，会造成企业的资源浪费，并很容易引起工作推诿扯皮等矛盾。出现这种问题的原因也比较多样，但不论出于怎样的理由，都要避免分工重叠的现象发生。从历史经验看，凡是出现分工重叠的情况，基本都会带来管理混乱且都以失败告终。有些企业试图通过这种重叠分工实现强化执行、达到“1+1 大于 2”的效果，或者期望实现“田忌赛马”式的竞争局面，事实上执行过程往往事与愿违，是行不通的。

（五）组织架构设计应注意管理层次和管理幅度

企业的管理层分为主管、经理、总监、副总裁、总裁等若干层级，也称为**管理层次**。大型企业的管理主体，分为集团、各中心、分公司、项目等，也属于管理层次范畴。**管理幅度**是指在一个组织结构中，管理人员所能直接管理或控制的部门或部属数量。管理层次和管理幅度两者有相关性，组织规模既定情况下，管理层次与管理幅度成反比，管理层次越多，管理的幅度则越小，反之亦然。

管理层次是企业组织机构设置的重点，我们都知道组织架构设计要注意管理层级不能过多，应注重其合理性。层级多会导致效率降低和工作混乱。层级制定要结合企业规模、工作复杂程度以及合理的管理幅度等因素统筹考虑制定。这也是企业组织架构设计中的另外一个关注重点，不合理的层级设置会给企业带来无谓的损失。

越来越多的企业开始推行“扁平化管理”，这也是现代企业的一种新型管理模式。其目的在于减少管理层级、提高管理效率。这种管理模式要求纵向管理层次尽量简化，削减中高层管理者，增加管理幅度，简化烦琐的管理层次，使企业指挥链条最短。

在企业组织架构设置中，除了纵向管理层次的简化，横向进行相关业务部门的整合或合并管理，也是一种提高管理效率的方法。但不论横向还是纵向的简化或整合，都需要结合企业的实际情况进行具体研究分析后应用，要力求实现管理层级和管理幅度的最佳组合。

（六）组织架构设计应注重完善科学监督机制

组织架构设计中，除了要解决部门的工作沟通问题，还要对监督机制予以完善。通常，A 部门和 B 部门之间的工作内容有相关性有时也具备相互监督的特征，企业要充分对该部分职能进行合理设置。力求在架构设计中实现沟通和监督机制的共同完善。例如：企业成本部门需要对生产部门的成本使用情况进行监督；财务部门可以对成本部门的目标成本进行监督等；在架构设计和职能完善环节考虑和完善科学监督机制，会对未来企业各组织合规高效地履职大有裨益。

（七）组织架构设计应注重资源整合

用最少的资源创造最大的价值，这是所有企业管理追求的目标。企业的资源包括财务资源、人力资源、资产资源、社会关系资源等内容，资源是有限的，也是有成本的，组织架构设计不能脱离企业资源实际，要有效结合进行合理的统筹。该整合的职能一定要整合、该合并的机构一定要合并、该剔除的岗位一定要剔除，确保机构、人力精简的同时，把资源整合好并高效利用好，避免企业资源的浪费。这也是实现企业管理扁平化的有效方法。

二、对企业制度进行统筹管理

（一）企业制度建设工作容易出现的问题

企业制度建设工作，是企业管理的基础工作，也是企业管理的重要工作之一。同时，这项工作也是企业管理中存在问题最多的工作。之所以这样讲，是因为制度建设所要求的专业性强、影响因素多、工作要求细且执行难度大。

在企业的制度建设工作中，以下问题的存在较为普遍：

1. 制度建设工作缺乏机制

部分企业的制度建设比较随意，没有建立科学的制度建设管理机制，制度建设管理水平低，制度执行效果差。

2. 制度建设缺乏标准

制度建设没有标准和要求，按照自己的理解随意制定，制度标准五花八门，造成制度的制定水平参差不齐，颗粒度也粗细不均。

3. 制度建设缺乏统筹

制度建设没有统筹主体，特别是跨部门跨区域的制度，因缺乏统筹造成制度缺失或制度可执行度差，对工作造成阻滞。

4. 制度和制度之间缺乏拉通

制度建设各自为政，制度制定存在明显的本位主义。涉及制度和制度之间的搭接部分，缺乏应有的担当和拉通，导致制度不健全。

5. 有制度无执行现象较为普遍

制度一大摞，全部束之高阁。没有人学习，没有人培训，也没有人认真执行，制度沦为了档案文件。

6. 制度执行缺乏监管

制度执行缺乏监管，制度执行是否有效、是否高效，是否存在问题，没有监管机制，导致问题长期存在无人管理。

7. 制度的专业性不足

制度制定阶段，不是“拿来主义”就是让经验不足的下属随意起草定稿，也未经认真的评审，造成制度专业性不足，无法指导工作甚至造成工作混乱。

8. 制度的可执行性不强

制度内容过于宏观、细化不够，对管理的颗粒度只能起到方向引导作用却无法实际指导一线工作。实际执行仍然缺乏指引细则。

9. 制度和现实脱节

一种情况是制度制定没有结合实际造成的脱节；另外一种情况是因外界因素已发生变化，制度和现实已明显不符，但没有及时更新，造成制度和现实的脱节。

10. 制度的审核流于形式

制度发布前的审核走形式，对内容质量缺乏有效评价，所谓的制度审核形同虚设。

11. 制度没有定期评估修订

制度制定后就没有评估，也不再进行修订。制度常年一面，逐渐失去时效性和管理作用。

上述制度建设中存在的问题，在企业中具有普遍性。分析并针对性地解决好每一个问题，企业的制度建设工作才能系统和健康地开展。

（二）运营部门要对企业制度发挥统筹管理作用

1. 成立企业制度建设领导小组

每一个规模企业都应成立自己的制度建设领导小组。该小组应由分管运营的高管或者总裁直接任组长，由运营部门牵头，企业各部门的负责人和分管制度建设的人员作为小组成员。

制度建设领导小组的职责：

- 对企业制度建设发挥统筹管理作用；
- 负责制度框架和标准的制定；
- 负责制度的评审和发布；
- 负责制度执行的检查以及制度的评估修订等。

成立领导小组，是解决企业制度建设的组织管理主体问题，以让这项工作的开展实现有组织、有计划、有统筹、有跟进、有总结的管理闭环。

我们会在后续内容对如何有效履行这些职责进行详细解读。

2. 制定规则，对制度建设进行规划

制度制定前，运营部门应组织领导小组成员对企业已有制度进行梳理，结合企业组织架构和工作实际，对企业的制度体系进行规划。制度体系的规划，不是简单地对制度目录进行罗列，而是同时要将制度的制定规则和企业的战略要求融入其中，这个过程需要相关部门的参与，也需要组织进行多轮的研讨。

企业制度制定规则，是对企业制度建设工作的管理规定，内容应包括制度制定的目的、原则、制度分类、制度制定的责任分工、制度制定与修订要求、制度的审核批准废止与生效等。这里，对制度制定规则我们不做全面的阐述。但**制度的分类**和**制度制定与修订要求**是重点，需要引起关注。

制度分类也关系到制度体系的规划；而制度制定与修订要求，则会影响制度的具体制定和实施。

制度体系的规划可参考表 8-1 形式进行。

表 8-1　制度体系规划

<table>
<tr><th colspan="3">制度的规划分类</th><th>制定部门</th><th>是否需要运营统筹</th></tr>
<tr><td rowspan="4">企业类制度</td><td rowspan="2">重要性制度</td><td>管理类制度</td><td>运营部门</td><td>是</td></tr>
<tr><td>执行类制度</td><td>各业务 / 职能部门</td><td>是</td></tr>
<tr><td rowspan="2">一般性制度</td><td>管理类制度</td><td>各业务 / 职能部门</td><td>否</td></tr>
<tr><td>执行类制度</td><td>各业务 / 职能部门</td><td>否</td></tr>
<tr><td rowspan="4">部门类制度</td><td rowspan="2">重要性制度</td><td>管理类制度</td><td>各业务 / 职能部门</td><td>是</td></tr>
<tr><td>执行类制度</td><td>各业务 / 职能部门</td><td>是</td></tr>
<tr><td rowspan="2">一般性制度</td><td>管理类制度</td><td>各业务 / 职能部门</td><td>否</td></tr>
<tr><td>执行类制度</td><td>各业务 / 职能部门</td><td>否</td></tr>
</table>

表 8-1 的内容非常简单，重点是要表达一个制度规划的思路。制度制定不能眉毛胡子一把抓，要主次分明。哪些制度是企业的重要性制度，哪些是部门的重要性制度；同时，在重要性制度中，管理类的有哪些，执行类的有哪些，都要进行分类，以便于明确责任主体并进行统筹制定和管理。

同时，我们在制度制定过程中，很容易对管理类制度和执行类制度不做区分地混为一谈。特别是在部门类制度中，通常只有业务执行类的专业制度，而缺失部门管理类制度。比如部门组织架构和人员分工以及部门的管理授权、工作流程和部门管理体系说明文件等。事实上这类管理制度是非常重要的，它关系到部门的整体管理思路。可以说，在企业中，一个部门“管理类制度”的制定水平，在一定程度上也决定了该部门工作的整体管理水平。在制度制定环节，这是必不可少的，也是必须予以高度重视的部分。

通常，一个部门的管理类制度应包含表 8-2 所列内容。

案 例

表 8-2 ×× 部门管理类制度内容

制度名称	制度说明
《×× 部门组织架构和人员落位》	对部门的分组和小组职责进行明确，并将人员进行岗位落位
《×× 部门人员分工和岗位职责》	明确部门人员的分工，完善部门人员岗位职责
《×× 部门职责边界》	厘清工作边界，将部门和其他部门或下级公司的关联业务的工作职责边界进行明确
《×× 部门重点工作内容及其工作程序流程》	对部门的重点工作内容进行描述；对各项工作内容的完成程序和流程进行说明
《×× 部门工作成果及标准》	明确各项重点工作需要完成的工作成果，以及各项工作成果的完成标准
《×× 部门工作成果的评价工作指引》	制定对工作成果的检查、评价和考核机制
《×× 部门工作计划（台账）管理规定》	明确部门工作计划或个人工作台账的管理要求
《×× 部门考核工作指引》	结合部门管理制度规定的要求，对部门考核工作制定制度予以实施
《×× 部门管理体系说明文件》	对部门的业务进行体系化管理，并制定体系管理说明文件，让员工了解部门管理的机制和要求

企业在制度体系建设的过程中，除了要关注企业层面和部门业务方面的制度制定，切记不要忽略部门管理制度的制定，这项工作对于提高部门层级的管理水平有重要的作用。

3. 制度制定的标准和要求

制度制定的标准要力求统一。这里所强调的制度制定标准不是常规的制度文件格式等的标准，而是指制度制定的**可操作性标准**。

企业中存在的制度，有相当一部分制度笔者称为“**格式化制度**”。这类制度的特点是：放之四海而皆准。但对于使用部门来说，这种格式化制度却是：**有用，但不能用**。说有用，是因为制度对所针对事项的描述都很清晰，观点也很正确，完全可以理解和认同；说不能用，是因为制度在具体如何操作方面却没有详细的指引，对工作没有实操指导性。

这种“格式化制度”在企业中较为常见，也是如今企业的制度缺乏指导性和权威性的一个重要原因。格式化制度可能最初是源自一些标准化管理机构制定的具有普遍适用性的制度范本，这些范本被企业中责任心不强的部门或员工不经加工就直接发布应用。其实这类制度有的和企业的实际并不匹配，有的和操作层实际更是严重脱节，对企业来说几乎没有什么应用价值甚至有反作用。

真正有效的制度既应具备很强的工作指导性，也应极具专业性和权威性。在制度制定标准中，运营管理部门要对制度的可操作性进行明确要求：

- 制定制度需说明制定的目的和具体用途，要明确应用于什么具体工作。对执行部门或执行人有要求的，要结合架构将要求落实到具体部门或岗位，不能含混不清。
- 新制定制度的内容必须符合企业或部门已有制度、流程和表格等要求，不能产生矛盾冲突。新制度对其他制度有引用的，须详细指出参考制度名称和出处。
- 制度中对时间或地点有要求的，要明确具体时间、时限或具体的位置，要避免有要求没标准的情况。
- 对于制度描述的工作如何推进，要有具体的流程和方法及清晰的内容说明。
- 对于工作的完成标准要有量化或细化的要求，完成标准复杂或内容较多的，可另行制定规定或指引作为制度附件。制度中有涉及表格内容的，须将表格文件作为制度附件一并制定完成。

- 对制度的执行考核要制定条款进行约定。对制度的时效性和修订周期要进行明确。
- 对于无法明确的需跨部门合作的内容或其他待完善的内容，要在制度文件中专项予以提示和明确。
- 制度的篇幅要力求短小精悍，做到没有空洞无效的表达。

制定出以上八条标准，制度制定就有了规范和依据，也为后期的制度审核提供了重要的参考。我们在制定制度过程中，要对照以上八条标准进行复核，以确保制度的可执行性。企业的制度制定要尽可能避免“大而空”“有用却不能用”的情况，让制度真正成为企业具备规范性和指导性的管理工具。制度制定始终要铭记：**制度不是档案，不只是用来看的，而是要落地执行的。**

4. 运营部门注重发挥制度建设中的补位统筹作用

制度建设的统筹工作是一件非常细致且烦琐的工作。特别是涉及跨部门跨体系时，更加需要运营部门高度关注、及时补位。必要时，还需协调企业制度建设领导小组参与，解决多部门协同的制度建设问题。

（1）统筹制定工作计划

制度制定通常是各部门的工作职责，但这项工作需要一个统筹部门来统筹制定计划和协调解决工作中存在的问题。否则制度制定工作将难以做到有序和持续开展。运营部门应担当起并负责好这项统筹工作。

（2）统筹“新制度和企业其他管理制度的一致性”工作

因为制度制定主体是各部门，而部门的员工是很难做到全面地了解企业整体管理体系和制度要求的，这就造成制度制定完成后，可能会和现有的管理制度存在矛盾或差异。如：新制度和现有考核体系、流程体系或标准化体系等的要求是否存在矛盾？……这部分工作，需要运营部门组织有经验人员进行评审，发现并纠正相关问题。

（3）统筹“制度中需跨部门合作部分的内容制定”

各部门工作不是相互割裂的，很多工作内容和其他部门紧密相关。前面我们讲过，制度制定过程中，针对此类存在交集的工作内容，需要制定部门在制度中予以专项说明，以便运营部门对该部分内容进行统筹，组织相关部门对其进行完善。

在企业中，每一个部门既有其独立性也有和其他部门工作的相关性。解决好部门间的相关工作交接和配合，可以让企业整体的运转更为顺畅。

跨部门制度的统筹工作，是制度建设工作中的一件重要工作，它可以保障各项制度内容之间的拉通，也可以确保企业各部门在“相关性工作”部分能实现良好的协同。

（4）统筹“涉及多部门制度的制定”

企业有些较为重要的制度，内容复杂且需要企业多部门多岗位的参与配合制定。通常，类似制度因主责单位不清或主责单位调动协同能力不足的原因，制定的过程往往会非常艰难。

对于这一类制度，运营部门需要充分发挥牵头统筹作用：制定工作计划、进行工作分工，通过组织所涉及部门开会评议等形式，统筹监督制度完成最终的汇总和完善。

比如企业的《标准化管理制度》《风险管理制度》等综合性制度，都需要运营部门的统筹牵头才能顺利地完成。

5. 制度要对标、借鉴和学习先进企业经验

对标学习和借鉴先进企业的制度，无疑也是一条企业制度建设的捷径。事实上在日常工作中这种做法也很常见。我们应该鼓励和支持这种对标学习，特别是在制度建设初期缺乏必要经验的阶段，学习借鉴是重要的工作方式。只是我们不应做简单的抄袭，而是要掌握学习借鉴的方法，对于先进企业的制度，我们应学会取其精华：

- 学习先进企业制度建设的系统性，学习其制度体系规划和内容框架；
- 学习先进企业制度的标准化和规范性；

- 学习先进企业制度制定如何和企业理念有效结合；
- 学习先进企业制度订立实现全面、严谨和权威性的思路和方法；
- 分析并学习其制度具备较强实用性、指导性的原因；
- 学习先进企业的具体工作管理方法，结合企业实际进行借鉴取舍。

制度建设，一定要结合企业实际进行制定，要结合企业自身的文化特点和自身管理特色开展工作。对标其他先进企业是为了学习借鉴，而不是照搬。相信很多人都明白这个道理，但在工作实际中，做到这点并不容易。有些人不愿意动脑子图省事，制度被抄来抄去，也越来越失去了现实指导意义。

其实借鉴没有问题，只是我们需要在借鉴中做到提炼和升华，做到结合企业实际灵活运用，这才是借鉴的精髓所在！

6. 制度的审核、发布

制度的审核不能走过场。制度审核至少要经过两级：部门环节审核和发布环节审核。

企业要关注部门对制度建设的重视程度。经常有些能力和格局欠缺的部门负责人，对制度制定抱有应付了事的态度，这种状态是无法满足管理要求的。运营部门要做到不定期参与部门制度制定工作并检查工作成果，如发现类似不严肃不认真的问题要及时进行纠偏。在部门制度制定环节，部门负责人要能做到符合工作标准、认真专注地履行工作职责，这是制度建设的基础保障。

而在制度发布环节，部分企业只是走一个例行程序，做简单的文字校对再配上制度编号就予以发布。这就让很多有缺陷的制度或格式化制度趁机流入企业的制度体系。

制度审核是严谨的，企业要对部门制度审核有要求有标准：

- 制度发布前，要求部门将制度审核和修订过程稿或制度审核会议纪要一并提交运营部门，并由部门负责人签名确认；
- 在发布审核环节，运营部门要组织制定部门人员和企业制度建设领导小组有关人员，结合本章“制度制定的标准和要求”内容，对制度进行严格的审核。对不符合要求的制度要打回重新制定，符合要求的才予以发布；

- 对于在审核过程中发现的不重视制度制定，粗制滥造、应付了事的情况，要予以警戒，必要时要启动问责。

通常，新制度建议以试行形式发布，待试行期（半年或一年）结束没有发现不适用问题后，可再正式发布。

7. 制度执行的检查

“有制度不执行，比没有制度危害更大”，这种说法是不无道理的。企业有制度不执行，会让员工对企业的管理失去信心。有制度不执行问题，也是企业制度管理的难点问题，在企业存在普遍现象。造成这种现象的原因有以下几点：

- 制度的制定没有标准，和工作脱节或内容空洞，缺乏可执行性。
- 部门负责人对制度执行不重视，自身不执行制度，更不能带动团队形成有效的制度执行力。
- 企业在制度培训方面不够重视，员工对制度不了解。
- 企业在制度执行过程中缺乏监督机制。
- 企业在制度执行方面没有考核或考核奖罚力度不够。

企业要扭转有制度不执行的被动局面，需要针对以上五点进行有效的强化管理，要求做到：

（1）严把制度制定和审核关（见本小节（2）、（3）部分内容）

这是造成有制度不执行的重要原因，也是制度能否有效执行的基础保证。企业要确保发布的制度符合标准要求。

（2）制度执行的重点是各级“一把手”

对部门管理者的制度执行要进行专项管理。从企业领导人到企业高管要做到制度执行的以身作则；企业的日常管理和会议要求，也要不断强化制度执行的重要性；对各负责人要进行专项的制度执行培训；将制度执行列入部门负责人的考核条款；通过这些形式，不断强化各级一把手对制度执行的意识，是形成企业制度执行力的关键。

（3）强化企业的制度培训

这里要注重的是：除了对新员工，对老员工也要定期组织制度培训；不仅要重视企业行政管理制度培训，还要强化部门管理和业务制度的培训；制度培训要作为对部门的管理要求，系统性地展开，要做到有计划、有执行、有检查、有考核。

（4）企业要注重对制度执行的过程检查

要充分利用运营巡检、专业条线巡检、审计检查等工作机制，对制度的执行情况进行专项检查。对出现违反制度的行为要及时发现并进行处置；检查工作要常态化，并要形成联动，不能出现管理盲区。

（5）制度执行要建立考核和问责机制

企业应将部门制度的执行情况纳入组织绩效考核，让制度执行和工作绩效挂钩；同时，对制度执行要实行负责人或责任人“问责制”。出现违反制度的情况，要依据情节轻重予以警示、通报批评甚至辞退等处罚。严格的考核和问责，会对制度执行形成有效的监控。有所畏惧，才会有所重视，这也是人性的特征之一。

8. 制度的评估和修订

企业制度审核发布以后，要结合制度的执行情况，定期对制度进行评估，确认制度的执行条件是否发生变化、是否依然符合企业实际，评估制度是否有必要进行内容调整或更新。评估企业制度，可以由企业内部员工进行，也可以请第三方专业人士评估。

在制度的审核发布环节，也是对制度评估的一个过程。制度执行一段时期后（通常为一年），要再次对制度进行评估。评估的内容主要有以下几个方面：

- 制度是否符合制定标准，内容、格式是否符合要求；
- 制度是否符合企业的战略管理需求；
- 制度同企业文化是否存在冲突；
- 制度同企业既有的授权和流程是否有不符之处；
- 制度是否和现有制度存在重复或矛盾之处；

- 制度是否存在不健全、未完善的部分；
- 制度是否可以更精简。

对制度年度评估的前提，是要对制度的执行情况有充分的了解。这需要制度使用部门，注重日常制度执行过程中各类信息的收集，以备制度评估修订时使用。运营部门也要注意对这项工作进行要求、安排和跟进，并及时收集汇总信息。

市场环境和企业的经营环境是在不断变化的，制度也需要随着这种变化进行及时的更新。所以，企业要定期组织对制度的评估和修订。制度的修订工作，既能做到让企业的制度不断优化，也能进一步强化员工对制度的学习和理解，这是运营部门一项不能缺失的重点工作。这项工作可以每年进行一次，也可以每 2~3 年进行一次。

三、统筹推动企业标准化建设工作

我们在本章第一节讲到，企业标准化的内容主要包含三个方面的内容：**技术标准、管理标准和工作标准**。其实这三个方面也涵盖了企业几乎所有的工作职责和工作内容。可以说，企业的标准化无处不在。

关于企业标准化的作用有很多不同的解读，内容也比较多，但笔者认为，企业推行标准化管理的根本目的就是两个：第一，规范；第二，提效。

规范：是让企业管理链条、产品实现链条、员工工作行为、交流沟通方法等部分或全部内容更加的统一和规范；

提效：就是通过标准化工作提高企业的生产效率和生产效益；

违背上述目的的标准化工作，可以说就是无效的标准化工作。无效的标准化不仅无法实现规范和提效的目的，反而会起反作用，相信读者朋友对此也有同感。在后续的内容中，我们将对此展开进行阐述。

标准化工作，是一项艰巨和繁杂的工作，参与者需要具备系统性和标准化的思维，具备丰富的专业经验和技能，也需要统筹者具备细致和耐心的工作态度和很强的组织和协调能力。

在开展标准化建设工作之前，我们需要先来了解一下标准化工作具体要做哪些事情，要实现什么样的工作目标。

（一）标准化工作要实现的具体工作目标

优化和简化管理内容和工作流程：在确保结果和效率不受影响的情况下，尽可能地优化和简化管理层级、架构和管理行为，剔除不必要的工作流程和中间环节工作。

统一标准、统一行为：对企业的各类产品或对外展示、输出成果制定统一标准，对重复性的工作和行为，通过制订、发布和实施标准或制定工作流程达到统一。

企业产品系列化：将企业的产品按照类别、功能、客户需求或管理需求进行系列化管理，对每一系列制定不同标准，对不同系列进行模块化管理。

进行工作重组：将企业的架构、分工或工作职责进行合理重组，以更有效地推动工作开展。

实现协同管理标准化：对企业各部门之间涉及产品的设计研发、成本投入以及产品生产和市场销售等，明确一致的产品标准、一致的管理标准，统一管理目标，建立标准的沟通协同机制。

（二）企业标准化建设工作容易出现的问题

1. 标准化建设工作缺乏组织和统筹

部分企业的标准化工作，在企业层面没有组织和统筹，只是由各部门根据需要自行推动。标准化开展不够系统和全面，很多涉及多部门协同联动的标准化工作无法开展。

2. 管理层缺乏格局和视野，对标准化的理解不够，重视程度不够

部分企业的管理层见识不够广、视野不够开阔，对行业的发展现状和同行的先进能力不了解，这种管理层缺乏视野和格局的状况，也会直接导致企业的标准化管理水平与行业先进水平的差距。不了解标准化对企业的价值，对标准化建设工作的重视也就无从谈起。

3. 企业缺乏创新意识，标准化人才缺乏

管理者安于现状，对管理没有追求，缺乏创新意识。企业也缺乏标准化专业人才，推动工作没有抓手。

4. 标准化工作既不够全面，也不够深入和细致

部分企业推行标准化，因经验缺乏等原因，标准化没有全面开展，只是部分部门在推进。有些标准化的深度也不够，对工作指导性不强，无法实现标准化的目的。

5. 对标准化缺乏修订

企业有标准化，却没有更新和修订机制，标准化应用多年后，内容已经部分失效。

6. 大公司缺标准、小公司大标准

公司规模发展了，标准化建设工作却没有跟上，特别是企业产品标准、质量标准、管理标准等缺失，严重阻碍企业的进一步发展。

相反有些小企业，标准化工作又过于超前，花了很大力气去推进一些与企业规模和发展并不匹配的“大部头”标准化建设，导致浪费大量人力财力却没有发挥什么作用。

大公司缺标准、小公司大标准，都会给企业造成重大损失，是我们管理人员要尽力去避免的情况。

7. 对标准化工作没有考核

企业有标准化建设规划和行动，却未将标准化工作纳入考核，导致标准化建设工作重视度不够，效果不理想。

8. 跨部门标准化缺乏统筹

涉及企业跨部门跨区域的标准化工作，缺乏统筹，导致该部分标准化工作的滞后，影响企业的沟通效率。

上述八项关于标准化建设工作容易出现的问题，在标准化建设工作开展较弱的企业有一定的普遍性。企业要科学有序地推行标准化工作，一定要对上述

问题逐一进行认真的分析和反思，如果发现存在不足或缺失，要及时进行完善补充。否则，标准化工作即使启动也很难达到预期目标。

（三）运营部门应统筹推动企业标准化建设工作

1. 成立企业标准化建设工作小组

因为企业制度建设和标准化建设有相关性但也存在差异性，所以企业的“标准化建设工作小组”可以单独成立，也可以和企业的“制度建设领导小组”合并成立。结合企业的实际情况，如果企业标准化内容多、工作任务重，就建议单独组织成立。

标准化建设小组的领导应由分管运营的高管或总裁担任组长，由熟悉标准化建设工作的中、高级管理干部担任执行组长。指定标准化建设相关部门人员作为组员。

标准化建设小组的职责包括以下内容：

- 对企业标准化建设进行统筹管理；
- 负责企业标准化工作的规划和分工；
- 负责对标准化成果的评审和发布；
- 负责标准化工作的执行检查和考核；
- 负责标准化工作的评估修订。

标准化建设是企业一项重要且长期的工作，和制度建设一样，企业的标准化建设需要有组织有计划地统筹，否则标准化工作将不成体系且很难实现其应用价值。

企业设立专门的管理机构，可以让该项工作具备管理主体，让标准化工作开展更具系统性。企业可以按年度对该项工作进行有计划的统筹安排和实施。

2. 制定企业标准化管理办法

任何工作事项都应做到制度先行。企业推动标准化建设工作，要制定相应的管理办法。《企业标准化管理办法》的条款可因企业具体实际而定，但需在其中明确以下内容。

- **明确企业标准化建设的方针和目标：**结合企业实际，明确标准化建设的方针和目标，其中，方针要做到方向明确，目标要力求具体，能量化的要量化，表达要清晰；
- **标准化建设管理小组的职责：**要明确标准化建设的领导主体和领导责任，明确领导团队的职责和分工，如对标准化计划的统筹、计划和发布的审批；
- **其他参与部门的分工和职责：**明确各参与部门的职责，对各部门在标准化建设工作中的工作内容、工作重点和任务目标进行明确；
- **标准化的内容制定原则、标准：**明确企业标准化制定需坚持的原则和遵循的标准，内容部分主要是对各个标准的框架内容进行明确；
- **标准化的制定、审核、发布管理：**明确企业标准化的制定范围和制定原则，明确标准化成果的审核程序和发布程序；
- **标准化的培训和宣贯要求：**明确对标准化工作开始前的宣贯以及制定完成后的培训工作要求；
- **标准化执行监督检查和考核：**明确对标准化执行过程的监督检查办法和考核制度的结合；
- **标准化建设的成果管理办法：**明确对标准化成果的管理主体和管理办法；
- **标准化的评估和修订规则：**明确标准化成果的评估原则、时限和修订规则。

标准化建设工作内容复杂涉及范围广，《企业标准化管理办法》的制定，是企业开展标准化工作的制度指引，是工作有序开展的保障，是标准化建设不可或缺的管理工具。

3. 对企业标准化工作进行统筹规划

（1）标准化所包含的内容

本章前段我们讲到过，企业标准化工作主要涉及技术标准、管理标准和工作标准三个方面。我们需要对这三个标准的概念进行回顾，对每个标准所包含的具体内容进行进一步的了解。

①**技术标准：**指重复性的技术事项在一定范围内的统一规定。包括基础技术标准、产品标准、工艺标准、检测试验方法标准及安全、卫生、环保标准等。

②**管理标准：**是对企业中重复出现的或需要协调统一的管理事项所规定的各种标准的程序、职责、方法和制度等，管理标准可以分为两类。

- 生产组织标准，它是为合理组织生产过程和安排生产计划而制定的，包括生产能力标准、资源消耗标准，以及对生产过程进行计划、组织、控制的方法、程序和规程等。
- 管理业务标准，例如计划供应、销售、财务等，依据管理目标和相关管理环节的要求，对其业务内容、职责范围、工作程序、工作方法和必须达到的工作质量、考核奖惩办法所规定的准则。

③**工作标准：**是对企业需要协调统一的工作事项制定的标准，是以人或部门的工作为对象，对工作范围、责任、权限、程序、要求、效果、检查方法等所做的规定，是按工作岗位制定的有关工作质量的标准。工作标准包括**管理业务工作标准**和**作业标准。**

在企业标准化制定内容中，技术标准里的产品标准和工艺标准是最为常见的标准；管理标准则应用非常广泛，几乎涉及企业工作内容和管理内容中，所有需要实行标准化管理的方方面面，通常以“制度、指引”的形式体现；**工作标准**则是对具体需要进行标准化的工作制定的标准，主要以“标准”的形式体现。

（2）对标准化工作进行统筹规划

在标准化工作实际启动前，标准化建设小组首要的任务就是结合三个标准的内容，对企业的标准化工作现状进行梳理和分析，找出问题和不足，有针对性地制定规划。

- 要求各部门组织部门全员对各自的技术、管理以及工作标准情况进行分析，找出存在的问题，对标准化制定提出建议并进行讨论；
- 各部门制定年度标准化工作计划；

- 运营统筹收集，以部门为单位对各部门标准化计划进行分析；
- 分析成果并形成文件，报标准化工作管理小组会议审核，制定出企业年度标准化工作计划清单。

企业标准化的统筹规划过程，是标准化工作开始前不可或缺的一项工作。它可以使标准化工作始终在符合企业战略和企业整体要求的前提下进行。同时，必要的审核既可以对出现缺漏的标准化工作事项进行补充，也可以对个别不切实际的标准化工作进行调整，以保障标准化建设内容的合理性。

4. 制定标准化工作计划，推动标准化制定

依据规划，运营部门需按部门及内容，统筹制定标准化建设的工作计划。工作计划如果仅仅是简单的事项加上开始和结束时间，这个计划还仅是一个工作提示。特别是针对复杂事项的工作计划，真正做到对工作的有效指导，计划内容需要更加完善和细致。

表 8-3 是一个标准化工作的计划范例，供大家参考。其中，计划内容考虑了推进阶段、工作级、要求工作内容、责任部门、前置工作要求、工作成果要求和工期等，计划制定细致，对工作推进发挥了良好的指导作用。

标准化的工作内容繁简不一，涉及跨部门或产品系列类的复杂标准化工作，其统筹推进绝非易事。需要统筹部门组织协调相关部门，对工作内容进行细分并落实到部门和具体责任人。制定过程中，需要对每一项工作的推进做到心中有数，并需要定期召集会议对工作成果进行过程审核，对下一阶段工作进行安排。以确保标准化工作的合理性和连续性。

标准化成果的审核和制度发布的审核类似，需要标准化建设领导小组组织专业人员和管理人员，对标准化的内容进行审核。重点审核以下内容：

- 标准化成果和政策法规或企业标准、流程是否存在冲突；
- 是否符合标准化管理办法的要求；
- 是否符合标准化规划要求；
- 是否符合标准化工作目标的要求；
- 标准化试应用的效果是否符合规范、提效的基本要求；

- 内容是否足够细化，是否具备可操作性；
- 是否可对标同类型同规模先进企业的标准化成果；

……

案 例

产品标准化第一阶段工作详细计划（设计部：产品标准化）（节选）见表 8-3。

表 8-3 产品标准化第一阶段工作详细计划

推进阶段	工作级 1	工作级 2	工作内容	责任部门	责任人	前置工作关系	工作成果	工期天	开始时间	完成时间	备注
产品标准化第一阶段：产品标准初建	《造价限额标准》V0.1 版初稿（用时 × 天）	完成毛坯住宅、住宅精装部分、商业三种产品的造价限额标准 V0.1 版编制	通过借鉴标杆经验成果，拟定我司毛坯住宅、住宅精装部分、商业三种产品的《产品建造造价限额标准》模板格式，初拟一版造价限额标准。	运营部（设计、成本、工程、营销、商管、物业小组配合）	运营部 ××× 设计部 ××× ……	标准化规划	1. 按业态初拟“产品档次划分” 2. “产品分部分项” 3. “造价限额标准套用规则” 4. 造价限额值初版	×	××	××	无

5. 宣传培训，推动标准化成果的应用

标准化成果审议完成并发布后，就进入了应用阶段。标准化的应用需要按程序推进，以确保应用效果：

- 对标准化成果的应用部门或人员进行宣传和培训。培训形式可以多样，但一定要做到尽人皆知并可以掌握应用。宣传培训的另一个目的是不断增强全员的标准化意识，持续推动标准化工作的深入。
- 对标准化的执行情况进行监督。要求使用部门对标准化的管理和应用制定工作指引；对已发布实施的标准化执行情况进行检查监督并将结果在领导小组会议上通报反馈。检察监督工作应建立常态化的管理机制，要持续地进行。对于执行不力或不予执行的情况，要及时进行管理。

6. 建立标准化的专项考核和奖励激励机制

标准化工作对企业的管理和发展有着重要促进意义。一旦形成良性的标准化管理文化并具备了完善的标准化管理体系，企业也将从中受益无穷。鉴于这项工作的特殊性，企业应该在标准化工作上制定专项的激励和考核规定，以强化全员参与标准化管理的积极性。

- 对于制定的标准化成果为企业双效（效率、效益）提升做出突出贡献的部门或个人，应根据贡献度的大小予以相应的物质和精神奖励。奖励要本着“贡献越大，奖金越高”的原则，激励员工主动自发地为企业增效做贡献。
- 将标准化工作的推进，纳入部门的组织绩效考核中，对标准化工作完成情况进行评价打分。

培养标准化专业人才，提高标准化管理水平。企业应鼓励支持部门多去参观、交流学习，了解优秀企业的标准化管理水平；可以积极引进高水平的标准化专业人才或对有能力有潜质的员工，企业可出资进行培训学习，不断培养人才，不断强化企业标准化建设能力。

7. 标准化工作的后评估

标准化成果应用之后，要定期对应用效果进行评估，为标准化的修订做好准备。评估要面向基层应用人员，可以用调查问卷的形式或直接访谈的形式，确保能得到一线应用人员的真实反馈意见。也可以组织团队，对专项标准化的成果应用，组织会议来进行评估。企业的标准化成果不是一成不变的，要结合条件变化、应用过程中的问题等进行定期（不超过一年一次）的修订，这是保证标准化成果始终保持实用价值的有效方式。

小结及阅读目标

小结

本节讲述了运营管理中关于制度、标准化的管理机制。企业的管理制度是企业管理的基本工具，是实现正常生产秩序的重要保障。企业的标准化工作，是对企业管理的进一步规范，也是提高企业工作效率的重要方法。

如果说战略是企业的大脑，那么制度流程就是企业的血液，而组织架构则是企业的骨架。运营部门首先要把握组织架构设计的要点，做好企业组织架构设计工作。这也是企业的制度建设和标准化建设的重要前提。

在企业制度、标准化系统的建设和管理方面，运营部门要牵头成立专项工作小组来管理和统筹工作推进。具体实施阶段，要对制度和标准化工作进行科学的规划，明确制度、标准化建设的工作标准，要掌握“如何提高制度的可执行性”和“如何提升标准化成果应用价值”的方法。

在部门管理制度建设中，要强化部门的“管理类制度建设”，要让部门的行政管理和业务管理实现“两手抓，两手都要硬”。

在标准化建设过程中，要注重对标准化概念和内容的了解和掌握，做好标准化的规划，让标准化工作有的放矢。

同时运营部门要做好制度建设和标准化工作的引领和补位作用，做好协同和跨部门沟通等工作，这对运营部门的管理人员也提出了较高的要求。

阅读目标

1. 了解做好企业组织架构应规避的问题；

2. 了解企业制度建设工作容易出现的问题；
3. 掌握如何在企业制度建设中发挥统筹管理作用；
4. 了解企业标准化工作要实现的具体工作目标；
5. 了解运营部门应如何统筹推动企业标准化建设工作。

第三节　制度、标准化管理模块须达成的管理目标

一、建立起企业健全的管理制度体系

一套科学、健全的管理制度是企业的宝贵财富，也是企业最为有力的管理工具。它是企业赖以生存的体制基础，是企业各项经营活动的体制保障。管理制度可以规范员工行为、提高员工素质、有效指导员工工作、提高企业生产效率并推动更高效地实现管理目标。同时，健全的制度管理体系，有助于提升企业形象和社会影响力，是企业品牌建设的重要支撑。

运营部门对制度管理模块的工作目的，就是建立这样一套能助力企业发展，助力企业更高效实现管理目标的制度体系。

二、努力保障企业标准化建设的领先

企业的标准化建设水平，在一定程度上也决定了企业的管理水平和行业竞争能力。同时，标准化建设的持续推进，也会让企业在人才的培养、技术的革新以及管理的规范方面不断收获进步。特别是在“两效”提升方面，强化标准化建设是企业最为重要也最为有效的手段。

所以，运营部门需要高度重视并统筹推动好企业的标准化建设工作，不断对标学习先进经验，充分结合企业实际，科学严谨地执行落地，努力让企业的标准化建设工作保持行业领先水平。

三、实现制度、标准化管理型企业

“摆脱人治”是中国部分民营企业依然面临的管理难题。企业发展的过程中，“人治”可以说是创业之初的必经阶段。但企业要发展，由“人治”到“法治”也是一个必须实现的转变。这个转变往往是艰难甚至痛苦的，因为这涉及企业创办人个人意识形态的调整。

但不论历时多久也不论面临怎样的困难，企业如果要规范化、规模化发展，就必须彻底解决“人治”的问题，否则企业的发展就会受到严重影响。

运营部门要通过对制度、标准化模块的管理，发动全员参与到制度建设中来，要求全员遵守制度管理，不断提升企业的制度和标准化管理意识，强化制度执行力度，将企业打造成真正的职业化、管理型团队，企业才能在发展中始终立于不败之地！

四、助力企业文化建设

企业文化建设是个大的课题，包含的内容非常广泛，包括物质层面、行为层面、制度层面和精神层面等。其中，制度层面是企业文化建设的重要组成部分。在企业文化的内容中，不论属于哪个层面的内容，都有一个共同的前提，那就是**“员工的广泛认同”**。否则，就不可能成为“企业文化”的构成。

制度建设也一样。运营部门在管理过程中，要不断地修订和评估企业制度和标准化，不断完善管理机制。让企业形成全员参与制度、重视制度、遵守制度、呵护制度的风气。同时制度除了要拥有雄厚的群众基础，还要做到让企业员工达成共同的价值理念，做到能同时保障好企业和员工的共同利益。这对形成优秀的企业文化将产生巨大的推动力。

让制度升华为文化，由制度管人升华到文化管人，就达到了管理的最高境界“无为而治”，这也是所有管理者的终极追求。

第九章
知识、数据管理模块

- 在企业中知识积累最重要的渠道就是工作后评估，最直接最有效的方式是阶段性后评估。
- 企业各个部门的关键数据就构成了企业运营的核心数据。

知识、数据管理模块的思维导图如图 9-1 所示。

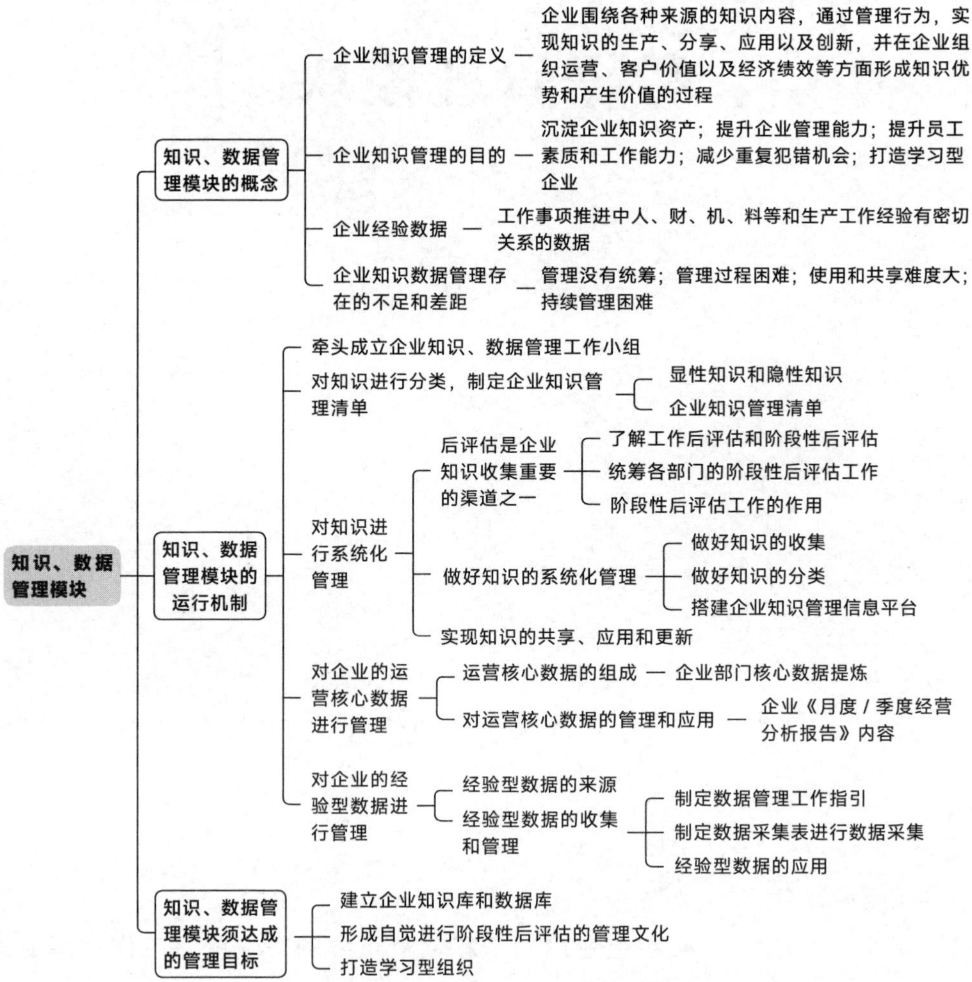

图 9-1　知识、数据管理模块的思维导图

第一节　知识、数据管理模块的概念

本章所述的企业知识和数据管理，直观地说就是对企业所获取的各种经验或教训以及经营过程中所发生的数据进行的管理。关于这部分内容，可能并不是所有从事运营工作的朋友都熟悉的，因为通常情况下，企业较少会将这部分工作作为独立的模块进行管理。但从企业的管理实践看，知识和数据是企业日常运行过程中几乎每时每刻都在发生的事，这部分内容包含了企业运行、发展和成长过程中大量的信息，有很多宝贵的成分需要我们通过系统的管理来进行沉淀并加以应用。对知识和数据的管理，是企业自我学习和进步的重要手段。

一、知识、数据的相关概念

企业知识管理（Knowledge Management）：是企业围绕各种来源的知识内容，通过管理行为，实现知识的生产、分享、应用以及创新，并在企业组织运营、客户价值以及经济绩效等方面形成知识优势和产生价值的过程。

企业知识管理的目的：沉淀企业知识资产；提升企业管理能力；提升员工素质和工作能力；减少重复犯错机会；打造学习型企业。

企业经验数据：一般包括产品数据、成本数据、财务数据、销售数据等。本章的企业数据管理内容中，我们不探讨广义上的数据管理，而是重点探讨**企业运营核心数据和企业经验数据**的管理，即企业在经营管理过程中，和运营相关的重点核心数据管理以及在工作事项推进中人、财、机、料等和生产工作经验有密切关系的数据管理。

数据管理的目的：关注企业运营核心数据，沉淀企业经验数据，提升员工认知、提升决策能力、提高管理水平、促进企业进步。

二、企业知识数据管理现状

大多数企业对知识和数据管理不够重视，对知识、数据管理的认知不足，在管理方面存在的问题也较多，主要体现在以下几个方面。

- **管理没有统筹：**企业没有对知识数据的专门管理机构，知识数据管理缺乏统筹，导致知识和数据创造没有压力也没有动力，知识和数据的获取途径和方法不清晰也不成体系；
- **管理过程困难：**部分知识和数据存储在员工的大脑中，存储在不同的个人计算机和 IT 系统中，知识和数据量越来越大，管理的集中化、显性化和结构化也变得越来越困难；

- **使用和共享难度大：**知识和数据分散在不同的地方，没有实现整合自然也很难实现有效的使用及再利用；同时，共享意愿和技术手段不足，人与人之间共享困难，多个系统之间也难以实现共享；
- **持续管理困难：**缺乏组织、激励等长期机制，库存知识和数据的补充没有可持续性，知识数据的更新和迭代难以实现。

从一定意义上讲，企业的知识和数据也是企业的核心竞争力之一。企业知识和数据的主要来源是员工在企业的实践活动，由员工所创造，并经过组织不断地积累和迭代而发展。同时，这些知识又会反向对提升员工能力、提升企业决策力发挥重要作用。但这些知识和数据如果不经管理和利用，大多只能留存在个别员工或小的团队中，不能为企业发挥更大价值，更不能作为企业的财富予以留存，这是企业的一项重大损失。避免这种损失的最佳途径就是企业对知识、数据的科学管理。

第二节　知识、数据管理模块的运行机制

一、牵头成立企业知识、数据管理工作小组

企业的各类知识和数据存在于工作中的每一个环节，每天也都在不断出现新的知识和数据，但其大多都是呈零散和碎片化状态。知识和数据的收集和管理，是一项长期和细致的工作。同时，知识、数据管理工作是一项涉及企业全部门、全流程的工作，并需要调动企业员工全员参与。所以，想要保障这项工作的有效开展，企业必须要成立专门的知识、数据管理工作小组，增设专人并赋予其相应的管理权力和责任来具体推动实施。运营部门需要发挥其牵头作用，主导成立并协同“工作小组”开展工作，统筹好企业知识数据的管理工作。

企业知识、数据管理工作小组的职责：

- 负责制定企业知识、数据管理相关制度；
- 统筹制定企业知识、数据管理工作计划；
- 监督知识、数据管理工作的过程执行；
- 对知识、数据成果进行收集、审核；
- 统筹企业知识、数据的共享和应用；
- 统筹推动知识、数据的迭代和创新；

……

企业的各类知识需要进行系统的整理，建立成为知识体系才能被有效使用，也才能发挥更大的价值，这就是成立知识数据管理工作小组的基本目的。

二、对知识进行分类，制定企业知识管理清单

了解基本的**知识类别**是知识管理的第一步。知识按照属性可以划分为**隐性知识和显性知识**。显性知识是以书面文字、图表和数学公式加以表述的。比如企业制度、岗位说明等。隐性知识指隐藏在员工头脑中的、不易公开共享出来的那部分知识，比如工作中的经验诀窍、个人深度的专业认知等。

企业的显性知识又分为很多种类别，如标准规范类、技术成果类等。知识的内容也可以说包罗万象，需要统筹管理部门进行分析和归类，列出知识清单目录，以便进行管理。

为了让读者朋友更方便更直观地参考引用，笔者对企业的知识进行了收集、汇总和分类，制定成以下“企业知识管理清单”，如表 9-1，供大家参考使用：

表 9-1　企业知识管理清单

知识类别		知识内容	知识来源	主责部门	查阅权限
外部知识	标准规范类	国家相关法规、标准、规范	政府部门、互联网、行业协会	技术部	全员
		地方相关规定、标准、规范	政府部门、互联网、行业协会	技术部	全员

续表

<table>
<tr><th colspan="2">知识类别</th><th>知识内容</th><th>知识来源</th><th>主责部门</th><th>查阅权限</th></tr>
<tr><td rowspan="4">外部知识</td><td rowspan="2">参考学习类</td><td>外部学习、培训资料</td><td>培训、学习</td><td>相关部门</td><td>部门负责人及以上</td></tr>
<tr><td>行业信息报告</td><td>互联网、行业协会</td><td>技术部</td><td>部门负责人及以上</td></tr>
<tr><td rowspan="2">技术成果类</td><td>行业技术成果</td><td>互联网、行业协会</td><td>技术部</td><td>部门负责人及以上</td></tr>
<tr><td>相关期刊文献</td><td>期刊、互联网、行业协会</td><td>技术部</td><td>全员</td></tr>
<tr><td rowspan="11">内部知识</td><td rowspan="4">制度流程类</td><td>企业制度</td><td>企业、部门制定</td><td>运营部</td><td>全员</td></tr>
<tr><td>企业授权、流程</td><td>企业、部门制定</td><td>运营部</td><td>全员</td></tr>
<tr><td>岗位操作手册</td><td>企业、部门制定</td><td>运营部</td><td>全员</td></tr>
<tr><td>管理文件、表格</td><td>企业、部门制定</td><td>运营部</td><td>部门负责人及以上</td></tr>
<tr><td>企业标准类</td><td>企业标准化成果</td><td>企业、部门制定</td><td>运营部</td><td>指定授权人员</td></tr>
<tr><td rowspan="3">参考学习类</td><td>行业、产品、市场等调研报告</td><td>部门工作调研</td><td>相关部门</td><td>部门负责人及以上</td></tr>
<tr><td>学习培训资料</td><td>相关部门的学习培训</td><td>相关部门</td><td>指定授权人员</td></tr>
<tr><td>各类工作评价标准</td><td>相关部门制定</td><td>相关部门</td><td>指定授权人员</td></tr>
<tr><td rowspan="3">资源信息类</td><td>企业案例库</td><td>运营部门统筹管理</td><td>运营部</td><td>指定授权人员</td></tr>
<tr><td>管理经验</td><td>相关部门的后评估</td><td>相关部门</td><td>部门负责人及以上</td></tr>
<tr><td>操作经验</td><td>相关部门的后评估</td><td>相关部门</td><td>部门负责人及以上</td></tr>
</table>

续表

知识类别		知识内容	知识来源	主责部门	查阅权限
内部知识	资源信息类	**后评估报告**	**相关部门的后评估**	**相关部门**	**部门负责人及以上**
		客户信息	采购、销售、财务部门	相关部门	指定授权人员
		影像资料	相关部门会议或培训考察等	相关部门	部门负责人及以上
	技术成果类	企业专利	相关部门人员的发明	技术部	指定授权人员
		软件成果	部门研发	技术部	指定授权人员
		各类资质	行业协会	企业总办	指定授权人员
		各类证书	政府机构、行业协会颁发	企业总办	指定授权人员
		企业读物	企业编制	企业总办	全员
		产品图纸	设计研发	设计研发部	指定授权人员

⋆说明：表中加黑字体表示和企业后评估工作密切相关的知识内容。

企业运营部门可以参考上述“企业知识管理清单”的内容，结合企业自身实际，制定出自己企业的知识管理清单，为知识的系统化管理做好准备。

三、对知识进行系统化管理

企业成立管理机构对知识进行管理，最主要的目的是让知识能够实现系统化管理，最终将零散知识聚沙成塔为企业所用。这里面关系到几个方面的具体工作：

- 管理知识的来源和渠道，让知识积累成为企业常态化工作；
- 将知识进行汇总和分类，进行系统化管理；
- 让知识实现共享，应用于管理实际；
- 对知识进行迭代和创新。

（一）后评估是企业知识收集重要的渠道之一

本章内容中，我们不过多深入去解读知识管理的相关概念和要求，我们重点阐述企业知识管理中最常用、最重要却又最容易被忽视的部分。

企业知识的来源有多方面的渠道，在企业中最常用和最重要的渠道就是按照企业部门的职能划分来积累管理知识。而其中最重要的方式，就是**工作后评估**，这也是我们本节阐述的重点内容。

1. 了解工作后评估和阶段性后评估

在部门的所有显性知识中，除了常规所讲的制度、流程、标准、图纸、影像资料、客户资料、专利成果、软件成果和各类报告，还有一项最为重要的知识来源就是工作后评估。很多读者应该对这个名词并不陌生，在企业也经常有类似的工作安排。大家都能意识到工作后评估的重要性，但真正将后评估工作做到位的企业却是凤毛麟角。

之所以这样讲，是因为大多企业对后评估工作的认识还不到位，这也导致后评估的效果不尽如人意。在企业中，最常见的后评估是“项目后评估”，即一个项目整体结束后，由参与部门对过程经验教训等情况进行总结和评估，最后出具一个“后评估报告”。这种评估也有其重要作用，但这样的项目整体后评估，往往会因项目时间跨度长、人员已更换、过程资料缺失等原因，很难在真正意义上实现评估的效果。很多有价值的内容遗漏缺失，后评估总结出的知识，很多也已经没有了时效性，对企业管理水平和员工工作能力的提升作用并不明显。实际上，“项目后评估”是有必要的，只是因为周期跨度过长，导致项目后评估的质量没有了保证。

在多年的管理实践中，笔者在工作中采用了“**阶段性后评估**”的方式，对项目后评估前重要节点的过程评估进行强化，这种管理方法取得了良好的效果。

所谓**阶段性后评估**，顾名思义就是一个部门一个工作阶段结束就要进行的后评估。相比项目后评估，其最大不同点是：阶段性后评估的范围变小、评估周期更短、评估事项更单一，参与部门也可以由多部门变为单部门。

在日常工作中，阶段性后评估的知识内容和工作的结合最紧密，对工作效率的提高也最为直接有效。同时，它也是最好地发现企业管理问题的方法之一。如果企业各个部门都能系统性地实现“阶段性后评估”管理，无疑，对企业的知识管理将会产生极大的促进作用。

2. 统筹各部门的阶段性后评估工作

阶段性后评估工作，原则上由各部门独立主导完成，但如果企业在这项工作上还没形成工作习惯或工作机制，仍需要有牵头部门统筹进行。这也是企业的知识数据管理工作小组的重要职责。

（1）以部门为单位，组织制定阶段性后评估工作计划

企业的产品从定位、设计到生产再到销售的整个过程，就是一个项目完成的过程。在这个过程中，各个职能部门和业务部门都按照计划和各自的职责分工推进着各自的工作。严格意义上说，工作推进中的每一个节点都可以作为阶段性后评估的内容，这需要我们在工作中结合自身的情况去进行分析和判断，确定合理的阶段性后评估节点和事项。

阶段性后评估的节点和事项可以参考以下条件去选择。

- 从计划的分级维度：部门的二级计划及以上的节点，原则上都可列为阶段性后评估的节点；
- 从具体事项维度，每一个单项的工作完成后，也都可以列为阶段性后评估内容；
- 日常管理过程中，发现有代表性的问题暴露后，就可以作为一个阶段性后评估的事项；
- 每次考察学习或外出培训后，也可以将考察和培训内容做一次阶段性后评估的总结分享；

……

阶段性后评估，应成为部门常态化的工作。计划制定也要结合具体工作内容进行合理的安排，原则上，可按照每两周左右进行一次或不低于每个月一次的频率去制定阶段性后评估计划。有条件的当然可以适度增加频率，但也不提倡密度过大，以免产生逆反作用。

运营部门要协同“企业知识、数据管理工作小组”按月对各部门阶段性后评估工作计划进行审核和下发，监督计划的执行情况，并收集后评估知识进行统筹管理。

（2）阶段性后评估的执行

明确了阶段性后评估事项后，可以组织部门相关同事以会议形式执行后评估工作。会前相关人员要做必要材料准备，会上应重点对评估事项的以下内容进行总结：

- 本项工作完成后，有哪些好的经验；
- 本项工作过程存在哪些教训；
- 有无发现制度、流程、标准方面的缺陷，有何改进建议；
- 有无授权问题导致的降效，有何改进建议；
- 工作推进过程中，是否存在岗位职责和分工方面的问题；
- 部门内部和部门之间沟通是否存在障碍，有何改进建议；
- 结合本项工作的推进情况，对其他部门工作有无建议；
- 本项工作或类似工作，还在哪些方面有提升空间；

……

会议结束后，要按照以上会议进程，制定完成阶段性后评估报告。

（3）对阶段性后评估报告进行汇总

阶段性后评估报告，要进行收集和汇总，在审核归档后，要作为企业知识留存，在后期进行整理和实践应用。

（4）对阶段性后评估报告执行情况进行检查和考核

运营部门要肩负起对阶段性后评估工作的检查，也建议将这项工作纳入组织绩效考核项进行年度考核。要做到有计划、有执行、有检查、有考核。这是促进企业成为学习型组织的重要方式。

3. 阶段性后评估工作的作用

（1）促进部门形成工作完成即总结的习惯

短周期性的阶段性后评估工作，可以让部门形成工作完成就进行总结的习惯，这个习惯会让部门的执行能力和战斗力逐步增强，有助于团队目标的更好实现。

（2）可让员工得到持续的学习和成长

员工在阶段性后评估过程之中，除了可以养成良好工作习惯，还可以更深入地对工作经验和教训进行分析思考，这将有助于员工快速进行经验积累并提升工作能力。同时参与者也可以得到更全面的信息和更多维度的学习，这对员工的成长大有裨益。

（3）可以将隐性知识显性化

隐性知识大多属于员工个人经验和技能，是比较难于管理的，企业可以通过阶段性后评估的形式，将员工在事项推进过程中的经验和技能进行分享，这样可以将隐性知识不断显性化，带动员工素质能力的全面提升。

（4）可以让评估总结中发现的管理问题得以及时暴露和改正。

（5）促进企业形成学习的风气，打造学习型组织。

（二）做好知识的系统化管理

1. 做好知识的收集

在制定完成“企业的知识管理清单”后，有一项必不可少的工作就是定期将所有知识进行统一收集。这项看似简单的汇总工作，因涉及部门众多，内容包罗万象，知识收集工作想要做到及时性、全面性和系统性，对管理人员并不是一件轻松的事情。这需要管理人员结合“知识管理清单”制定工作计划，并依据计划系统性地执行知识收集工作。

2. 做好知识的分类

将企业碎片化的知识汇总和分类，主要是确保知识的全面性和系统性，同时也为了更方便快捷地检索和应用。

知识分类我们在“企业的知识管理清单”已有描述，当然，不同的企业也可以制定自己的分类系统。但“清单”只是做到了一、二级分类，想要对企业的海量知识进行有效管理，需要做到更系统更细致的管理，有时，还需要再结合实际情况对知识科目进行三、四级分类。目的是要实现以下目标：

- 实现企业知识的集中存储；
- 确保知识收集不缺项、不漏项；
- 做到知识类别明确，目录结构合理，标题清晰准确易于检索；
- 知识的时间排列有序，并标明更新日期；
- 知识相关主责部门要匹配。

3. 搭建企业知识管理信息平台

规模企业需要有自己的知识管理信息平台。具备条件的企业，可以由自己的IT部门搭建，不具备条件的，也可以购置市场上品牌口碑好的知识管理平台。以更好地实现对知识的系统化管理。管理平台技术上要满足以下要求：

- 存储量足够大，系统足够稳定；
- 有加密技术，保密性好；
- 编辑简单，信息录入方便；
- 检索方便灵活，运行速度快；
- 可实现分级管理和分级授权。

（三）实现知识的共享、应用和更新

企业的知识，一定要实现共享和应用，这样才能让企业知识的价值最大化。企业知识主要应用在以下几个方面：

- 可以收集整理作为企业案例库素材；
- 作为内部培训资料；
- 进行同类部门培训和交流资料；
- 进行部门间交流，作为工作改进的依据；
- 作为企业管理制度和授权流程调整的依据等。

在企业管理实际中，知识的应用可以采用以下几种方式：

1. 建立企业案例库

讲道理不如讲案例，讲别人的案例不如讲自己的案例。企业将在过去工作中所出现的各种优秀经验、痛点教训和事故问题等，通过后评估的形式由专人

整理成案例，并按照一定的科目和类别汇集成企业的案例库。案例入库前须经主管部门的审核，由主管部门统一整理维护。

企业的案例库有很强的现实教育意义，通过对案例的分享，可以对企业员工进行现身说法，让员工快速提升认知，这种作用是其他培训学习难以替代的。

2. 建立知识社区或企业论坛

企业可以在自己的 OA 系统（或知识管理信息平台）开辟知识社区或企业论坛专栏，进行企业知识的宣传、讨论和学习。

社区和论坛要有专人维护，要有策划、有维护、有更新，要引导员工积极参与讨论学习，能踊跃提出好的意见和建议，并能主动进行知识分享。

3. 结合知识，进行有针对性的精准培训

培训无疑是最为重要和直接的学习手段。企业的知识培训要努力做到精准培训：结合知识内容，对特定的人群进行针对性培训。培训可以缩短时间增加次数，简短而精准的培训有时要比内容多时间长的培训效果更佳。

4. 分析知识成果

阶段性后评估的知识成果中，会有对企业制度流程等方面存在问题的描述或改进建议。运营部门要充分利用这个成果，及时分析和发现反映出来的管理问题，结合这些痛点问题可以及时对相关的制度、流程或授权、分工等进行调整。

对知识成果的及时管理和应用，可以大幅缩短企业管理问题发现和改进的周期。

5. 发现知识缺口，采取措施补强

在对知识的管理中，主管部门要关注哪些方面的知识还存在缺口和不足，并采取措施进行补强，比如通过培训导入、专家咨询和同行交流协助等形式。

这其中，和优秀同行交流无疑是最佳的学习和提高方法。企业在发现自身的知识缺口后，如能促成和优秀同行的深入交流学习，会产生立竿见影的提升效果。

6. 对知识进行管理和更新

大量的案例需要稳定的 IT 系统支持才能发挥更好的作用，工作人员需要对审核后的案例进行整理、分类、编码和储存，并需要定期（半年至一年）对其进行修正和更新。剔除一部分不合时宜或过时的内容，补入新的知识，让员工始终阅读学习到最新的内容。

在知识管理的实践中，我们也可以采取将上述六项内容灵活组合的方式，来达到最佳的应用效果。

四、对企业的运营核心数据进行管理

通常，企业的各类数据都分散存储在各个职能或业务中心，企业在决策需要的时候，会和各部门调取使用。但这样的数据管理存在以下不足：

- 数据分散，调取不便；
- 重要数据没有汇总，也没有按照决策需要整理，使用不便；
- 数据制定分散，缺乏统筹，部门数据经常无法统一；
- 数据由各部门独立完成，缺乏校核，真实性没有保障；
- 数据应用难以发挥对决策的支持。

企业的数据，是企业管理状况和经营状况的真实反映，是企业决策的关键依据。企业对重要数据进行采集、整理和分析之后，可以以此为依据，制定出合理的、科学的企业经营决策或问题解决方案，从而降低企业成本，提高生产效率及企业核心竞争力。

（一）运营核心数据的组成

不同类型的企业，其运营核心数据差别较大。如果用一个最简单的办法来定义运营核心数据的话，那就是：**企业各个部门的关键数据就是企业运营核心数据的构成。**表 9-2 对不同业务、职能部门的关键数据进行了提炼，供大家参考：

表 9-2　企业部门核心数据提炼

部门	数据类型	数据说明	上报周期	备注
财务部门	资金分析类	包括资产负债表、融资情况、现金流情况分析	月度	如涉密，可有条件上报
	营运能力类	包括应收账款、存货统计等	月度	
	盈利能力类	项目利润实现情况分析	月度	
	经营分析指标	企业人均产值分析数据等	年度	
	付款情况指标	合同付款情况统计	月度	和成本部门数据一致
投资拓展部门	拓展项目清单	包括拓展项目的各项关键数据说明或拓展项目可研报告、项目储备情况等	季度	
	拓展项目测算	对拓展项目的经济测算情况，含资金占用和投资回报率等	季度	
人力资源部门	员工数据	包括员工性别、数量、分布、学历、工龄、职务、招聘及离职情况分析等	季度	
	架构及编制情况	岗位编制及缺编情况	季度	
	绩效考核数据	员工绩效考核情况统计	季度	
	薪酬类	总体薪酬与各部门薪酬预算使用情况；平均薪酬和行业薪酬对比情况	半年度	
	培训类	人力培训统计表	半年度	
行政部门	行政费用	行政费用构成及分析	半年度	
	会议类	行政类会议统计情况	半年度	
设计研发部门	设计研发项目清单	包括设计研发项目的数量，每个项目的数据、指标等说明	季度	

续表

部门	数据类型	数据说明	上报周期	备注
设计研发部门	工作进展报告	包括设计研发任务进展情况汇报（按月上报）	月度	
	成果、阶段性成果清单	企业运营需要的设计研发成果或阶段性成果清单及内容	月度	
成本采购部门	成本类	包括合约规划及合同执行情况、目标成本动态分析报告等	月度	合同执行情况和财务保持一致
	采购类	采购数据分析报告，包括类别、金额；供应商库；供应商履约情况分析	季度	
生产部门	生产进度类	生产进度计划执行情况报告	月度	
	生产质量类	产品质量情况报告	季度	
	生产安全类	生产安全情况报告	季度	
	生产成本类	生产成本控制报告	季度	
营销部门	销售情况	包括合同签订情况和计划对比情况	月度	
	回款情况	资金回款情况统计	月度	
	库存情况	库存情况分析	月度	
	销售计划情况	年度销售计划铺排情况	月度	
	客户情况	销售客户分析报告，客户调查及客户服务报告	半年度	

为了统一标准并方便进行管理和应用，笔者在上表中列出了企业各部门的关键数据的参考示范，帮助读者朋友用来制定各自企业的关键数据清单。当然，不同企业会有不同的关键数据内容，大家要因地制宜借鉴使用。

（二）对运营核心数据的管理和应用

上述企业部门核心数据，原则上都属于企业运营核心数据范畴。运营部门需要对这部分数据进行定期收集，并归类、汇总和分析应用。

这些数据中，反映了企业非常重要且非常真实的经营信息。运营部门要通过对这些数据的分析，形成企业《月度 / 季度经营分析报告》（可根据企业实际确定周期），供企业管理层决策参考。《月度 / 季度经营分析报告》的制定，是运营部门的一项重点工作，其内容涉及运营管理的多个维度，主要是结合部门上报的数据和运营部门自身管理数据制定而成。主要包括：

- 企业当期财务经营情况；
- 当期货值和现金流情况；
- 未来半年货值和现金流情况预测；
- 当期销售及回款情况；
- 企业计划执行情况；
- 企业生产情况；
- 企业人力资源情况；
- 组织绩效考核情况；
- 企业会议管理情况
- 制度流程标准化等建设情况；
- 风险管理情况；
- 重大事项跟进情况；
- 下一阶段重点工作要求；
- 其他重要事项。

《月度 / 季度经营分析报告》中，除了要对上述各个板块的经营情况结合数据进行说明，同时还要通过对数据的分析，发现各个板块存在的问题，并提出解决应对方案。《月度 / 季度经营分析报告》是对企业核心数据的真实反映和应用，是企业领导了解企业的重要途径，也是企业做决策的重要依据，需要运营部门引起重视并定期认真完成好这项工作。

五、对企业的经验型数据进行管理

在本章的第一部分，我们阐述了企业数据的基本概念，也提到了本章将重点对企业的**经验型数据管理**进行讲述。

经验型数据这个概念，相信读者朋友在以往的书籍或文章中较少听到。这是笔者在多年管理实践中，对和生产、工作经验有关的数据的一种个人定义。这部分数据并没有很清晰地在企业数据的广义概念中体现，在日常工作中也往往会被忽视，但它们有着非常重要的工作指导意义，经验型数据因其客观性和工作实用性，对于提升员工认知可以发挥重要作用，对于企业也是一笔宝贵的财富。本节内容，我们将重点讲述企业经验型数据相关内容。

（一）经验型数据的来源

经验型数据，在企业每天的日常工作中，在每一个部门、每一项工作、每一个岗位，都随时发生和存在。

这里我们先设定一个问题：1 个产品流水线上的普工，工作一天 8 小时，完成 N 个产品组装。这个过程中有没有经验数据？有哪些经验数据？

很显然，这里有经验数据：比如 1 个人、8 小时、N 个产品，这就是基本的经验数据。

可能也有人意识到了，对于经验型数据来说，这几个数据应该还不够全面。我们再来分析一下，这项工作还有哪些有价值的数据：

- 普工 8 小时工作时间内，其中有效工作时长是多少？
- 无效工时是多少？
- 无效工作时间是怎么分布的？
- 生产使用的是什么型号的机械？
- 机械的设计产能是怎样的，和实际产能差异是怎样的？
- 这种机械的耗电量或耗油量是怎样的？
- 生产过程使用了多少原材料？
- 产生了多少废料？

……

上述数据都是实际发生的，也是很容易进行统计的。但很显然，一般情况下，没人去在意或去统计这些数据，觉得没有意义。但它们真的没有意义吗？

我们把这些数据进行简单的分析，见表 9-3。

表 9-3　经验型数据分析表

统计数据内容	数据用途
8 小时工作时间内，有效工作时长是多少？	可统计得出合理有效工时；明确岗位有效工时标准；作为经验数值参考，合理安排工作任务
其中无效工时是多少？	可统计得出合理无效工时；规定岗位合理无效工时标准
无效工作时间是怎么分布的？	对无效工时分布进行分析，采取有效措施缩短无效工时
生产使用的是什么型号的机械？	统计机械型号，建立企业机械台账
机械的设计产能是怎样的，和实际产能的差异是怎样的？	对该型号机械的产能和性能进行数据跟踪，统计出不同型号机械的性能数据
这种机械的耗电量或耗油量是怎样的？	对机械能耗进行统计，可对产品均耗进行统计
生产过程使用了多少原材料？	明确产品的材料使用情况，有助于合理采购
产生了多少废料？	统计产品废料比，明确合理废料比，合理控制材料消耗

从“数据用途”一栏我们可以发现，这些琐碎又看似没有价值的数据，仔细分析后其实有着很多用途，这些内容对企业的管理有重要的参考价值。经验型数据，可以帮助企业发现问题、累积经验、提高效率，也可以作为企业解决问题和优化管理的重要依据。

这里只是举了一个岗位的案例。在企业中，各种不同的工作内容、各个不同的岗位都有着其独有的经验数据。这些数据未加统计和利用，往往都随着工作的结束一并消失了，这是非常可惜的。这就需要我们学会对数据进行分析，养成数据收集的习惯，让数据管理成为管理提升的重要参考。

（二）经验型数据的收集和管理

如果没有统筹和管理要求，和知识管理一样，数据管理也将呈现松散和碎片状。对企业来说，这些零碎的知识和数据随着时间的流逝也慢慢流失之后，企业真正失去的不仅是这些知识和数据，而是进步。

所以，运营部门要协同企业的“知识、数据管理工作小组”担当起这项工作的统筹责任，要以部门为单位，明确工作分工，将经验型数据的分类、统计和管理工作系统性开展起来。

企业部门不同，其经验型数据也有较大差异。限于篇幅不可能全部展示，本书以某地产公司工程中心经验型数据管理作为示例，让大家了解如何在企业部门内进行数据的收集和管理。

1. 制定数据管理工作指引

案　例

《工程类数据管理工作指引》

1. 目的

收集集团在建项目各分部、分项工程施工数据信息，为集团后续项目顺利开展提供数据支持，特制定本工作指引。

2. 适用范围

适用于集团及其所属各公司、关联公司开发项目的施工数据记录。

3. 制定依据

《工程管理制度》

4. 部门职责

4.1 项目部

4.1.1 负责现场施工数据收集、整理、汇总。

4.1.2 负责建立项目的工程数据库。

4.2 城市公司工程管理部

4.2.1 负责监督检查项目部施工数据收集、整理、汇总情况。

4.2.2 负责建立城市公司的工程数据库。

4.3 工程管理中心

4.3.1 负责监督检查城市公司 / 项目部施工数据收集、整理、汇总情况，并纳入考核。

4.3.2 负责建立集团的工程数据库。

5. 工作内容

5.1 施工数据收集主要内容

收集内容主要为土方工程、基坑支护工程、桩基工程、主体结构工程（分钢筋工程、混凝土工程、模板工程、脚手架工程、砌筑工程、抹灰工程）、吊装工程、幕墙工程、钢结构工程、门窗工程、电梯工程、防水工程、装修工程、外立面工程、园林工程等，涉及人、财、料、机等的数量、型号、性能、时间、所完成工作量等过程经验型数据。

5.2 施工数据填写规定

（1）施工数据按日填写，每日均需填报，如遇天气等不可控因素需在“备注”栏中说明。数据按格式填写在《施工过程数据采集表》，详见附件。

（2）施工数据每月进行数据汇总、小结，汇总本月工人、机械设备及工程量数据并列出平均数据。小结需说明本月该工程工人、机械数量及工程量情况，总结经验教训并提出改进措施等。

（3）工程完工后进行数据汇总并总结，汇总工人、机械及工程量数据并列出平均数据。总结需说明该工程用时、工人、机械数量、经验教训及改进措施等。

5.3 施工数据上报及工作检查、考核规定

（1）工程管理部 / 项目部每月对施工数据进行汇总，并于每月 5 日前上报到集团工程管理中心。

（2）工程管理中心月度巡检时对项目部数据整理、汇总情况进行检查，并纳入《城市公司项目部月度考核评分表》中“文件上报”部分进行考核。

5.4 施工数据库建设

集团工程管理中心根据工程管理部 / 项目部上报的施工数据进行绿景《集团工程数据库》建设。

6. 附则

6.1 本指引由工程管理中心制定，负责解释和修订。

6.2 本指引自发布之日起正式生效实施。

2. 制定数据采集表进行数据采集

我们以上述施工数据收集内容中的“桩基工程”一项为例，展示一下其关于“旋挖桩施工部分”的数据收集表格，如表 9-4 所示。

从表 9-4 我们可以看到，仅仅是一个工程桩的基本经验数据，就有二十余项之多。我们希望通过以上案例，抛砖引玉，启发大家针对各自的工作岗位，制定自身的数据收集目录清单，有序展开数据统计工作。

表 9-4 看起来比较复杂，事实上这些数据每天都在发生，只需要关注并留意去统计，就可以很准确地得到。但大多数情况下，类似工作很少有人去完成，究其原因，主要是对数据应用不了解，没有意识到数据管理的重要性。

3. 经验型数据的应用

经验型数据在工作中应用非常广泛，对企业管理提升和员工技能提升的作用也很大。这种作用，需要对数据进行良好管理的同时，对其进行有效的应用，以让其价值充分发挥。

（1）数据统计可以形成企业标准、指导工作进程

通过对数据的长期统计分析，我们可以对工作过程中涉及人、财、料、机等的工效、能耗等统计得出平均值，这个平均值，就是企业制定工作标准的重要数据依据。明确标准，可以让我们对结果是否符合标准要求做出清晰准确的判断。

表 9-4 基坑施工阶段数据库收集 - 旋挖桩

责任人：标段土建工程师 ××× 填报日期：×××× 年 ×× 月 ×× 日

	桩类别	成桩方法	序号	桩径/桩长	桩机型号	桩机能耗/柴油/电	劳务人员/管理人员数量/桩	成桩时间（米/小时）								总成孔时间剔除停工时间	总成桩时间剔除停工时间	平均成孔时间	微风化平均成孔时间	中风化平均成孔时间	平均成桩时间
								土层	强风化岩	中风化岩	微风化岩	一次清孔时长	钢筋笼材料用量	二次清孔时长	混凝土用量			米/小时	米/小时	米/小时	米/小时
桩基	支护桩	灌注桩（泥浆护壁）	1																		
			2																		
			3																		
			4																		
		咬合桩（全护筒）	1																		
			2																		
			3																		
			4																		
	工程桩	旋挖桩	1																		
			2																		
			3																		
			4																		

（2）有助于提高工效和企业竞争力

数据统计的应用，可以促使一线操作不断挖潜，不断优化，让工效达到并保持在最佳状态。在企业中，如果每个部门每个岗位都能将工作数据化，也意味着管理的精细化做到了极致，可以大幅提高企业的效率和市场竞争能力。

（3）可以作为企业发现问题、解决问题的依据

通过对数据的对比分析，我们会发现很多工作过程中存在的问题，并能通过数据的变化快速准确地找出问题点。这些问题，有些是关于人的，有些是关于机械的，也有些可能是关于管理工作的……不论哪种问题，有了数据做依据，不仅可以做到快速发现问题，更重要的是解决起来就会更加精准和有针对性。

（4）指挥生产的数据参考

生产现场出现工效降低的时候，可以很快通过数据的变化发现，在现场指挥中也可以立即采取措施纠偏。经验数据是现场指挥的有效参考。

（5）促进员工技能水平的提升

如果企业员工对经验数据的掌握应用做到了驾轻就熟，其工作能力也会得到明显提升，很多现场问题自己就可以通过数据变化做出判断并解决。日积月累，这种能力会促进企业培养出自己的专家型人才。

（6）员工培训、学习资料

收集的数据本身以及应用案例，都可以作为企业的培训资料和员工的学习资料。这些资料都是很宝贵的实战经验数据，对员工的技能提升有很切实的帮助。

（7）计划制定和调整的依据

我们在上面讲过，数据的统计分析可以协助企业制定工作标准。而工作标准本身，就是企业制定计划的最重要依据。有了标准，企业计划的科学性和可行性就会更强，执行也更有保障；同时，在计划出现变动的情况下，对其调整也可以做到合理和快速。计划的编制质量在某种程度上反映了一个企业的管理水平，企业经验数据的管理和应用可以有效提高企业计划编制的准确性，是计

划质量最基础的保证。

（8）企业管理数据库

企业的数据管理，很重要的工作是要做到数据的收集、分类，将经验数据和其他数据一并汇总搭建起企业的数据库。之后，再进行存储、共享、应用和更新。这和知识管理是基本一样的逻辑，这里就不再赘述。

小结及阅读目标

小结

本节讲述了运营管理中关于知识、数据模块的管理机制。企业的知识和数据是企业的核心竞争力之一，是企业自我学习和进步的重要手段。企业对知识和数据的管理是一项系统工作，要成立专项小组统筹推动。

对知识进行系统化的管理过程中，首先要了解企业的知识分类，并制定出知识管理清单。“阶段性后评估”是企业内部知识的重要来源，特别是和工作息息相关的管理经验和工作经验，是企业不可流失的宝贵财富。其次要让“阶段性后评估”成为企业的工作习惯，成为知识收集的重要途径。最后相关管理人员要掌握如何对知识进行分类并在企业知识管理平台上进行管理，实现知识的共享、应用及更新，以促进企业和员工的共同进步。

运营部门要熟悉企业“运营核心数据”和“经验数据”的概念、构成，要深刻理解这两类数据的重要性。运营核心数据，是企业管理状况和经营状况的真实反映，是企业决策的关键依据；经验数据，对企业管理提升和员工技能的提升有着重要作用。运营要做到对数据的系统管理和科学应用，将非常有助于企业的进步和成长。

阅读目标

1. 了解如何对知识进行分类和制定企业知识管理清单；

2. 了解阶段性后评估的运行机制和作用；

3. 掌握对知识进行系统管理的方法；

4. 掌握知识在企业中应用的方法；

5. 了解运营核心数据的构成和作用；

6. 了解企业经验型数据的概念和作用，掌握对经验型数据系统管理的方法。

第三节　知识、数据管理模块须达成的管理目标

一、建立企业知识库和数据库

成熟的企业，都应该建立自己的知识库和数据库。在企业培训中，企业自身的案例知识和数据，是最有效也是最有说服力的培训教材。其对日常工作的指导和借鉴意义也非常直接，可以给企业或员工持续的鼓励或警示，同时还能引发广泛的讨论和反思。这种效果，可以让员工和企业快速进步，相比其他学习资料或方法，企业的知识库和数据库对员工成长发挥的作用最大。

企业的知识库、数据库是企业的财富，它服务于企业的现在，更服务于企业的未来。对知识和数据的重视，也是对企业进步的重视。

企业运营管理部门在对知识、数据的管理过程中，需要同步搭建管理平台，并建立起企业的知识库和数据库。运营部门要对其进行科学的管理维护，让知识和数据为企业进步发挥积极作用。

二、形成自觉进行阶段性后评估的管理文化

在企业管理的各种模型中，PDCA 循环（戴明环）是最为通用的一个模型，它也反映了一个最基本的管理规律。戴明环说明了一项对工作最重要的要求，就是：**工作一定要形成闭环。**即有计划，有执行，有检查，有改进。这样，工作才能在循环往复中不断总结提升，不断进步。

现在很多企业，在计划和执行方面做得都比较好，但在检查和改进环节的

工作仍然存在不足，这会导致企业问题出现积累，进步也变得缓慢。**阶段性后评估**，是PDCA循环中，CA的最好落实方法。让每项工作都有总结和评估，并得到及时改进。

在对知识的管理环节中，通过对阶段性后评估的系统性的管理，可以让部门养成自觉进行阶段性后评估的工作习惯，并逐步在企业形成“自发评估自我提升”的管理文化。这种文化的形成，会对企业进步产生巨大的推动作用。

三、打造学习型组织

学习型组织这一概念是由美国哈佛大学教授佛睿思特（Forrester）在1965年首次提出的。管理大师彼得·圣吉（Peter. M. Senge）在其出版的《第五项修炼》（*The Fifth Discipline*）一书中对学习型组织的内涵作了概括：“学习型组织是一个不断创新、进步的组织，在其中，大家不断突破自己的能力上限，创造真心向往的结果，培养全新、前瞻而开阔的思考方式，全力实现共同的抱负，以及不断一起学习如何共同学习。”

学习型组织最强大的能力在于其不断创新、不断自我完善和自我超越的能力，具备这样能力的企业，无疑也是具备强大战斗力和竞争力的企业。建立学习型组织是一个系统且持久的工作，需要员工建立自我学习的认知、管理者要做好设计师和教练员、企业组织层面要进行科学的推动和促进。

企业对知识、数据的管理，可以说是打造学习型组织最为重要的方式。知识和数据的管理过程，也包含了打造学习型组织几乎所有的条件和要求。管理者要充分利用好这个管理抓手，让企业不断在学习中创新，不断在学习中进步！

第十章
风险管理模块

- 风险管理最重要的工作是了解风险并杜绝风险的发生。
- 风险管理只有和业务管理紧密结合，才真正有生命力。

风险管理模块的思维导图如图 10-1 所示。

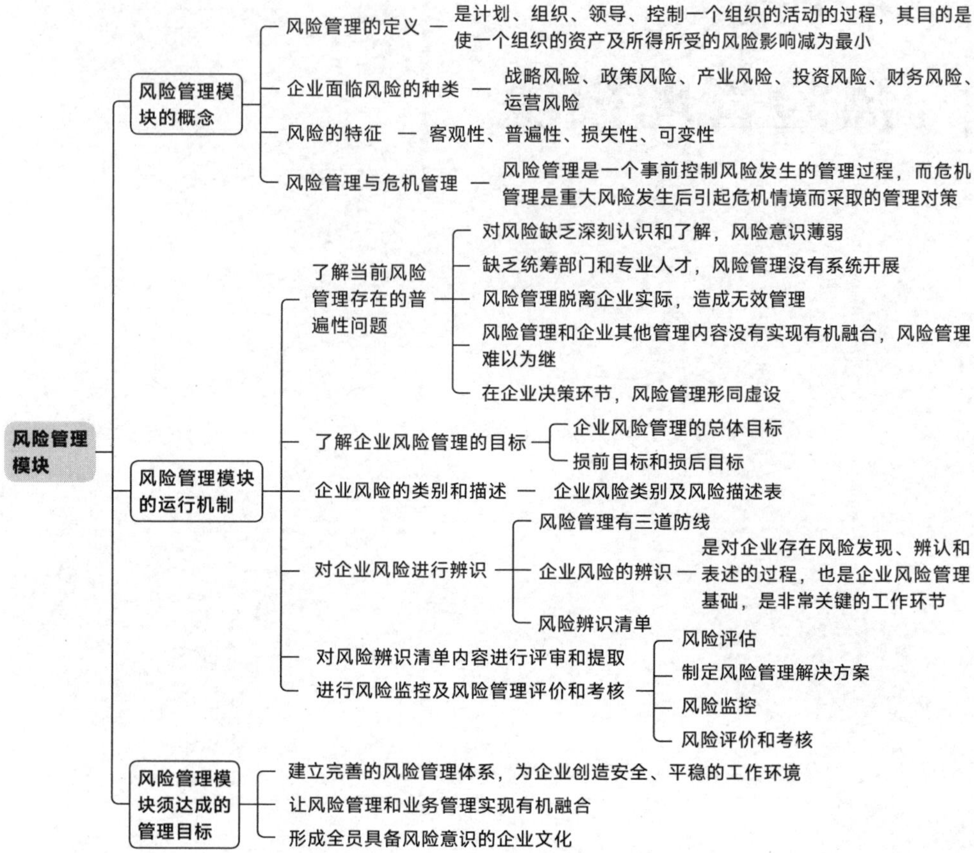

图 10-1 风险管理模块的思维导图

第一节 风险管理模块的概念

企业发展得越快、规模越大，企业所面临的风险也就越多，危机也越大。毫不夸张地说，风险管理事关企业的生死存亡。

越来越多的企业开始关注风险管理，但大多企业对风险管理的投入却还是停留在意识或口头上，能真正对风险做到科学和系统管理的企业并不多。如果我们回顾过去，去剖析那些因种种原因倒下去的企业，就会发现其背后无一不存在一个关键因素，那就是：**风险。**

在企业中，不管是战略风险、政策风险还是市场风险、财务风险等，如果没有很好的管理机制做到对风险的预控和过程防范，那么一旦风险爆发并转变为危机，对企业就可能造成致命的打击，这种惨痛的案例在各行各业都屡见不鲜。

所以，企业要重视对风险的管理，运营部门作为企业最重要的职能管理部门，要根据企业发展状况，组建企业风险管理部门或成立企业风险管理小组，将风险管理纳入工作模块，科学系统地开展风险管理工作。

在开始本章内容前，还是让我们先对风险管理模块的相关概念进行一下了解。

一、企业风险管理（ERM，Enterprise Risk Management）

企业风险管理是计划、组织、领导、控制一个组织的活动的过程，其目的是使一个组织的资产及所得所受的风险影响减为最小。企业风险管理的过程不仅涉及与意外损失相关的风险，还扩展到财政、策略、运营及其他风险。

二、企业面临风险的种类

从不同的维度，企业风险可以有多种分类的方法，从宏观层面分析，企业风险主要包含以下六类：**战略风险、政策风险、产业风险、投资风险、财务风险、运营风险。**

（一）战略风险

通俗地讲，战略风险是指不确定性对企业战略目标实现的影响。当然，企业战略制定不当带来的风险也属于战略风险。企业战略管理中的风险主要包括：**战略制定风险、经营风险、资产损伤风险、竞争风险、商誉风险等。**当企业出现严重的产品或决策失误时，经营风险就转变为战略风险；如果是对实施战略有重要影响的财务价值、知识产权或者是资产的自然条件发生退化，资产损伤就变成一种战略风险；产品或服务所面临的竞争环境发生重大变化，竞争风险就会变成战略风险；商誉风险是上述三个方面的综合结果，当整个企业失去重要关系方的信心而使价值减少时，就产生了商誉风险。

（二）政策风险

政策风险是指因政府权力行使的不确定性或政策变化带来的风险。政策风险经常伴随经济损失。比如外汇管制、融资限制、进出口政策变化或政策发布带来的风险。

（三）产业风险

产业风险与企业所处产业有关，是指在该产业中与经营相关的风险。比如**产业波动风险、产业集中度风险、产业（产品）生命周期风险。**

（四）投资风险

投资风险是指投资主体为实现其投资目的而对未来经营、财务活动可能造成的亏损或破产所承担的危险。投资风险是投资主体决定是否投资所进行预测分析的最主要内容。导致投资风险的主要因素有：政府政策的变化、管理措施的失误、形成产品成本的重要物资价格大幅度上涨或产品价格大幅度下跌、借款利率急剧上升等。投资风险主要包括：**决策风险、合作风险、能力风险、财务风险、利率风险、市场风险、变现风险等。**

（五）财务风险

财务风险是指企业在各项财务活动中由于各种难以预料和无法控制的因素，使企业在一定时期、一定范围内所获取的最终财务成果与预期的经营目标发生偏差，从而形成的使企业蒙受经济损失或获取更大收益的可能性。企业的财务活动贯穿于生产经营的整个过程中，筹措资金、长短期投资、分配利润等都可能产生风险。财务风险主要包括：**融资风险、投资风险、经营风险、存货管理风险、现金流风险**等。

（六）运营风险

运营风险是指企业在运营过程中，由于外部环境的复杂性和变动性以及主体对环境的认知能力和适应能力的有限性，而导致的运营失败或使运营活动达不到预期的目标的可能性及其损失。运营风险并不是指某一种具体特定的风险，而是包含一系列具体的风险。运营风险在企业广泛存在，贯穿生产活动全链条。主要包括：**组织风险、公共责任风险、合规风险、人力资源风险、合同风险、法律风险、产品定位风险、产品设计风险、产品质量风险、安全风险、销售风险、采购风险、生产风险、公关风险、灾害风险**等。

上述的六大类风险，不论哪一类风险出现，都会导致企业发生经济损失，严重的甚至会让企业面临生存危机。企业应该主动对风险进行管理，学习和掌握风险管理的相关知识，建立起企业完善的风险管理机制，让风险始终处于可控范围，保障企业经营的安全。

三、风险的特征

- **客观性：**风险是不以意志为转移的客观存在，可以预防但不能彻底消除；
- **普遍性：**风险普遍存在；
- **损失性：**风险一定伴随着损失的发生，重大风险甚至可以引发企业的生存危机；
- **可变性：**风险是可以转化的。

四、关于风险管理与危机管理

- **风险管理：**指如何在一个肯定有风险的环境里把项目或者企业的风险减至最低的管理过程；风险管理是预警机制，属于事前控制。
- **危机管理：**是企业为应对危机情境所进行的规划决策、动态调整、化解处理等活动过程；危机管理是处理机制，属于事后控制。

部分读者会把风险管理和危机管理的概念混淆，通常会认为风险管理就是危机管理。实际上，风险管理是一个事前控制风险发生的管理过程，而危机管理是重大风险发生后引起危机情境而采取的管理对策。

第二节 风险管理模块的运行机制

一、了解当前风险管理存在的普遍性问题

（一）对风险缺乏深刻认识和了解，风险意识薄弱

风险虽然具备普遍性和客观性，但现实中，企业管理者对风险的认识和了解却并不普及、更不深入。以下几种对风险的认识存在一定的普遍性：

- 不清楚风险带给企业的危害，也不清楚风险控制带给企业的好处；
- 不了解风险管理，也不知道该如何管控；
- 简单地认为风险就是危机，属于小概率事件，没必要系统应对；
- 认为风险管理就是日常工作管理，不需要进行特别的管控。

事实上，风险管理是一门综合性学科，其包含公司管理方方面面的知识，也有专业的风险识别、风险控制等内容。企业实施风险管理，不仅仅是单纯的对风险本身发挥作用，通过风险管理可以让企业实现更多的管理增值：

- 可以提高企业的工作效率和经营效益；
- 可以促进企业资源实现最佳组合；
- 可以为企业创造安全稳定的经营和工作环境；
- 可以促进企业形成科学化的决策体系、减少决策风险。

部分优秀企业，已将风险管理作为一个独立的职能部门设置，同财务、行政、人力、审计等部门一样，共同为企业经营目标的实现和平稳健康的发展发挥作用。

（二）缺乏统筹部门和专业人才，风险管理没有系统开展

基于管理层风险意识的薄弱，很多企业都没有设置专门的风险管理部门，

甚至没有成立统筹这项工作的工作机构。这就导致企业的风险管理工作无法做到系统的开展。

风险管理的人才匮乏也是各企业普遍面临的一个现实问题。风险管理是专业综合性较强的一项工作，分管人才也要求是多元化的复合型人才。除了要具备比较全面的管理知识、风控知识，还需要掌握一定的专业知识和技能。同时，风控人才必须具备较强的分析、洞察能力和政策解读能力，对企业面临的各类市场环境和政策、法规等的变化，要有相当的预判能力。目前，这类风险管理的专业人员非常缺乏，这也是中国企业风险管理水平低的一个重要原因。

（三）风险管理脱离企业实际，造成无效管理

部分具备了风险管理意识的企业，在对风险管理的执行过程中，由于经验不足或对风险管理了解不够等原因，只是照本宣科地去进行风险管理体系的建设，而没有很好地结合企业实际，导致风险管理体系建设完毕后，在执行阶段缺乏有效的支撑，对企业也缺乏实际贡献，最终风险管理体系变成了空中楼阁，难以落地。

（四）风险管理和企业其他管理内容没有实现有机融合，风险管理难以为继

风险管理体系和企业的其他管理体系的关系是既独立又融合。风险管理在执行中不是独立进行的，而是需要与其他管理体系的制度配合执行，才能真正发挥风险防控的作用，才能真正履行风险管理的职责。部分风险管理工作，需要各部门将其融入日常工作中进行常态化的管理。这是跨部门协同工作，需要企业风险管理部门在体系建设中统筹推动落实。

（五）在企业决策环节，风险管理形同虚设

部分企业设立了自己的风险管理机构，但该机构通常并不参与企业决策事项，也无法对决策事项进行风险评估；或者即使参与了决策过程，也因影响力不足或决策者过于强势等原因，无法影响到决策结果。但企业很多的重大风

险，恰恰就发生在决策失误方面，如投资决策失误、战略决策失误，都会给企业带来毁灭性的灾难。**决策风险管理，是企业风险管理的重要构成，在风险管理体系中的作用不可缺失。**

二、了解企业风险管理的目标

要进行风险管理，就要明确风险管理的目标是什么。通常，**企业风险管理的总体目标**包含以下内容：

- 确保内外部信息沟通的真实性和可靠性，包括编制和提供真实可靠的财务报表；
- 确保将风险控制在与公司总体目标相适应并可承受的范围内；
- 确保企业建立针对各项重大风险发生后的危机处理计划，保护企业不因灾害性风险或人为失误而遭受重大损失；
- 确保企业各项事务都符合有关法律法规要求；
- 确保企业制度执行和任务执行的质量，提高工作效率和效益。

风险管理目标又分为损前目标和损后目标。**损前目标**是指用经济合理的方法预防和减少风险发生；**损后目标**是指减轻损失的危害程度，尽快恢复生产生活秩序。

从本章第一节企业风险的类别中我们不难发现，企业的风险种类繁多且存在广泛，几乎涉及企业的每一个部门。所以，风险管理是自上而下全员参与的工作，其目标制定也需要企业的全体部门参与配合制定。

参与风险管理的部门和人员都需要了解风险管理的总体目标，这样在制定各自部门的风险管理目标时，才可以做到准确和全面。目标制定时要以企业本身的业务特性和经营状况、所属行业并结合实际发展状况和市场环境来确定，不可脱离实际状况订立无法实现或者不切合实际的风险管理目标。所有部门的风险管理目标都应明确和具体，部门风险管理目标经审核并汇总后，就构成了企业总的风险管理目标。

各部门风险管理目标的制定过程，也是对其工作内容中符合**风险管理目**

标的部分进行梳理、分类和辨识的一个过程，即组织对本单位（本条线、本部门），进行风险辨识，判明潜在风险、危害程度、控制措施、管理责任等内容。

三、企业风险的类别和描述

我们在本章第一节讲到过，企业风险的类别总体有六类，在这六类风险中每一类又可以细分为若干种具体风险。了解这些风险的概念，对于后续进行风险识别工作具有很好的指导作用。表 10-1（企业风险类别及风险描述表）就是对六类风险的细分，并对每一种细分风险进行了风险描述，供读者阅读参考。

表 10-1　企业风险类别及风险描述表

风险种类		风险描述	责任部门
战略风险	战略决策失误风险	为了获得高额回报，企业需要不断做出新的战略决策，如改变产品结构、组织架构和经营方式等，这些改变会给企业带来新的风险	战略管理委员会 / 运营部门 / 总办
	重大运营风险	当企业出现严重的产品或流程失误时，运营风险就转变为战略风险	相关业务部门
	资产损伤风险	如果是对实施战略有重要影响的财务价值、知识产权或者是资产的自然条件发生退化，资产损伤就变成一种战略风险	资产管理部门 / 财务部门
	竞争风险	产品或服务所面对的竞争环境发生重大变化，竞争风险就会变成战略风险	相关业务部门
	商誉风险	当整个企业失去重要关系方的信心而使价值减少时，就产生了商誉风险	品牌管理部门
政策风险	各类政策风险	如国家经济政策、地方法规、国际规则等政策变化带给企业的损失，就属于政策风险	运营部门 / 总办 / 相关业务部门
产业风险	产业波动风险	受突发事件或市场环境突然变化的影响，造成行业的巨大波动，给企业带来的风险	战略管理委员会 / 运营部门 / 总办

续表

风险种类		风险描述	责任部门
产业风险	产业集中度风险	产业集中度是针对特定产业而言的集中度，产业集中度越高，原则上其竞争性和垄断性也越强。但产业集中度过高也对应带来激烈的竞争，这就可能导致产业集中度风险	战略管理委员会/运营部门/总办
	产业周期风险	受货币及产业政策影响或是受供给需求的变化影响，造成的产业周期性的变化带给企业的风险	战略管理委员会/运营部门/总办
投资风险	决策风险	种种原因造成的投资决策失误，造成企业损失，属于决策风险	投资部门/运营部门/总办
	能力风险	投资超出自己的能力范畴，包括管理能力、专业能力、资金能力等，就构成能力风险	投资部门/运营部门/总办
	合作风险	因合作方的不确定性或不合作性导致的企业投资风险，就属于合作风险	投资部门
	财务风险	投资收益不及预期造成损失，就是财务风险	投资部门
	利率风险	因利率水平改变而遭受损失，多出现在经营进出口业务的企业，称为利率风险	业务部门
	市场风险	市场环境变化或价格变化等市场化因素改变导致遭受损失，就是市场风险	业务部门
	变现风险	能否在需要的时候让投资变现，如无法及时变现就会酿成变现风险	品牌部门
财务风险	融资风险	企业往往会面临资金不足需要筹资的情况，每种获得资金的途径都是各有利弊，如果经营者不善于扬长避短为我所用，或者筹资后经营不善无法按期归还，便会构成融资风险	财务部门
	投资风险	因项目投资对财务现金流、变现能力或偿付能力等的影响，或未来收益的不确定性等原因造成财务投资风险	投资部门/财务部门
	经营风险	投资收益不及预期，造成损失，就是财务风险	相关业务部门

续表

风险种类		风险描述	责任部门
财务风险	存货管理风险	如存货流动性差，出现超储积压存货，导致出现资金沉淀、管理费用增加或货物贬值等损失，产生的财务存货管理风险	相关业务部门
	现金流风险	当企业无法及时筹措资金以维持企业正常运转，就会出现财务现金流风险	财务部门
运营风险	组织风险	企业在组织结构、职责分配、员工激励等方面管理能力落后，造成企业效率低下，内耗严重，给企业带来的风险	人力部门 / 运营部门 / 总办
	公共责任风险	企业对自己拥有管辖权或所有权的公共场所、设施管理不善，导致出现公共场所人员伤亡等事故，给企业带来的风险	资产管理部门 / 总办
	合规风险	人员、产品和服务因不符合国内外质量、环境、安全及其他相关法律法规相关规定给企业带来的风险	相关业务部门
	人力资源风险	因人力资源方面的管理问题给企业带来的风险，如重要人才流失、员工缺乏道德诚信、关键岗位用人失误、员工素质低下、团队执行力弱等	人力部门
	合同风险	是指企业合同利益遭受损失带来的风险。如合同价格、合同付款、合同结算、合同工期、合同变更等条款在合同履行过程中出现的风险	相关业务部门
	法律风险	是指企业预期与未来实际结果发生差异，而导致企业必须承担法律责任，并因此给企业造成损害的可能性；当企业违反了法律，或者行为不符合法律规范，或者缺乏防范意识，都会产生法律风险	法务部门
	产品定位风险	产品定位和市场需求出现较大偏差，导致产品滞销带来的风险	营销部门

续表

风险种类		风险描述	责任部门
运营风险	产品设计风险	所设计的产品过时或者过于超前，不适应市场顾客的需要所带来的风险	设计部门
	产品质量风险	是指企业所生产的产品，功能不足或质量差，不能满足用户需求带来的风险	生产部门 / 设计部门
	安全风险	因企业出现安全事故造成人员伤亡等重大事故，给企业带来的风险	生产部门
	销售风险	因企业销售能力弱、销售渠道窄等原因，造成产品销售不畅给企业带来的风险	营销部门
	采购风险	是指采购过程出现的一些意外情况，如供应商不履约、货不对版、价格超预算、供货不及时、工期不能保障等给企业带来的风险	成本采购部门
	生产风险	是指企业在原材料、设备、技术人员、生产工艺及生产组织等方面难以预料的障碍存在，引起企业无法按预定成本完成生产计划带来的风险	生产部门
	公关风险	企业因产品质量问题或有违法行为等原因，被媒体曝光，使企业形象严重受损或消费者退货、索赔等带来的风险	品牌部门
	灾害风险	因突发地震、洪水、火灾、台风、暴雨、交通事故、危险品泄漏、环境污染、地质（如地基）变动等造成的损失	运营部门 / 生产部门

表 10-1，从战略、政策、产业、投资、财务、运营等六个维度，对企业的风险进行了罗列和描述，以帮助读者更清楚地了解企业风险的类别，并可结合自身管理实际进行对照应用，这将更有助于今后对企业风险的辨识和管理。

四、对企业风险进行辨识

管理健全的企业，其风险管理有**三道防线**。

第一道防线：**业务管理部门的执行；**（最重要防线）

第二道防线：**风险管理部门的风控；**

第三道防线：**审计监察部门的监督。**

企业风险的辨识，是对企业存在风险的发现、辨认和表述的过程，也是企业风险管理的基础，是非常关键的工作环节。之所以说关键，是因为风险辨识工作关系到企业所有参与风险管理的业务管理部门，其风险辨识是否准确、全面，也关系到企业风险管理中第一道防线是否稳固。

风险辨识需要风险管理工作小组制定好《风险辨识清单》模板和工作计划，统筹企业全体部门参与并完成。

《风险辨识清单》内容包括：编制部门、关键业务事项风险点、风险描述、关键控制点、控制手段、控制活动描述、责任部门等。见表 10-2。

表 10-2　风险辨识清单（编制标准）

<table>
<tr><td>编制部门</td><td></td><td>编制人：　　　　　　编制时间：</td></tr>
<tr><td colspan="2">内容</td><td>填写标准</td></tr>
<tr><td colspan="2">风险级别的分类标准</td><td>分三类：高危、中危、低危</td></tr>
<tr><td rowspan="5">各栏目内容填写标准</td><td>关键业务事项 / 阶段</td><td>具体事项 / 事项发生所处的阶段，要求描述准确，内容全面</td></tr>
<tr><td>风险点描述</td><td>1. 产生原因 + 后果
2. 原因、后果的描述，应为“直接、浅显”的，不宜发散</td></tr>
<tr><td>控制手段描述</td><td>填写具体的制度、授权、流程等名称
如：×× 管理制度、×× 管理流程、×× 系统</td></tr>
<tr><td>控制活动描述</td><td>1. 找到相关控制活动在控制手段中的表述；
2. 针对表述，进行归纳总结，用简洁、明了的语言进行描述；
3. 描述的内容应至少满足“谁、几时、做什么”</td></tr>
<tr><td>责任部门</td><td>控制活动中 ×× 部门 / 岗位做什么：如营销部门编制《风险应对方案》，并发起呈批</td></tr>
</table>

续表

编制部门		编制人： 编制时间：
内容		填写标准
各栏目内容填写标准	控制评估	从以下维度进行评估 1. 是否有较为全面的控制手段 2. 控制手段中的控制活动描述是否完整 3. 不同控制手段间的控制活动是否完善 4. 控制活动是否得到执行

表 10-2 中的“关键业务事项 / 阶段”一栏，可以参考《风险类别和风险描述表》，部门可参照表中“责任部门”一栏对号入座，将部门存在的风险依表进行对应选用。当然，各部门在进行风险辨识工作过程中，可以对存在风险事项进行更细化的提炼，反过来再去对应《风险类别和风险描述表》中的风险类别。

表 10-3 为某地产公司工程管理部的“风险辨识清单”，供读者朋友在制定部门风险辨识清单时参考。

案　例

工程管理部风险辨识清单（节选）

表 10-3　某地产公司工程管理部的“风险辨识清单”

编制部门	工程管理部		
关键业务事项	风险点	风险描述	风险所属类别
工程前期	施工平面布置方案考虑因素不全面的风险	前期策划未充分考虑营销展示区等因素影响，造成施工实施过程中平面布置调整或者重新布置	生产风险
	施工方案考虑因素不全面风险	在前期策划中，未针对本项目的特性（比如工期要求、工程质量要求、进度要求、安全文明要求等）等因素考虑全面，施工方案中未充分考虑相应的管控措施，在实际执行过程中发生增加施工措施或者调整施工方案，造成成本增加和工期延误	生产风险

续表

编制部门	工程管理部		
关键业务事项	风险点	风险描述	风险所属类别
工程前期	施工合作方选择风险	由于对施工合作方真实实力了解不够深入、施工管理团队经验不足，劳务分包技能业务水平不稳定，导致履约过程出现偏差、扯皮，影响工程进度和施工质量	采购风险
合同执行	合同漏洞风险	合同条款不明确，存在漏洞，会造成承包单位索赔事件发生，导致成本增加	合同风险/采购风险
	合同执行偏差风险	承包单位或材料设备供应商未按合同要求履行，导致合同解除而发生的诉讼	合同风险/采购风险
工程质量	材料不符合要求	1. 进场的材料、设备品牌，与合同中要求的品牌不一致，存在偷工减料、以次充好的风险，影响工程质量； 2. 进场的材料、设备规格尺寸等，与设计要求不符； 3. 材质与设计要求不符	采购风险/质量风险
	隐蔽验收不符合要求	隐蔽工程未及时组织验收，导致后续工程存在工程质量隐患	质量风险
	渗漏	施工工艺、工序未按施工方案组织实施，施工质量不符合要求，导致节点薄弱环节出现渗漏	质量风险
	结构质量不符合标准	因材料或工艺不合规造成结构质量不满足验收要求	质量风险/合规风险
工程进度风险	不能按计划完成的风险	项目未能按集团发布的1级/2级进度完成相关工作，导致集团运营计划无法达到预期目标，严重影响业主交付，发生群诉事件	生产风险
安全风险	结构倒塌、基坑坍塌、高支模坍塌、施工机械倒塌等事故	发生结构倒塌、基坑坍塌、大型施工机械倒塌等重大安全事故不仅造成人员伤亡及重大财产损失，而且会对集团品牌造成严重影响	安全风险/法律风险

续表

编制部门	工程管理部		
关键业务事项	风险点	风险描述	风险所属类别
安全风险	高坠事故	防护不严及违章操作致使材料坠落伤人或人员伤亡，可导致工地停工整改，影响工期	安全风险/法律风险
	火灾事故	施工现场或生活区发生火灾，导致人员伤亡及财产损失，工地停工整改，影响工期	安全风险/法律风险
工程产值申报	工程产值超报风险	工程形象进度上报不实，导致工程款支付超前，后期工程赶工，却没有工程款支付，对现场工程管理不利	人力风险/财务风险
现场签证	工程量真实性风险	现场签证产生的工程量现场确认不真实，导致成本审核现场签证金额与实际不符，给公司带来损失	生产风险/人力风险
工程结算	工程竣工图的真实性	工程竣工图与实际不符，导致超额结算工程款	生产风险/人力风险
工程验收	防火材料及消防设备未选用有3C认证要求的产品	材料、设备进场及施工把控不严或不到位，施工单位偷工减料，使用了不符合消防验收要求的材料或设备，造成无法通过验收、现场返工以及工期耽误	生产风险
	验收资料不完整	对各项验收程序及申报资料了解和准备不充分，不符合验收申报要求，将影响验收	生产风险
	防火材料的防火等级未按设计要求选用	防火材料把控不到位，不能满足设计及消防验收要求，无法通过验收，造成返工以及工期耽误	生产风险
项目交付	成品损坏风险	过程成品保护不到位，可能引起业主投诉和索赔	产品质量风险
	质量缺陷风险	外墙门窗、卫生间渗漏、质量瑕疵等质量缺陷，可能引起业主索赔和群诉事件，给公司品牌带来不良影响	产品质量风险/法律风险/合同风险

续表

编制部门	工程管理部		
关键业务事项	风险点	风险描述	风险所属类别
项目交付	交付品质风险	施工交付效果与设计效果存在偏差，影响工程整体交付品质，可能引起业主投诉、索赔和群诉事件，给公司品牌带来不良影响	产品质量风险 / 法律风险 / 合同风险

从表 10-3 我们可以了解到，部门风险辨识清单，就是由主责部门结合自身工作分工对工作进行分解，针对每一项关键业务事项，找出其中的风险点并进行风险描述。这是一个对部门工作存在风险的发现、辨认和表述的过程。目的是做到对风险的提炼和识别，进而有针对性地采取措施进行防范。

运营部门应统筹风险辨识工作，要协同各部门制定风险辨识工作计划，以便更系统地落实这项工作。过程中，要指导各部门进行风险辨识清单的填报，并组织风险管理人员对清单进行审核，直至满足管理要求。

风险辨识清单的内容，是企业推行风险管理的重要工作依据，它不仅对风险管理有着重要作用，对企业管理体系的完善和提升也有积极作用，主要体现在以下几个方面：

- 可有效指导风险管理人员对风险进行系统化管理；
- 有助于企业风险第一道防线的稳固；
- 可避免企业风险管理工作脱实向虚，确保始终围绕企业实际进行风控；
- 可完善现有制度中针对风险管理部分的不足；
- 可实现企业风险管理和业务管理的拉通，做到业务管理、风险管理紧密结合又相互促进。

五、对风险辨识清单内容进行评审和提取

通常，在风险辨识清单制定完毕后，风险管理部门需要进行风险评估。风险评估是对风险本身的破坏性的定量分析，在风险管理中，这当然是必要的工作。但结合企业实际状况，笔者认为在风险辨识之后直接进入风险评估，少了一个重要环节，那就是**对风险辨识清单的评审**。这项工作，在相关部门提报各自的风险辨识清单前，就需要进行第一轮的评审。但因为部门评审存在局限性，所以，在最后汇总定稿阶段，由风险主管部门召集专家、企业管理人员或专业人员再次进行综合评审是非常必要的，评审的要点如下：

- 对风险辨识清单内容的合规性进行检查和评议；
- 对风险点的完整性和合理性进行评审；
- 对风险“控制手段”和“控制活动描述”的有效性进行评审；
- 对现有规章制度是否符合风险“控制手段”中的要求进行评审。

评审内容：是否缺失相关制度，制度内容是否完善、是否制定针对风险管理的工作指引，是否将风险管理工作和日常业务管理工作进行了结合，是否实现闭环管理，等等。

这项工作对风险管理在企业能否落地执行有着决定性的作用。特别是针对最后一点，如果风险识别清单的内容能满足该项的要求，风险管理不论从制度层面还是执行层面，都做到了和基层业务工作的有机融合，这对于企业风险管理体系的建立和有效执行是一个有力保障。在对风险辨识清单的评审完成之后，企业有一个针对风险管理的制度体系完善的过程，要将风险管理的要求，纳入部门执行类制度和管理类制度中，并应在考核中予以体现。

对风险辨识清单的评审工作，是运营在风险管理中重中之重的工作内容，不仅要做，还要做细，做实，让风险管理在企业的管理中实现管理价值最大化。

风险辨识清单评审工作的另一个目的，是要提取部门重点风险事项，由运营管理部门汇总成《企业重要风险事项监控清单》，进行重点监控。这也是企业风险的第二道防线——风险管理部门风险控制的重点内容。

六、进行风险监控及风险管理评价和考核

对于企业来说，**风险管理最重要的工作是了解风险并杜绝风险的发生。**本节前五部分的内容，主要讲述了风险的概念和如何将风险管理同业务管理做到融合，加强风险管理的制度保障，对风险防范管理做到常态化。这也是运营部门在风险管理模块工作中最为重要的部分。

风险管理后期的工作，包括风险评估、风险管理解决方案的制定、风险监控以及风险管理评价、考核等内容。这部分内容涉及风险管理的专业操作，不是运营管理的重点工作要求，这里就不做更深入的阐述。对该部分知识有需要的读者，可以从其他相关论著中进一步深入学习。本书只对这部分内容进行简要的介绍。

（一）风险评估（Risk Assessment）

风险评估是指，在风险事件发生之前或之后（但还没有结束），对该事件给人们的生活、生命、财产等各个方面造成的影响和损失的可能性进行量化评估的工作。即，风险评估就是量化测评某一事件或事物带来的影响或损失（包括直接风险损失和间接风险损失）的可能程度。风险评估的目的是针对带来不同程度损失的风险采取不同的对策。

在风险评估过程中，有几个关键的问题需要明确：

- 要确定保护的对象（或者资产）是什么？它的直接和间接价值如何？
- 资产面临哪些潜在风险？导致风险的问题所在？风险发生的可能性有多大？
- 资产中存在哪些弱点可能会被风险所利用？
- 一旦风险事件发生，组织会遭受怎样的损失或者面临怎样的负面影响？
- 组织应该采取怎样的安全措施才能将风险带来的损失降低到最低程度？

解决以上问题的过程，就是风险评估的过程。

（二）制定风险管理解决方案

风险管理解决方案的内容包括：风险解决的具体目标，所需的组织领导，

所涉及的管理及业务流程，所需的条件、手段等资源，风险事件发生前、中、后所采取的具体应对措施以及风险管理工具（如关键风险指标管理、损失事件管理等）。

结合风险评估的结果对各类风险制定专项解决方案，目的是对**风险进行控制**，**即事前预防有管理，事中应对有章法，事后控制不扩散。**

- **成立企业重大决策风控管理小组。**企业要对重大决策工作，如重大投资决策或重大战略决策，成立专门机构进行专项风险管控。要对重大投资的可行性和战略决策的风险进行专业的评估和分析，并给出决定性意见，以确保企业的安全。要在企业制度中明确该风控小组的权力，避免“决策一言堂”现象的发生。
- **风险预防措施要具体。**要有相应管理制度支持，责任和分工要落实，并能在日常工作中有管理地执行。对重点风险的预防，要采取多维度、分层次的防范措施，不要只抓末端，要注重对源头的管控。风险管理是一项细致的工作，需要具备高度的责任心。
- **风险发生过程中，要有方案作指导。**按照既定分工和职责分配，进行紧张有序的应对，尽最大可能降低风险损失和影响，确保风险处理的周密和高效。
- **风险发生后，要对风险可能引发的次生风险进行防范。**如公关风险、法律风险等，避免风险的损失扩大。同时，要对风险进行总结评价。

（三）风险监控

风险监控顾名思义，就是对风险的发展与变化情况进行全程监督，并根据需要进行应对策略的调整。因为风险是随着内外部环境的变化而变化的，它们在主体经营活动的推进过程中可能会增大或者衰退乃至消失，也可能由于环境的变化又生成新的风险。风险监控就是通过对风险识别、评价、估计、应对全过程的监督和控制，从而保证风险管理能达到预期的目标。其目的是：核对风险管理策略和措施的实际效果是否与预见的相同。寻找机会改善和细化风险以规避风险激化。

风险监控的依据：

- 风险管理计划；
- 风险应对计划；
- 实际风险发展变化情况；
- 可用于风险控制的资源。

风险监控的目标：及早识别风险避免风险事件的发生；消除或减小风险事件的不良后果，充分吸取风险管理中的经验和教训。

风险监控不是定期进行的工作，企业应将风险监控融入日常管理工作中，风险管理人员也应将对风险的监控作为日常基础工作，通过计划、报表、报告和检查等形式，结合**风险管理解决方案**，及时了解风险动态，及时采取纠偏措施，将风险监控常态化，让风险管理工作持续、有效地进行。

（四）风险评价和考核

企业应定期对风险管理制度、工具方法和风险管理目标的实现情况进行评价，识别是否存在风险管理缺陷，并制定解决方案形成评价结论并出具评价报告。同时，如果有风险发生，在风险发生之后也要及时对风险事项进行后评估，探究风险发生原因，完善风险管理制度，让风险管理形成 PDCA 工作闭环，不断提高企业风险管理水平。

鉴于风险管理的重要性，企业运营部门应结合部门工作实际，将有关风险管理的考核内容纳入组织绩效考核，将风险管理的工作结果和部门绩效考核挂钩，以进一步强化风险管理的执行。

小结及阅读目标

小结

本节讲述了运营管理中关于风险模块的管理机制。运营管理部门要了解当前风险管理存在的普遍性问题和企业风险管理的目标。了解清楚问题和目标，才能更好地系统推进企业风险管理工作。

做好企业风险管理的重要前提是熟悉风险的类别并能科学地进行风险辨识。风险管理工作不是企业某一个部门的事，而是和企业各部门的日常工作息息相关。企业每个部门都存在风险点，部门作为风险管控的第一道防线，要将日常管理和风险管理工作有机结合，做好风险防范的源头管理。各部门要结合自身工作分工制定风险辨识清单，并通过运营管理部门的评审，进一步完善企业风险管理的制度体系。同时，运营部门要提取汇总各部门的重要风险事项，提升至企业层面进行管控。

决策风险管理，是企业风险管理系统的重要内容，风险管理部门一定要在企业重要决策方面发挥真正的风险监控作用。

阅读目标

1. 了解当前风险管理存在的问题和企业风险管理的目标；
2. 了解企业风险的类别；
3. 掌握制定风险辨识清单的方法和如何对企业风险进行辨识；
4. 了解如何对企业风险辨识清单进行评审；
5. 了解如何进行风险监控和风险管理。

第三节　风险管理模块须达成的管理目标

一、建立完善的风险管理体系，为企业创造安全、平稳的工作环境

每一个健康的企业都希望在一个安全、稳定的环境中运行，而保障这个环境条件最重要的工具就是完善的风险管理体系。在这套体系的运行下，企业可以有效地对风险进行监控和预防，即使发生不可抗力的风险也可以从容应对，让企业运行始终保持平稳，让经营者更能专注于生产本身。运营部门对风险管

理模块的管理，首要任务是要建立起一套完善的、符合企业需求的风险管理体系，并保障这套体系良性运转，为企业所用。

二、让风险管理和业务管理实现有机融合

本章的内容是关于运营对风险模块的管理。读者朋友学习本章的重点是能够了解企业风险管理和业务管理的关系。同时，在运营实践中，能将风险管理和业务管理实现有机融合。事实上，风险管理本身不是孤立存在的，风险管理只有和业务管理紧密结合，将风险管理工作融入日常业务管理工作中，风险管理才真正有生命力。

风险，就是生产目的与劳动成果之间的不确定性。从风险的这个概念我们可以看出，风险不是一个独立的存在，它依附并潜藏于生产过程和劳动成果之间。对风险的管理，实际上也就是对生产过程和劳动成果的管理。如果你很认真地面对了风险辨识清单的制定，你就应该会发现，风险管理本身就是业务管理的重要组成部分，只是风险管理的要求更全面、更细致也更专业。

部分企业的风险管理工作难以持续开展，不是虎头蛇尾就是雷声大雨点小，其背后重要的原因，就是将风险管理脱离开业务管理独立开展。这是因为风险管理不是产生即时效益的工作，抛开业务管理风险，会因缺乏工作绩效失去领导支持和员工理解，难以为继也是必然结果。**让风险管理和业务管理实现有机融合，这也是运营对风险管理模块管理必须要做到的工作。**

如果能将业务工作很好地完成，对于企业来说就是对风险最好的管理；而将风险管理做实，也会对企业管理能力提升发挥积极作用。业务管理和风险管理相互依存又相互促进，它们的良性互动，是助力企业发展的有效方法。

三、形成全员具备风险意识的企业文化

风险意识，也是一种忧患意识。华为创始人任正非先生就曾多次提及“末日管理”。所谓“末日管理”，就是用可能发生的灾变，倒逼眼前的路径选择，而不是被眼下的现实牵扯着走。“末日意识”就是最具代表性的风险意识。十

年后的今天，当华为经历国际市场前所未有的孤立和制裁的时候，能避过灭顶之灾并依然保持着强劲的生命力，不得不说，任正非先生是一个有着超级智慧的企业家，他所带领的企业是真正有风险意识、有生存哲学的企业。也只有这样的企业，才能真正称为伟大的企业！

让员工对风险心存敬畏，让风险意识成为企业文化的一部分，才可以让企业走得更稳、更远。

第十一章

运营部门的组织管理手册

- 不同类型、不同规模的企业，其运营部门的组织机构设置会有所不同。这中间的取舍变化，需要管理者结合企业实际进行决策。
- 制定《运营管理部门组织管理手册》，可以让工作内容繁杂的运营管理部门工作分工更加清晰，工作重点更加明确，工作内容更加具体。

本书对企业运营管理 9 个模块的工作内容进行了深入的解读。通过对这 9 个模块的了解和学习，相信读者已对运营工作有了一定的认识。运营工作的管理内容丰富、涉及面广泛，每个模块的工作都对企业的发展有着举足轻重的作用。同时，任何一个模块的工作出现了偏差，也都会对企业发展造成严重的影响。

如何统筹管理好这 9 个模块的工作，运营部门如何才能将这项艰巨且重要的任务完成好，这也是摆在所有管理者面前的一个课题。而完成这个课题首先要解决的事项，就是如何对运营部门组织机构进行科学合理的设置。

一个成熟的企业，其运营管理工作都应是围绕这 9 个模块展开，内容也是基本固定的。当然，不同的企业，会对有些模块工作的执行主体进行调整，比如：将风险管理放到审计部门、将战略管理放到投资部门等。但万变不离其宗，不论放在哪个部门执行，在企业中，这 9 个模块的工作必须都要做，也必须科学地去做。

不同类型、不同规模的企业，其运营部门的组织机构设置会有所不同。这中间的取舍变化，需要管理者结合企业实际进行决策。但管理的理念都是相通的，目的也是一致的。

笔者就职于某地产集团高管期间，曾要求分管的运营管理中心制定了《运营管理部门组织管理手册》，很好地将运营部门组织机构设置和工作机制进行了细化和固化（见本章的附件 1《运营管理部门组织管理手册》）。

该手册主要内容包括：

- 运营部门的组织架构和职责；
- 运营部门内部分工及其职能（含分工内容、工作流程及工作流程节点、工作成果）；
- 各岗位的职责要求描述；
- 运营部门关键管理工作的操作流程指引。

在实际部门管理过程中，我们通常会忽视对重点工作的内容、流程和成果标准化、制度化的管理。制定《运营管理部门组织管理手册》，可以让工作内容繁杂的运营管理部门工作分工更加清晰，工作重点更加明确，工作内容更加具体。同时，每项主要工作的工作内容、工作程序和工作成果都有了具体的标准。并可以做到固化且便于传承。

《运营管理部门组织管理手册》也是指导日常工作的制度依据。通过这种形式，可以将部门的管理内容系统整合起来，并直观形象地进行呈现。为了让读者朋友能更清晰和直观地学习，现将该手册的部分重点内容进行分享，供大家参考借鉴。也希望读者可以通过参阅这份资料，结合企业的实际，完成自身运营部门组织机构的设置，并制定出适合自己企业的《运营管理部门组织管理手册》。

需要说明的是，"组织管理手册"这种形式，同样适用于企业中工作内容较为复杂的其他部门。有需要的读者朋友，可以参考借鉴本章分享的《运营管理部门组织管理手册》内容，制定各自部门的"组织管理手册"。这是一项标准化的管理工作，可以有效提升部门的管理效率。

附件 1：

某地产集团总部

【运营管理部门组织管理手册】

（××年度）

（节选）

目录

3.3 战略规划工作指引（略）

3.4 行业研究工作指引（略）

3.5 经营目标管理工作指引（略）

3.6 会议管理工作指引（略）

3.7 风险管理工作指引（略）

4 制度、流程管理部

4.1 制度、流程管理部部门职责

表 11-4 制度、流程管理部部门职责

4.2 制度、流程管理部岗位职责

表 11-5 制度、流程管理部岗位职责

4.3 授权流程管理工作指引（略）

4.4 制度、标准化管理工作指引（略）

4.5 知识数据管理工作指引（略）

5 项目、计划管理部

5.1 项目、计划管理部部门职责

表 11-6 项目、计划管理部部门职责

5.2 项目、计划管理部岗位职责

表 11-7 项目、计划管理部岗位职责

5.3 计划管理工作指引（略）

5.4 项目管理工作指引（略）

5.5 运营督办管理工作指引（略）

6 组织绩效管理部

6.1 组织绩效管理部部门职责

表 11-8 组织绩效管理部部门职责

6.2 组织绩效管理部岗位职责

表 11-9 组织绩效管理部岗位职责

6.3 组织绩效管理工作指引（略）

1. 运营管理中心组织框架（共 12 人，参见图 11-1）

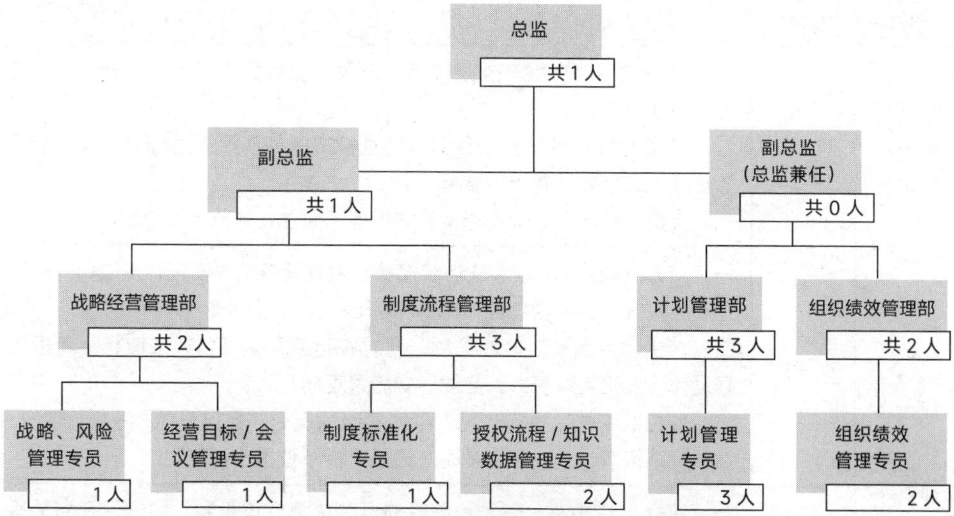

图 11-1　运营管理中心组织框架

说明：① 运营管理中心共设四个部门：战略经营管理部、制度流程管理部、计划管理部、组织绩效管理部；
② 共管理模块 9 个，其中：战略经营管理部 4 个，战略管理、经营目标管理、会议管理、风险管理；
制度流程管理部 3 个，制度标准化管理、授权流程管理、知识数据管理；
计划管理部 1 个，计划管理模块；
组织绩效管理部 1 个，组织绩效管理。
③ 编制 12 人；其中总监、副总监各 1 人；工作人员 10 人。

2. 运营管理中心职能（参见表 11-1）

表 11-1　运营管理中心职能

发改委职责	企业职责	内容
定战略 定方向 定目标	定目标	一、负责集团宏观战略发展的规划，以及战略规划的阶段实施方案，明确企业的使命、愿景、价值观； 二、负责制定公司年度经营目标，并组织制定各单位、各中心的年度经营目标与管理目标，促进公司经营目标的达成； 三、负责制定公司新开发项目的经营决策书，明确新开发项目的成功标尺

续表

发改委职责	企业职责	内容
研政策 研市场 研经营	对标杆	一、负责定期对房地产宏观市场、政策、重点关注城市进行研究，为公司投资决策提供依据； 二、负责对行业标杆企业案例、经营模式的创新案例进行研究，为企业管理变革、创新经营提供参考； 三、负责分析企业经营目标实现的质量，关注费效比、人均产能
抓大事 抓协同 抓落实	抓管控	一、对开发项目 / 单位实施运营巡检，发现运营存在问题，发出预警，防范和管控开发、经营项目 / 单位风险； 二、负责项目运营风险的控制，对存在运营风险项目，采取相关管理指导动作，发出运营督办，必要时实施管理问责； 三、监控组织绩效执行情况，帮助各组织及时了解自己的 KPI 执行情况，及时发现运营存在问题，及时对绩效不良单位提出预警
	促效能	一、建立一套快速、高效和准确的运营决策会议机制，组织召开相关运营会议，推动管理提升，实施管理宣贯，提高企业决策效率； 二、建立运营主数据管理系统，及时发现运营风险，加强运营风险管控； 三、跟进项目重大开发事项的执行情况，协调资源，协助重大事项的解决
统计划 统制度 统考核	抓计划	一、负责制定集团计划管理制度，负责收集、审核总部职能中心、各二级经营单位的年度计划、专项计划； 二、跟进项目开发执行情况，负责计划上线的管理和考核工作；负责计划管理系统的日常维护对接； 三、负责跟进集团年度经营目标的完成情况，及时实施纠偏、预警等管理动作
	建规则	一、负责搭建企业房地产主业务类权责、OA 流程的体系；配合建立总部各职能中心、各二级经营单位的权责、OA 流程的体系； 二、负责其他有关企业开发运营效能、效率的提升、提速的管理体系、管理动作的建立与优化； 三、组织公司标准化体系建设，牵头组织各部门落实各专业、各职能的标准化工作
	考结果	一、负责建立、优化企业组织绩效考核、激励体系； 二、组织制定集团各中心、各城市公司、各经营单位年度组织绩效考核指标，签订经营管理责任书，确保企业目标责任得到有力落实； 三、出具组织绩效考核结果，通过考核结果发现运营管理问题，督促各组织根据考核结果改进运营效率、效益，并协调资源解决管理问题

3. 战略经营管理部

战略经营管理部的部门职责和岗位职责，参见表 11-2、表 11-3。

3.1 战略经营管理部部门职责（参见表 11-2）

表 11-2　战略经营管理部部门职责

职责	权重	内容	工作程序	成果
一、战略规划	15%	**负责集团宏观战略发展的规划，以及战略规划的阶段实施方案的制定，明确企业的使命、愿景、价值观。** 一、通过对房地产市场（及集团其他业态）的长期发展趋势分析、行业驱动因素的分析、行业竞争模式的分析、行业价值链的分析，对行业未来发展形势进行展望； 二、结合企业阶段发展实情、资源能力，通过对标研究及案例研究、行业咨询服务梳理，对集团中长期发展的定位、战略模式的选择、区域战略的选择、产品战略与盈利模式的选择、核心能力的规划提出建议； 三、制定战略规划的实施流程和行动计划，确定企业各业态的阶段发展的规模（总资产 / 行业排名）、盈利（净利、回款额）、效率（ROE、周转率）、品牌（满意度），并跟进企业战略规划方案的过程实施，及时纠偏	一、开展房地产企业及集团其他业态发展趋势及发展模式的研究分析； 二、完成《企业 5 年战略发展规划报告》的编制； 三、完成《战略规划实施方案》的编制，明确公司 5 年内的规模、盈利、效率、品牌目标	《企业 5 年战略发展规划报告》《战略规划实施方案》、年度战略发展主题等
二、行业研究	10%	**负责房地产宏观市场及标杆企业研究，为公司投资决策、运营预警，提供依据。** 通过收集、购买相关数据报告，重点开展以下行业研究工作。 **一、负责对房地产市场总体运行情况及发展趋势进行研究：**含宏观经济运行情况、地产行业发展态势、行业最	一、落实公司相关数据平台的合作或数据报告的购买事项； 二、每半年度，对房地产行业市场总体运行情况及发展	《房地产宏观市场分析报告》《重点城市研究报告》《×× 运营模式案例研究》

续表

职责	权重	内容	工作程序	成果
		新政策、货币/信贷及流动性、行业运行情况（投资增速、库存情况、开工面积、房企业绩情况、销售供需情况、土地供需情况、原材料供货市场信息）等信息收集、分析以及行业趋势展望； **二、重点城市研究：**根据集团区域战略布局、集团投资拓展要求、目标城市市场表现，对重点城市的房地产市场价值实现潜力（人口、人均财富水平、经济发展情况、产业结构、城市房地产投资情况、供给与需求规模、购买力水平等）、城市发展规划与机遇、投资风险、土地机会等进行重点研究； **三、标杆企业研究：**通过与先进企业/同行的交流学习、案例收集分析，对行业的先进运营模式、赢利模式、管理模式进行研究，并组织开展企业内部推广学习	趋势进行宏观分析，出具分析报告，提交公司作为决策参考； 三、根据区域战略布局需要，有选择性对重点城市进行投资可行性研究，出具《重点城市研究报告》； 四、每年完成1个标杆企业案例研究，并形成研究成果供在内部推广学习	
三、经营目标管理	25%	**负责制定公司经营目标、新项目成功标尺；组织制订公司、项目年度经营目标与管理目标，促进公司经营目标的达成；负责公司、项目年度经营目标的分解。** 一、①根据集团产品战略、赢利模式对项目开发运营效率的要求，制定新开发项目的成功标尺，含：项目IRR、销售毛利率与净利率、项目开发周期、一级计划达成率、项目启动资金占集团资金的比例、资金峰值及资金平衡时间等；②根据项目启动会召开进度，	一、根据新项目获取情况，在新项目发展定位报告通过后、项目启动会前，完成新开发项目的成功标尺的制定，签订项目经营决策文件； 二、每年2月份前，完成公司年度经营与管理目标的制定；	《公司年度经营计划报告》、各单位KPI指标及管理目标、《月度经营分析报告》

续表

职责	权重	内容	工作程序	成果
		组织签订项目决策文件，形成项目成功标尺，持续跟进项目开发经营财务变化，及时预警、提示、纠偏，促成项目成功标尺的实现； 二、根据集团战略规划对年度经营规模、增速的要求，结合市场预判、项目开发进度、土地储备情况，组织制订集团整体年度经营与管理目标，并制定公司年度经营策略； 三、根据集团年度经营与管理目标，组织各单位完成年度经营目标的分解、年度经营计划的编制、年度整体经营报告的编制，并向城市公司明确年度项目经营开发要求； 四、根据项目开发经营过程跟进情况、公司决策调整，及时对各单位年度经营计划的调整进行审核，向项目提出经营开发要求； 五、跟进集团年度经营目标的完成情况，定期对各单位的经营目标完成情况进行汇总分析，形成月度经营分析报告，及时向公司汇报项目经营情况，提出纠偏、预警建议； 六、根据项目启动会召开进度，组织签订项目决策文件，形成项目成功标尺，持续跟进项目开发经营财务变化，及时预警、提示、纠偏，促成项目成功标尺的实现	三、每年2月份前，完成年度经营目标分解的组织工作，并完成年度经营目标管理责任书的签订；完成《城市公司年度整体经营报告》的组织编制；完成《集团对项目开发经营要求》的编制和审批、下达； 四、根据开发经营过程管控和公司决策，及时对各单位上报的经营计划调整内容进行审核； 五、每月15日前后，完成《月度经营分析报告》的编写、上报，根据指标完成情况，发出提示、预警函，及采取相应管控措施	
四、会议管理	30%	**负责重大运营会议、关键成果决策会议的管理及相关会议管理制度的建设。** 一、召开月度/季度运营会、半年度/	一、每月15日前后召开月度/季度运营会，按公司要	一、月度/季度运营报告；半年度/年度工作总

续表

职责	权重	内容	工作程序	成果
		年度工作总结大会，完成运营工作总结报告的编制及相关筹备工作，确保会议按公司要求准时召开； 二、负责关键成果决策会议体系的建设，并监督、跟进关键成果决策会议制度的有效运行； 三、负责项目启动计划会/启动会机制的建设，并监督、跟进启动计划会/启动会制度的有效运行； 四、负责公司重大运营会议管理制度的建设	求召开半年度/年度总结大会，相关会议分工及筹备流程，按月度/季度运营会筹备分工表开展； 二、关键成果决策会议体系建设及运行管理： 1)4月30日前，组织相关专业中心，完成关键成果决策会议指引卡片的编制，5月10日前，完成关键成果决策会议管理制度的发布； 2）持续监督、跟进各项目/中心，按照制度流程，组织召开关键成果决策会议，并对会议成果的应用规范性进行督导； 三、启动会体系的建设与运行管理： 1）每月进行月度启动计划会、启动会会议计划的统筹编制； 2）对待召开的启动计划会、启动会	结报告；运营会、工作总结大会会议纪要； 二、关键成果决策会议管理制度发布； 三、启动计划会/启动会计划、会议纪要、启动计划、《项目经营决策文件》报批稿； 四、会议管理制度发布

续表

职责	权重	内容	工作程序	成果
			会议计划的统筹编制； 3）对待召开的启动计划会、启动会，统筹会议组织流程，审核上会资料，确保符合上会条件； 四、根据重大会议的实际调整情况及运行存在的问题，开展重大运营会议制度的更新、调整	
五、风险管理	20%	**负责集团风险管理体系建设，负责统筹各部门风险管理工作开展。** 一、负责牵头集团风险管理制度的制定，完善集团风险管理体系； 二、组织各部门制定风险辨识清单； 三、组织进行风险辨识清单的评审，协同制度流程部对制度、流程有关风险内容进行完善； 四、组织制定风险管控方案，确保各类风险的事前、事中、事后都有章可循； 五、进行日常风险监控，对存在隐患事项及时预警； 六、组织进行风险评价	制定风险监控制度，要求各部门每月提交风险管控报表； 结合报表和检查，每月完成一次风险监控报告的制定； 每月按照风险监控的情况，结合组织绩效考核进行打分； 每季度组织召开1次风险管理专题会议，对风险辨识清单进行评审和补充完善；对风险管理情况进行通报； 每年组织不少于1次全集团风险评价会议，并制定评价报告	月度风险监控报告； 季度风险管理专题会议纪要； 季度风险管理情况报告； 年度风险评价报告

3.2 战略经营管理部岗位职责（参见表 11–3）

表 11–3 战略经营管理部岗位职责

编制	岗位职责	工作内容
部门副总监（1 人）	战略经营管理部部门职责的全面统筹与落实；部门团队建设及日常管理	一、负责统筹企业发展战略、经营目标管理、风险管理、会议管理及其他运营管理工作； 二、负责协调集团各方资源，对任务执行过程中遇到的问题提供合理建议； 三、负责部门团队建设、人员培训、考核提升； 四、负责制定本部门工作计划和工作开展的方式方法、工作流程等工作，确保目标落实和执行到位； 五、协助运营中心部门负责人 / 分管领导，完成部门制度、流程、团队培养方面的工作
高级运营经理（1 人）	战略规划、行业研究、风险管理	一、负责制定企业发展战略； 二、对战略实施进行监控，为战略评估和调整提供依据； 三、分解企业战略，为年度目标制定提供依据； 四、对行业标杆进行研究，为集团对标提供参考； 五、负责统筹推动集团风险管理工作
运营经理（1 人）	经营目标管理、会议管理	一、参与集团经营目标的制定和下发； 二、统筹制定集团非经济指标类经营目标； 三、监控经济目标、非经济目标达成情况，并定期制定监控报告； 四、负责搭建集团运营会议决策体系，制定会议管理制度； 五、负责各类运营会议的组织和筹备； 六、负责制定和管理会议卡片； 七、监督会议召开情况，负责会议评估

4. 制度、流程管理部

制度、流程管理部的部门职责和岗位职责，这里以一实例作为示范。参见表 11-4、表 11-5。

4.1 制度、流程管理部部门职责

表 11-4　制度、流程管理部部门职责

职责	权重	内容	工作程序	成果
一、授权与 OA 流程管理	25%	**组织地产业务类权责、流程体系搭建，配合建立总部职能中心和二级经营单位权责、流程体系。** 一、组织开展地产主业务类权责、OA 流程的体系搭建工作； 二、配合建立总部职能中心和各二级经营单位的权责、OA 流程的体系	一、根据公司战略和架构调整，组织建立地产主业务类权责及 OA 流程体系； 二、根据公司战略和架构调整，配合建立总部职能中心和各二级经营单位权责、OA 流程体系	《地产主业务类权责手册》《地产主业务类 OA 流程——本部》《地产主业务类 OA 流程——城市公司》《人力、行政、财务类权责手册》《二级经营单位权责手册》《人力、行政、财务类 OA 流程》《二级经营单位业务类 OA 流程》
		推动地产业务类及职能中心、各二级单位的 OA 流程体系上线及运行，并组织开展权责流程专题培训。 一、推动地产业务类 OA 流程体系的上线及运行； 二、协助推动总部职能中心和各二级经营单位业务类 OA 流程体系的上线及运行； 三、根据权责流程上线、调整及业务开展需要，组织开展权责流程专题培训	一、推动地产业务类 OA 流程体系的上线及运行； 二、协助推动总部职能中心和各二级经营单位业务类 OA 流程体系的上线及运行； 三、围绕权责、流程体系内容及上线后执行情况，对地产板块各单位进行培训宣贯； 四、根据流程审计结果，对流程执行情况较差的单位开展专题培训； 五、积极响应业务部门需求，视需要开展专题培训	《地产主业务类 OA 流程（上线版）》《人力、行政、财务类 OA 流程（上线版）》《二级经营单位业务类 OA 流程梳理（上线版）》《权责流程专题培训》

续表

职责	权重	内容	工作程序	成果
		开展地产业务类流程审计，开展地产业务类权责优化及OA流程调整。 一、组织开展地产主业务类流程审计； 二、组织开展地产主业务类权责优化及OA流程调整； 三、配合开展总部职能中心和各二级经营单位的权责优化及OA流程调整	一、不定期对流程效能进行检视，收集流程应用问题，作为流程优化的依据； 二、每月开展月度OA流程分析，提出流程改进建议； 三、结合各业务风险管控要点，组织各中心编制《流程检查表》，规范审计要点； 四、每季度联合总部职能中心开展流程巡检，对具体流程执行情况进行抽检	《月度流程使用情况分析报告》《季度流程巡检报告》《地产主业务类权责手册（优化版）》《地产主业务类OA流程——本部（优化版）》《地产主业务类OA流程——城市公司（优化版）》《人力、行政、财务类权责手册（优化版）》《二级经营单位权责手册（优化版）》《人力、行政、财务类OA流程（优化版）》《二级经营单位业务类OA流程（优化版）》
		对流程合规性及应用情况进行考核。 对流程合规性及应用情况进行考核，提高流程运营效率	一、定期对流程是否按权责手册要求和内容执行进行考核； 二、将流程执行情况备案至组织绩效考核部门，作为组织考核依据之一	《流程报文质量排名名单》《流程审批效率排名名单》
二、制度文件审核及发布	20%	**负责各单位制度文件审核及OA平台发布、归档。** 一、负责对各单位报批的制度文件进行合规性审核； 二、对各单位报批的制度文件的工作流程及跨部门职能界面进行审核； 三、负责对审批通过的文件进行OA平台发布并归档	一、明确制度文件格式要求及模板； 二、对各单位上报制度文件的格式规范进行审核； 三、对各单位上报的制度文件的工作流程及跨部门职能界面与权责的匹配性进行审核； 三、对审批通过文件进行OA发布和归档	《制度文件模板》《制度文件审核意见》《制度OA发布文件》《制度体系文件》

续表

职责	权重	内容	工作程序	成果
三、知识管理	15%	**知识沉淀、总结经验，发扬先进，形成知识库，指引类似工作开展，推进项目开发进度。** 一、组织各业务中心针对上阶段有重大意义的事项形成案例并进行分享； 二、项目后评估工作的组织编撰（每完成一个项目形成经验，对后续的工程项目进行借鉴、指导）	一、定期组织各中心完成案例总结并进行分享； 二、项目完成交付后三个月内完成项目后评估报告； 三、定期更新《项目信息汇总表》基础信息； 四、统筹执行阶段性后评估工作	《企业知识案例库》 《××事项阶段性后评估报告》 《××项目后评估报告》
四、数据管理	20%	**建立企业数据中心，对运营类数据和经验类数据进行收集，并进行分析和应用，为集团决策提供依据。** **一、建设数据管理平台（或数据报表）及管理制度。**建立地产板块、二级经营单位运营相关运营核心数据的数据平台（或数据报表）、数据统计口径、管理办法，将数据整理形成围绕公司持续发展、运营效率、经营收支、项目各业务策略及执行四大类运营数据和用于各项业务共用信息的唯一口径主数据，并进行上述数据的信息系统建设维护和管理。 **二、企业运营情况分析及汇报。**对项目开发运营数	**一、建设企业运营数据中心部分。** **（一）建立公司运营数据体系，形成以下五类数据，作为运营数据库。** **1. 项目底层指标类主数据。** 城市公司项目概况及分期信息、项目及分期规划指标、项目经济技术指标数据、项目建设情况数据。为公司各项业务提供唯一口径的主数据应用接口。 **2. 持续发展（土地＋货值）数据。** 城市公司土地储备情况、销售产品货值情况（包括整体可售资源情况、库存去化情况、新增销	《开发运营主数据及业务信息管理办法》《开发运营主数据系统》上线、《公司季度经营分析报告》《月度/季度/年中/年度运营总结报告》《运营巡检提醒》《运营督办单》

续表

职责	权重	内容	工作程序	成果
		据和经营管理情况进行及时的运营分析，提出经营管理要求、运营风险提示预警，并形成汇报材料供公司领导决策。 **三、运营督办。1. 发出巡检提醒。**根据运营大数据对项目运营异常情况的反馈，向地产项目管理部提出巡检提醒，由地产项目管理部对运营存在风险的项目实施巡检，根据巡检反馈，了解运营异常项目的风险点、运营疑难事项、管理存在的问题，形成风险问题汇总。**2. 运营督办、实施管理问责。**根据项目风险点，运营疑难事项、管理存在问题，发出运营督办单，组织地产项目部、相关管控部门，采取相关管理指导动作，跟进项目的纠偏、整改策略的进展；并对管理存在问题实施管理问责。**3. 运营纠偏、整改效果评估。**及时跟进后续运营数据的变化情况，对运营纠偏、整改效果做出评估，并反馈至地产项目部。 **四、运营会议的管理和组织。**根据公司经营管理需	售资源计划、开 / 复 / 竣工货值情况）等。 **3. 运营效率（计划、现金流）数据。** 计划（项目节点计划、销售推盘计划等）、现金流（销售回款、支付、投资回笼、资金平衡等）。 **4. 经营收支（收入、成本、利润）数据。** 销售收入（认购、签约、回款）、租赁经营性收入、目标成本、利润等。 **5. 项目各业务策略及执行数据。** ①投资类：拿地策略及执行效果数据； ②营销类：项目整体营销方案、分期营销大纲、分期营销执行方案及执行效果数据； ③设计类：项目设计管理方案及执行效果数据； ④报建类：项目报建方案及执行效果数据； ⑤成采类：项目成本管理方案及执行效果数据； ⑥工程类：项目工程策划及执行效果数据； ⑦展示区类："两点一线"策划方案、"两点一线"实施计划及执行效	

续表

职责	权重	内容	工作程序	成果
		要，搭建完善运营会议决策体系；组织召开公司层面运营会议，月度、季度运营会议，以及年中、年度工作总结会议、项目启动会、项目决策会，负责相关会议的组织和筹备	果数据； ⑧物业类：项目物业管理方案及执行效果数据； ⑨风险类：项目风险分析与控制策略及执行效果数据； ⑩客服类：项目客户服务方案及执行效果数据。 **（二）建立经验数据库，并负责数据收集汇总、培训和应用。** **（三）建设运营数据的维护制度。** **二、项目整体运营情况汇总汇报。** 结合运营数据中心汇总的数据，进行项目整体运营情况的分析，每季度形成《公司季度经营分析报告》，为公司做经营分析和决策提供依据。 **三、运营督办部分。** 根据开发运营数据所反馈的各项目运营情况，发出运营巡检提醒、下发运营督办单、对纠偏及整改效果进行跟进与评估。 **四、运营会议的组织部分。** 1. 每月组织召开月度运营会议；每季度组织召开季度运营会；根据公	

续表

职责	权重	内容	工作程序	成果
			司审批时间，召开年中、年度总结会议，并在会前出具相应运营总结报告。2. 根据项目开发实际需要，组织召开项目启动计划会、项目启动会，审核会议材料，签订相关责任状、经营决策文件。3. 未来根据运营管理体系的搭建情况，逐步完善其他运营决策会议体系	
五、标准化工作	15%	**负责集团标准化建设工作。** 一、负责制定集团标准化管理制度，统筹推进集团标准化工作； 二、负责集团标准化工作的系统管理和考核； 三、负责标准化工作的规划，制定计划并组织实施； 四、负责标准化成果的审核、发布及应用	**一、以产品标准化牵头，组织推动企业标准化的实施。** 推动提高各业务自身工作效率和业务间协作效率。梳理各业务上下游成果的交接质量，推动业务形成“业务语言打通、目标一致”的标准化业务关键性成果模板，实现关键性成果“成形快、决策快、交接快”的目标。 **二、组织推动产品标准化成果的应用落地。** 梳理产品标准化成果的各业务运用逻辑。制定产品标准化成果的各业务部门应用规则。组织	1.《公司企业标准化规划方案》： 此文件用于根据我司整体业务能力和各业务线能力进行整体规划，确定业务发展模型的实施方案和计划。在编制并获批颁布后，应根据实际工作进展进行持续的更新完善。 2. 推动产品标准化小组完成《产品造价限额标准》《产品技术标准》《产品标准库》等成果

续表

职责	权重	内容	工作程序	成果
			建立成果维护及定期更新的机制和组织保障，推动产品标准化成果快速运用和持续地运用及改善。 **三、对标标杆企业，统筹规划业务能力及发展模型。** 通过业务 KPI 指标的指向性设置，推动各项业务主动提升业务能力、业务成熟度和业务协作配合度	
六、监督执行	5%	**负责对重要制度、重要流程的执行效果进行监督。** 一、负责对重要制度、重要流程的使用及执行情况进行监督跟进； 二、监督各单位定期组织开展单位内部培训宣贯； 三、建立常态化问题反馈及建议征集机制，不断优化制度流程，确保落地执行	一、梳理制定重要制度与流程的监管清单； 二、定期向各单位了解重要制度及流程执行情况； 三、结合制度与流程执行情况，督促各单位定期开展单位内专题培训； 四、借助信息系统，开通流程制度问题及建议反馈窗口，按照类别进行分析汇总，建立常态化优化机制	《制度与流程监管清单》《制度与流程执行情况台账》《制度流程管理类问题与建议汇总台账》

4.2 制度、流程管理部岗位职责

表 11-5　制度、流程管理部岗位职责

编制	岗位职责	工作内容
部门副总监（1 人）	制度、流程管理部部门职责的全面统筹与落实；部门团队建设及日常管理	一、负责统筹授权与 OA 流程管理、制度审核及管理、标准化建设以及集团知识和数据等管理相关工作； 二、负责协调集团各方资源，对任务执行过程中遇到的问题提供合理建议； 三、负责部门团队建设、人员培训、考核提升； 四、制定本部门工作计划和工作开展的方式方法、工作流程等工作，确保目标落实和执行到位； 五、协助运营中心负责人 / 分管领导，完成部门制度、流程、团队培养方面的工作
高级制度 / 流程经理（1 人） 经理助理（1 人）	一、授权与 OA 流程管理	**开展集团业务类权责、OA 流程体系搭建工作。** 组织开展业务类权责、OA 流程的体系搭建工作 **负责推动业务类 OA 流程体系上线及运行。** 一、推动业务类 OA 流程体系的上线及运行； 二、根据业务权责流程上线、调整及业务开展需要，组织开展权责流程专题培训 **开展业务类权责优化及 OA 流程调整，并参与业务类流程审计。** 一、负责监控流程的执行情况，组织开展主业务类权责优化及 OA 流程调整； 二、协助开展主业务类流程审计 **协助开展流程合规性及应用情况考核工作。** 协助开展对流程合规性及应用情况的考核，提高流程运营效率
	二、制度文件审核及发布	**对制度文件进行审核，并对制度文件进行 OA 平台发布并归档。** 一、对集团制度文件进行合规性审核； 二、对集团制度文件的工作流程及跨部门职能界面进行审核； 三、负责对审批通过的制度文件进行 OA 平台发布并归档
	三、标准化工作	**组织协调公司标准化体系建设，制定公司的标准化阶段工作计划，牵头组织各部门落实各专业、各职能的标准化工作目标。** 一、以产品标准化牵头，组织推动企业标准化的实施。推动提高各业务自身工作效率和业务间协作效率。梳理各业务上下游

续表

编制	岗位职责	工作内容
		成果的交接质量，推动业务形成“业务语言打通、目标一致”的标准化业务关键性成果模板，实现关键性成果“成型快、决策快、交接快”的目标。 二、组织推动产品标准化成果的应用落地。梳理产品标准化成果的各业务运用逻辑。制定产品标准化成果的各业务部门应用规则。组织建立成果维护及定期更新的机制和组织保障，推动产品标准化成果快速运用和持续运用及改善。 三、对标标杆企业，统筹规划业务能力及发展模型。通过业务KPI指标的指向性设置，推动各项业务主动提升业务能力、业务成熟度和业务协作配合度
	四、知识管理	**统筹集团知识管理工作，制定知识管理相关制度，对知识进行分类、汇总和培训应用。** 一、牵头成立知识管理工作组，统筹对集团知识进行管理； 二、负责制定知识管理制度、知识管理工作计划并落实执行； 三、搭建企业知识管理平台，负责对集团知识的收集和审核； 四、负责知识的培训和应用
	五、数据管理	**负责数据管理工作，中心建设。** 一、负责集团数据管理制度建设； 二、负责企业运营数据和经验数据的系统管理； 三、制定月度运营数据分析报告，供决策参考； 四、负责企业数据库的更新维护和培训应用
	六、监督执行	**配合对重要制度、重要流程的执行效果进行监督。** 一、负责对职能中心和二级经营单位的重要制度、重要流程的使用及执行情况进行监督跟进； 二、配合跟进各单位的内部培训开展情况； 三、协助建立制度流程管理问题反馈及建议征询机制，定期更新《问题及建议台账》

5 项目、计划管理部

项目、计划管理部的部门职责、岗位职责，参见表 11-6、表 11-7。

5.1 项目、计划管理部部门职责

表 11-6　项目、计划管理部部门职责

职责	权重	内容	工作程序	成果
一、计划管理	30%	**建立计划管理体系，组织编制项目开发计划、维护计划运营管理系统，优化开发计划模板及管理方法。** 一、根据集团战略规划，组织各城市公司编制年度经营计划，沟通、确定经营目标，KPI 指标； 二、建立计划管理体系，完善项目开发计划管理制度，并督促各城市公司予以执行； 三、组织各责任中心完成计划模板的编制，确定标准工期及完成标准的界定，定期对项目计划模板进行迭代、优化； 四、根据《项目开发计划管理办法》组织各城市公司完成项目计划的编制、审核工作； 五、推进计划运营系统：完成项目开发计划上线，并对计划运营系统进行维护，定期对项目开发情况进行汇报	一、制订《项目开发计划管理办法》，定期进行梳理、优化； 二、完成《项目开发计划模板》的编制，并定期进行优化； 三、10 月开始组织项目开发计划的编制、审批工作，1 月 30 日前完成； 四、对计划运营系统进行培训，实时监控计划运营系统的运行情况，并出具《项目开发计划运营系统执行报告》	《项目开发计划管理办法》 《项目开发计划模板》 《××项目开发计划》 《项目开发计划运营系统执行报告》

续表

职责	权重	内容	工作程序	成果
二、项目管理	70%	**对集团项目进行管理，跟进项目开发进度，梳理形成项目重大事项并跟进执行情况，对项目进行巡检，从各个专业角度发现问题、协调解决问题，完成项目考核、运营类会议的召开。** 一、根据审批通过的节点对项目进行实时监控，对即将延误的重大节点进行预警，对严重延误的节点进行通报，督促城市公司项目部着力解决，确保计划节点按期达成； 二、项目重大事项的跟进：定期对项目重大事项的执行情况进行跟进，须明确责任人、完成时间，同时需责任人上报切实可行的详细的工作计划，确保重大事项有序推进； 三、项目巡检：按项目巡检工作指引对项目进行巡检，巡检前需完成《房地产项目运营巡检工作清单》，归纳、总结巡检项目存在的问题，带着问题进行项目检查并在检查完成后出具《房地产项目运营巡检报告》，跟进重大	一、实时更新《项目开发计划跟踪预警表》； 二、每半个月更新《项目重大开发及一级节点风险问题汇总表》； 三、进行项目巡检后2天内出具《项目巡检报告》； 四、按绩效考核要求按时完成《绩效考核指标表》《绩效考核结果输出表》签名确认； 五、实时跟进项目运营类会议决议事项，形成《会议决议工作销项表》； 六、定期更新项目信息，为领导决策提供依据	《项目开发计划跟踪预警表》 《项目重大开发及一级节点风险问题汇总表》 《项目巡检报告》 《绩效考核指标表》 《绩效考核结果输出表》 《运营类会议管理制度》 《会议决议工作销项表》 《项目信息汇总表》 《项目信息数据库》

续表

职责	权重	内容	工作程序	成果
		事项协调与解决；根据《项目交付前专项检查管理办法》组织检查，根据检查评分情况确定是否发放入伙准入许可； 四、完成城市公司、业务部门绩效考核 KPI 指标的沟通、制订，跟进组织绩效考核数据的输出，对考核结果进行沟通、解释、确认； 五、项目运营类会议管理：制订《运营类会议管理制度》，按制度要求组织召开项目启动会、月度运营会，重大事项专项协调会（涉及开工、开盘、交付节点的调整；战略定位、重大节奏调整，开发策略的调整）等运营类会议，并跟进会议决议的落地； 六、制订项目信息收集、更新机制并执行，建立大数据库（信息包括：项目开发节奏、建筑面积、销售面积、存在的风险点、重大节点执行情况、土地属性及土地合约对开竣工时间要求，地价支付要求，业态及自持等要求，五证统计及更新）		

5.2 项目、计划管理部岗位职责

表 11-7　项目、计划管理部岗位职责

编制	岗位职责	工作内容
高级运营经理（3人）	项目管理、计划管理	一、项目管理 ①根据集团战略规划，组织各城市公司编制年度经营计划，沟通、确定经营目标，KPI 指标； ②建立计划管理体系，完善项目开发计划管理制度，并督促各城市公司予以执行； ③组织完成项目计划的编制、审核工作； ④维护计划运营系统，定期对项目开发情况进行汇报； ⑤对项目节点进行实时监控，通过预警，通报进行督办，确保计划节点按期达成； ⑥定期对项目重大事项的执行情况进行跟进，协助制订详细的工作计划，确保重大事项有序推进； ⑦对项目进行巡检，总结项目存在的问题，出具《房地产项目运营巡检报告》，跟进重大事项协调与解决； ⑧完成城市公司、业务部门绩效考核 KPI 指标的沟通、制订，跟进组织绩效考核数据的输出，对考核结果进行沟通、解释、确认； ⑨按制度要求组织召开项目运营类会议，并跟进会议决议的落地； ⑩收集项目信息、并定期更新，建立大数据库，为领导决策提供基础数据； ⑪组织各业务中心针对上阶段有重大意义的事项形成案例并进行分享； ⑫项目后评估工作的组织编撰（每完成一个项目形成经验，对后续的工程项目进行借鉴、指导）。 二、运营督办 ①发出巡检提醒、实施管理问责：及时对项目开发运营主数据进行管理分析，根据运营大数据对项目运营异常情况的反馈，向地产项目管理部提出巡检提醒，由地产项目管理部对运营存在风险的项目实施巡检，根据巡检反馈，了解运营异常项目的风险点、运营疑难事项、管理存在的问题，形成风险问题汇总，对管理存在问题实施管理问责；

续表

编制	岗位职责	工作内容
		②运营督办：根据项目风险点，运营疑难事项、管理存在问题，发出运营督办单，组织地产项目部、相关管控部门，采取相关管理指导动作，跟进项目的纠偏、整改策略的进展； ③运营纠偏、整改效果评估：及时跟进后续运营数据的变化情况，对运营纠偏、整改效果做出评估，并反馈至地产项目部

6 组织绩效管理部

组织绩效管理部的部门职责、岗位职责，请参见 11-8、表 11-9。

6.1 组织绩效管理部部门职责

表 11-8　组织绩效管理部部门职责

职责	权重	内容	工作程序	成果
组织绩效	100%	**负责企业组织绩效的全面管理。** 一、负责企业组织绩效考核体系的规范化、标准化和流程化，持续完善企业组织绩效考核机制，提高企业运营效率； 二、组织制定集团各中心、各城市公司、各经营单位年度组织绩效考核指标，签订经营管理责任书，推动各组织年度经营计划得到有力落实； 三、负责组织绩效执行情况的过程管控，监控公司绩效变化情况，及时对绩效不良单位提出预警； 四、出具组织绩效考核成绩及分析结果，帮助被考	一、每年 10 月份，开展组织绩效优化意见征询工作，并在年度内，对组织绩效的管理制度、考核指标、考核规则、激励方案进行持续优化； 二、每年年会前，完成新一年度经营目标管理责任书的签订； 三、每年年会前，出具年度组织绩效考核成绩； 四、每年 3 月份，完成《年度组织绩效总结分析报告》，对上一年度组织绩效发现的问题、需改进的管理环节进行内部反馈，督促、协调各单位落实相关改进措施； 五、结合运营数据反馈，	组织绩效考核激励体制、《年度经营目标管理责任书》、组织绩效考核指标表、年度组织绩效考核结果

续表

职责	权重	内容	工作程序	成果
		核单位及时发现问题，督促各组织根据考核结果改进运营效率、效益，并协调资源解决管理问题	对组织绩效执行情况进行跟踪，对绩效执行异常单位采取相关预警、纠偏手段	

6.2 组织绩效管理部岗位职责

表 11-9　组织绩效管理部岗位职责

编制	岗位职责	工作内容
绩效管理经理（1人）	组织绩效	**负责企业组织绩效的全面管理。** 一、负责企业绩效考核数据的收集、统计、整理和上报； 二、负责绩效考核规则的制定和优化； 三、负责组织绩效考核相关会议的组织和材料准备； 四、负责组织绩效的过程沟通，统筹进行组织绩效成绩打分，并负责考核成绩的应用； 五、负责对组织绩效考核工作的后评估，并制定评估报告

后 记

运营管理不只是运营管理部门的事

- 所谓企业家的风格，更多的是体现在企业家对现代科学管理理念的理解和掌握程度，而不仅仅是指企业家的性格。
- 当企业所有的管理者都具备了运营思维，都掌握了运营管理的技能，并都应用到了工作实际中，那么，企业也就真正掌握了持续进步的底层逻辑。

将多年运营管理工作的心得记录下来，并分享给有需要的人，是我一直以来的心愿。本书写到这里，心愿几近实现，内心也倍感欣慰。虽然写作的过程有些辛苦，但如果您读过这本书后能够有所启发或有所收获，如果您能够将书中的知识应用于工作实际并能帮助企业进步，甚至，即使您对书中的观点有不同意见，给予批评或者引发您的一些思考和质疑……我想这都是很有意义的。

做有意义的事，辛苦是值得的！也由衷地期待大家的指正、交流！

多年的职场高管工作经历，让我深切体会到了企业生存发展的不易，对企业家们的艰辛和焦虑我有很多的感同身受。自己见证了很多成功辉煌的时刻，同时也亲历了很多遗憾和惨痛的教训。每一位企业家呕心沥血地付出，无一不是期望企业能生存下去并能发展壮大。只是，企业发展过程的艰辛几乎是一样的，但结果却总是几家欢喜几家愁。造成这种结果的原因，其根源还是在管理。

实际上，企业家对企业的期望，本质上就是对企业管理水平持续提升的期望。如果说企业的生存和其管理息息相关，那么企业的发展和管理就是一对命运共同体，两者相互依存、相互促进。没有好的管理机制，企业很难良性运转；同时，如果没有管理水平的不断提升，企业也很难取得良好的发展，或者即使有所发展也不可持续。

企业的发展通常会经历创业阶段、成长阶段和成熟阶段。经过了创业阶段之后，管理对于企业的发展也越来越重要。成长阶段也是企业蜕变的开始，最终是化茧成蝶还是作茧自缚，很大程度要看企业家在这个阶段的角色转变和思维转换。

所以也有人说，企业的发展很大意义上取决于企业家的风格，这种说法有一定的客观性。但所谓的企业家的风格，在笔者眼里更多的是指企业家对现代科学管理理念的理解和掌握程度，而不仅仅是指企业家的性格。比如企业家对企业战略管理的理解、对企业授权的认识或企业在薪酬和考核机制方面的策略等是否符合客观规律、是否以激发员工积极性为目的、是否以企业进步为管理的目标……这些都取决于企业家管理认知水平的高低。而这种差异，往往也决定了企业是稳健发展还是艰难经营。无数企业的成败案例，已证明了这个观点。

而企业家在企业成长阶段到成熟阶段需要做的，只是克服一些创业时期形成的旧有思维和唯我独尊的意识，做到对科学管理理念的理解和应用。摒弃创业阶段的“作坊式”管控模式，把创业的精神融入职业化、科学化的管理当中，这才是企业成长阶段最佳的组合。也只有这样，企业才能形成富有生命力的企业文化，才能真正地完成蝶变，走向成熟。

运营管理部门作为企业管理的核心部门，想要更好地发挥管理职能，需要的就是企业家自身对管理认知的提升，以及给予运营管理的充分理解、认同和大力支持。否则，运营工作难以全面并持续地开展，也难以实现促进企业进步的目的。

理论结合实践，可以碰撞出真理的火花。在过去的运营管理实践中，我对运营工作的理解也经历了一个由浅入深、不断完善的过程。这个过程中，运营管理的理论框架在脑海中逐渐清晰，企业运营管理 9 个模块的运行机制，也通过在实战中的应用和研习，逐步得以固化。

在本书中，我将运营管理的战略管理、经营目标管理、计划管理、组织绩效管理、会议管理、授权流程管理、制度标准化管理、知识数据管理和风险管理 9 个模块的内容逐一进行了阐述。同时，将运营管理在企业管理中应发挥怎样的作用和应怎样去发挥作用进行了较为深入的讲解。呈现给大家的内容并不深奥，但相信具有一定的实用性，因为内容均提炼于管理实践。

这 9 个模块中的每一个模块，都和企业的生存发展关系密切，同时也和企业各部门的工作紧密相关。如果结合本书的内容和各自岗位的工作去分析比较，你会发现：9 个模块的工作内容，是企业各个部门共同存在的工作内容。比如，每个部门都和战略规划相关，每个部门也都有经营指标，每个部门都有计划、绩效、会议的管理需求，也都有授权流程、制度标准化和知识数据管理的任务，同时，每个部门也都有风险管理的相关责任。

这种高度的相关性，除了说明运营管理工作和各个部门关系密切外，更关键的是道出了本书最后的也是最重要的一个观点：运营管理工作，不只是运营部门的事，而是所有部门共同的事。运营管理 9 个模块的工作内容，也不只是运营部门的工作内容，而是企业所有部门自己的工作内容。所以，对运营管理9个模块知识和技能的掌握，不仅是针对运营管理人员的要求，也是对企业所有管理人员的要求。

本书最后的这个观点，也是读者朋友需要对运营管理建立起来的第五个重要认识。

当企业所有的管理者都具备了运营思维、都掌握了运营管理的技能，并都应用到了工作实际中，那么，企业也就真正掌握了持续进步的底层逻辑。

至此，本书内容全部结束，感谢您的阅读！

才学所限，如有错漏请读者朋友批评指正！